나는 본능적으로 가는 길을 느낍니다.
항상 뛰는 사물의 마음을 찾으려고 노력합니다.
그것은 정교한 절차이며, 논리는 충분하지 않습니다. 나는 내 감각을 신뢰하고
시간의 춤이 내가 알아야 할 것을 가르쳐 줄 수 있도록 배우고 있습니다.

_데이비드 라이닉David Rynick, 『이 진실은 결코 실패하지 않습니다This Truth Never Fails』

곤경에 빠지는 건 뭔가를 몰라서가 아니다.
뭔가를 확실히 안다는 착각 때문이다.

_마크 트웨인Mark Twain

문젯거리는 그것을 다루는 능력을 만들어 낸다.

_올리버 웬델 홈스Oliver Wendell Holmes, 미국 법학자

1온스의 금속도 열쇠를 만들면 10톤이나 되는 문도 열 수가 있다.
마찬가지로 적은 양의 생각, 노력, 시간도 올바르게 사용하면,
당신이 바라는 물질적·정신적 보물을 가리고 있는 문을 열 수가 있는 것이다.
_테오도르 이삭 루빈Theodore Isaac Rubin

성공을 부르는
직관력의 비밀

성공을 부르는
직관력의 비밀

펴낸날 2020년 6월 30일 1판 1쇄

지은이_국수미
펴낸이_김영선
기획_이영진
교정·교열_이교숙, 남은영
경영지원_최은정
디자인_현애정
마케팅_신용천

펴낸곳 (주)다빈치하우스-미디어숲
주소 경기도 고양시 일산서구 고양대로632번길 60, 207호
전화 (02) 323-7234
팩스 (02) 323-0253
홈페이지 www.mfbook.co.kr
이메일 dhhard@naver.com (원고투고)
출판등록번호 제 2-2767호

값 15,800원
ISBN 979-11-5874-076-4

이 도서의 국립중앙도서관 출판예정도서목록(CIP)은 서지정보유통지원시스템 홈페이지(http://seoji.nl.go.kr)와 국가자
료공동목록시스템(http://www.nl.go.kr/kolisnet)에서 이용하실 수 있습니다.(CIP제어번호: CIP2020021840)

내 안에 숨어 있는 직관력을 깨우는 9가지 방법

성공을 부르는
직관력의 비밀

국수미 지음

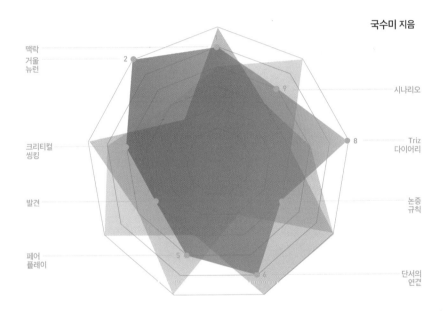

불확실과 불안이 가득한 시대에 직관은 일과 삶을 성공으로 이끈다!

미디어숲

추천사

지난 31년간 한국 방송계에 근무하면서 직관이 항상 함께 했었다면 '내 삶은 얼마나 더 풍성하고 행복했을까'를 통감해 봅니다. 우리가 살아가면서 힘든 상황에 봉착할 때마다 직감과 직관으로 어려운 상황을 빨리 해결할 수만 있다면 얼마나 고맙고 만족스러울까요. 하지만 직관력이란 아무에게나 주어지는 것은 결코 아닙니다. 직관력이 뛰어난 사람은 문제해결력이 높습니다. 그동안 직관력에 관한 정의만 내려졌을 뿐 시대에 맞는 구체적인 방법은 제시되지 못했던 것이 사실입니다. 무지개와 같았지요. 그런데 반갑게도 그 직관력의 혜안이 이 책 『성공을 부르는 직관력의 비밀』에 명료하게 담겨 있어 놀랍습니다.

이 책에서 제시하는 삶의 스펙트럼을 넓히기를 권합니다. 재미와 품위 두 가지를 모두 갖춘 책입니다. 순서대로 정독하시기를 권합니다. 여행을 다녀온 듯 울림이 있습니다. 직관력을 키워줄 뿐만 아니라 내면의 건강까지도 챙겨줌으로써 스트레스와 멀어지는 행복한 인생을 선물해줄 것으로 기대합니다.

이순임_전) MBC문화방송 예능본부 국장, 중국학 박사

병원은 모든 순간 직관력을 발휘해야 하는 곳입니다. 의료종사자의 비판적 사고는 더욱 중요해졌습니다. 완벽한 시스템을 갖추기 위해 환경과 시스템, 보건·의료인들은 한 사이클 안에서 오직 환자의 생명을 위해 초를 다투며 긴박하게 하루하루 힘겹게 병마와 싸웁니다. 응급상황에서 알 수 없는 내 안의 힘이 발휘되었을 때의 짜릿한 기억은 아직도 생생합니다. 직관하기 어려울 때는 정말 아찔합니다. 의료종사자들은 모든 상황을 동시에 파악해야 하고, 그 정보들을 순식간에 취합해서 최종결정을 내려야 합니다.

이 책에서는 그동안 다른 책에서는 깊게 다루지 못했던 직관력을 재발견하고 실천할 수 있는 직관적인 의사결정의 실용적인 방법을 알려줍니다. 우리 삶에서 올바른 직관이 무엇인지 명확하게 제시하며, 일과 사랑의 직관에 관해서도 통찰을 얻을 수 있는 멋진 책입니다. '직관력 키우는 법'을 매일 실천하며 두고두고 꺼내어 반복하여 필독하기를 권합니다.

임종순_전) 세브란스병원 연세 암병원 간호국 간호 차장

지금은 장비와 기술을 빌려 쓸 수 있는 클라우드 환경과 필요한 것을 가지고 있지 않아도 공유할 수 있는 공유경제 시대입니다. 이런 시

대에 무엇보다 중요한 것은 전략적인 사고와 판단일 것입니다. 이는 학습이나 경험으로는 한계가 있으며, 직관과 통찰로써 얻어질 수 있습니다. 그런데 직관에 대해서는 누구든지 중요하다는 것을 알지만 그것이 무엇이고 무슨 의미가 있는지 그리고 어떻게 얻을 수 있는가에 대해서는 잘 모르는 것 같습니다.

이번에 출간된『성공을 부르는 직관력의 비밀』은 적절한 시기에 명확한 내용으로 '직관'과 '통찰'이라는 거인의 어깨에 기대어 살아오던 우리가 직관을 올바로 이해하고 얻을 수 있는 좋은 지침서가 되리라 생각합니다. 훌륭한 문제 제시와 흥미롭고 적절한 예시, 그리고 저자의 경험을 통해 발굴된 방법들이 책을 읽는 독자들에게 좋은 계기를 만들고 성공을 향해 나아갈 수 있도록 할 것입니다.

유세복_오파스넷(주) 전략사업부 상무,『IT엔지니어를 위한 유세복의 English++』저자

이 책은 인공지능 시대에 갖추어야 할 역량 중 하나인 '직관력의 개념'을 다각도로 이해하는 데 꼭 필요합니다. 인공지능, 빅데이터 등의 기술이 발달할수록 인간 고유의 특성 및 강점을 탐색하려는 노력이 이루어지고 있으며, 학교 교육에서는 사고력 개발과 관련된 교육이 새로이 주목받고 있습니다. 최근에 학교 교육에서 활용되는 교수학습 전략 중 논리적·비판적 사고, 시각적 사고visual thinking, 그리고 보다 고차원적이고 심층적인 사고에 도달하도록 유도하는 질문questioning 전략이 강조되고 있습니다.

이러한 교수학습 전략은 직관력 발달이라는 열매를 맺도록 하는데 필요한 필수 영양소이자 밑거름이 되므로 교사들은 이 열매에 해당하는 직관력에 대한 이해가 반드시 필요합니다. 따라서 미래 사회를 이끌어갈 학생들이 직관력을 갖도록 하기 위해서는 교사들이 먼저이 책을 필독하시기를 권합니다.

김태은_ 서울교육대학교 영어교육과 교수, 한국멀티미디어언어교육학회 학술이사

세상의 패러다임이 급속히 변화함에 따라 우리는 여러 환경과 조건에서 새로운 관점과 창의적인 일 처리 방식을 요구받고 있습니다. 직관은 여러 경험을 통해서 얻어지기도 하지만 훈련에 따라서 어렵고힘든 과정을 거치지 않고도 새로운 결과를 얻을 수 있습니다. 그것은인간을 둘러싼 변화하는 환경을 먼저 이해한 후, 그에 맞는 인간 본연의 가치와 특성을 새롭게 이해하면 되는 것입니다.

특히 혁명적인 기술들의 변화에 따른 인간과 소비자의 삶과 환경은 더 발전적인 모습으로, 그리고 더 혁신적인 모습으로 다가올 것입니다. 우리는 이를 잘 준비해야 합니다. 이 책『성공을 부르는 직관력의 비밀』은 이러한 관점에서 우리가 생각하고 준비해야 하는 사항들을 잘 보여주고 있습니다. 이 내용이 독자들에게 큰 도움을 주기를 바라는 마음입니다.

이유종_ 디자인씽킹연구소 소장, '4차 산업혁명 시대의 기술창업론'저자

냉정과 열정, 당신은 어느 쪽입니까?

논리와 감정은 서로 굉장히 멀어 보이지만 돌고 돌아 결국 만나서 '직관'으로 재탄생한다. 뇌줄기를 타고 내려와 뱃속 깊이 자리한 '직관'은 우리 삶을 좀 더 수월하게 만든다. 직관은 삶의 과정에서 논리(이성)와 감정(감성)을 어떻게 사용했느냐에 따라 색깔이 달라진다. 혹여 당신이 편협한 논리나 감정에 치우쳐 있다고 생각된다면 남은 삶을 위해서 변화해야만 한다. 변화는 용기이며 긍정의 신호탄이다. 무엇보다 내 삶의 주도권을 갖기 위해 가장 첫 번째로 해야 할 일이다.

직관의 재발견이 필요한 이유

'뉴 골드러시'라 불리는 디지털 인공지능 시대의 직관은 매우 중요하다. 인공지능, 블록체인, 국내외 정치와 경제의 블랙 스완^{Black Swan} 현상, SNS 인포데믹(infodemic,거짓정보 유행), 가짜뉴스, 신종감염병 범유행^{Pandemic} 위기, 지구 온난화, 비대면(언택트, untact) 등 빠르게 변화하는 뷰카^{VUCA}라고 불리는 변동성^{Volatility}, 불확실성^{Uncertainty}, 복잡성^{Complexity}, 모호성^{Ambiguity}이 가득한 세상에서 우리는 삶을 올바른 방향으로 이끌 직관력을 가져야 한다.

　이 책은 논리와 감정의 딜레마를 통합한 직관력을 연마하는 데 필수적인 논리와 비판적 사고, 감정, 직감 등 직관의 핵심 기술들을 다룬다. 또한 필수적인 마음 챙김과 명상법도 포함되어 있다. 만약 부모인 당신이 이 책을 읽는다면 자녀들에게 하루 빨리 직감^{Gut Feeling}의 올바른 의미를 제대로 알려줘야 한다. 당신이 조직의 최고경영자라면 구성원들이 전략적 직관^{Intuition}으로 미래를 예측하고 행동하도록 유도해야 한다.

　인공지능^{Artificial Intelligence:AI}은 논리력과 분석력을 학습해 결과를 내놓는다. 하지만 인간처럼 본연의 감정을 가지고 있지는 않다. 타라 스와트^{Tara Swart}는 그의 저서 『부의 원천^{Source}』에서 논리적 사고가 온전히 작동하려면 정서적 사고와 균형을 이루어야 한다고 말한다. 예컨대 최종 결정권자가 성급한 결론을 내려 일을 그르치는 경우가 종종 있다. 스스로 논리적이라고 내린 결론이 실제로는 위험하고 잘못되었던 것이다. 우리는 바로 이런 부분에 주목해야 한다.

논리적 사고는 'A는 B다.'처럼 단순한 것이 아니다. 정서를 담당하는 뇌는 본능적이고 논리보다 먼저 작동한다. 직관력이 서지 않은 사람은 냉철함을 잃고 감정에 휘둘려 부정적인 결과를 얻게 될 확률이 높다. 그렇기에 감정적 대응과 영향을 최소화하는 것이 필요하다.

이 책에는 직관 지능을 계발하기 위한 실용적인 논리·비판적 사고 방법을 담았다. 또한 논리와 감정에서 시작하여 직관으로 완성되는 과정으로 안내한다. 자, 이제 일상에서 미래를 통찰하기 위한 직관력을 단련해보자.

인공지능, '생각'하기 시작했다!

2016년 구글 딥마인드 바둑 인공지능 프로그램 알파고^{AlphaGo}와 이세돌 9단의 '세기의 대결'이 있었다. 알파고의 5전 3승으로 이세돌 9단의 패배가 확정되었을 때, 이세돌은 "인간이 진 것이 아니라 이세돌이 진 것이다."라는 말을 남겼다. 이세돌 9단은 4국에서 '신의 한 수'라고 불리는 78수를 두며 1승을 거둔다. 알파고를 개발한 데미스 하사비스$^{Demis Hassabis}$는 알파고가 학습한 수십만 개의 기보나 데이터에 이세돌과 같은 수를 둔 경우는 0.01%였다고 자신의 트위터를 통해 밝혔다. 인공지능 알파고는 이렇게 '인간 직관 수'를 또 하나 배우며 은퇴했다.

인공지능은 나날이 발전하고 있다. 휴머노이드 소피아(2017), 호주의 SAM(인공지능 정치 로봇) 등의 등장으로 전 세계는 놀라워했다. 인공지능 슈퍼컴퓨터 닥터 왓슨Dr. Watson은 매일 100건 이상의 의학 논문을 단 몇 초 만에 습득하며 AI시대의 위용을 과시하고 있다.

IBM의 토론 전문 인공지능 컴퓨터 '프로젝트 디베이터Project Debator'는 인간과 토론 대결(2019)을 펼쳤다. '정부의 유치원 보조금 지급'에 대한 토론에서는 패배했지만, 잠재력은 인정할 만하다는 평가를 받았다. IBM은 AI가 사람을 이기거나 대체하는 것이 아닌 사람들이 좀 더 나은 의사결정을 하는 데 필요한 통찰력을 제공하는 것을 목표로 한다고 밝혔다(ZD KOREA_2019. 2. 13.).

SF영화에서 그려지는 자아를 지닌 강인공지능Strong AI과 초지능 휴머노이드 로봇의 개발은 요원하고 실현 가능성까지는 아직 알 수 없다. 하지만 인공지능은 스스로 학습하며, 소설과 그림 그리고 음악까지 만들어 내고 있다. 인간이 따라갈 수 없는 학습 속도로 많은 분야에 영향을 끼치기 시작했다. 스티븐 호킹 박사나 일론 머스크, 닉 보스트롬 등 역시 앞으로 100년 이내에 컴퓨터의 지능이 인간을 앞설 수 있다고 말한 바 있다. 미래학자 레이 커즈와일은 2045년이면 인공지능 컴퓨터의 지능이 인간 전체지능을 합친 능력을 넘어설 것으로 예측했다.

그렇다면 인간은 왜 스스로 생각하고 감정을 표현하는 기계를 우려할까?

TV 드라마 시리즈 〈리미트리스Limitless〉는 주인공이 도심 한복판에서 쫓기는 장면에서 시작된다. 지극히 평범한 주인공 28세 브라이언 핀치는 어느 날 친구 일라이를 통해 일명 '뇌를 깨우는 약' NZT-48(향정신성약물) 한 알을 복용한 후 모든 기억과 계산력, 학습력이 향상되면서 한계를 초월한 인지 능력이 12시간 동안 지속된다. 태어나서 보고 들은 것은 물론이고 분석력, 독심술 등 직감과 직관을 위한 모든 세포가 살아난다. 한 손으로는 칠판에 적힌 어려운 수학 문제를 풀고, 동시에 다른 한 손으로는 그림을 그린다. 누구나 한 번쯤은 상상해 보았을 일이지만 어떠한가? 그는 계속해서 약을 복용하며 FBI 수사까지 돕게 되지만 1년 안에 사망할 수 있는 위험에 처한다. 위험성을 감지한 브라이언 핀치는 부작용 해독제를 얻으려다가 위험한 사건에 휘말리게 된다.

앎을 충족시키고자 하는 것은 인간의 본능이다. 그러나 이 영화의 주인공을 보면 다 안다고 해서 만족스러운 삶을 사는 것은 아니다. 오히려 기억을 지우는 약이 필요하게 될지 모른다. 놀랍게도 과학자들은 우리 뇌가 무려 47억 권(670,000,000 웹페이지 분량)의 책을 저장할 수 있다고 말한다(영국 텔레그래프_2016. 1. 21.). 애초 뇌의 용량으로 알려진 470만 건 분량의 10배가 넘는 능력이다. 하지만 이는 뇌가 처리할 수 있는 정보의 총량일 뿐 실제 기억 보관소의 용량은 이보다 훨씬 적다. 노트북과 인공지능처럼 그대로 저장해서 온전히 불러오면 좋으

런만 인간의 뇌 기억 능력에는 한계가 있다. 기계처럼 기억만 보존한다면 과연 그 일이 쉬워질까?

언어학자들이 만든 규칙을 통해 기계 번역을 하려던 방식은 실패했지만 딥 러닝에서는 뇌를 닮은 신경망을 통해 변환 규칙을 찾아냈다. 인간이 분석하고 규칙을 프로그래밍하는 과거 방식이 아닌 알파고는 직접 보고 분석한 후 학습한다. 인간이 자신도 설명하지 못하는 직관의 패턴을 알파고는 '원본 데이터raw data'를 통해 유추하기에 이르렀는데 이것은 기계가 사람의 직관을 흉내내기 시작한 것이다. 하지만 기계가 계량화된 미래를 예측할 수는 있어도 갑작스러운 변수에 능동적으로 대처하는 능력은 인간의 직관과 통찰력을 통해서만 이뤄진다.

인간은 인간만의 특성을 살릴 창조적인 시간을 가져야 한다. 인간이 지속해서 단련해야 할 것은 '직관'과 '통찰'이다. 인공지능은 질병이나 천재지변을 방대한 데이터를 기반으로 한 분석으로 인간보다 먼저 예측해 낸다. 신종 코로나바이러스19COVID-19의 전 세계 확산을 캐나다 인공지능이 가장 먼저 예측하기도 했다. 이는 2003년 사스SARS가 발생했을 때 사투를 벌인 캐나다 의사가 창업한 스타트업(블루닷 : 홍콩 리카이싱 투자)의 기술이다. 2019년 12월 31일 '바이러스가 확산될 것'이라는 보고서를 낸 후 미국 질병통제예방센터CDC는 2020년 1월 6일 이 사실을 발표했고, 이어 1월 9일 세계보건기구WHO

가 공식 경고했다. 블루닷^{BlueDot} CEO 캄란 칸^{Kamran Khan}은 '사스의 데자뷰'라며 "정부가 제때 필요한 정보를 줄 거라고 기대하지 않는다."라고 말했다.

미국 샌프란시스코에 있는 디스트리뷰티드 바이오(DistributedBio, Jocob Glanville, Ph. D)는 지난 9년간 세계 최초의 공통 독감 백신 universal influenza vaccine을 연구하고 있다. 항체 공학으로 항체 개체군이 표적에 어떻게 반응하는지를 보는 것인데, 2단계 인간과 유전자 면역체계가 가장 흡사한 돼지실험에 성공했다. 이후 빌&멀린다 게이츠 비영리재단의 지원을 받아 2020년부터 영국실험실에서 2025년까지 목표로 진일보한 백신 시범 임상실험에 한 발짝 다가가고 있다.[1]

독감 바이러스는 끊임없이 돌연변이를 일으킨다. 따라서 새 백신이 필요하게 되고, 매번 백신을 하나씩 만드는 것으로는 방어가 힘들다. 디스트리뷰티드 바이오는 다양한 종류의 바이러스를 한 곳에 몰아넣어 단 한 번의 주사로 면역체계가 바이러스에 대항할수 있는 장기적인 대책을 세우고자 한다. 미래와 과거의 균주에 맞는 바이러스에 대항할 항체를 연구하는 생명과학자와 생물방어 바이러스를 추적하는 세계보건전문가들은 바이러스 범유행이 '어디서', '어떻게' 생길지 모를 뿐 언제든지 일어날 수 있다고 경고한다. 지난 100년간 일어난 전쟁 사망자보다 생물방어 사상자가 더 많은 게 실상이다.

이런 상황에서 인간의 직관이 어느 시점에서 발휘되어야 하는지 의

문이 들겠지만, 앞서 강조한 바와 같이 직관하기 위한 총체적인 지식
은 인공지능의 데이터 역시 포함한다. 인공지능 개발 역시 인간의 조
기 탐지기인 직감과 직관에서 시작되었다는 점을 놓쳐서는 안 된다.

직관력을 끌어내는 여행

이 책은 1부에서 4부에 걸쳐 인공지능 시대에 더욱 중요해진 인간
의 직관에 다다르는 기술을 다룬다. 직관력은 환청이나 마법이 아니
다. 평생 농사 짓고 물고기를 낚았을 이름 모를 농부와 어부, 그리고
위대한 역사적 인물까지 모두가 가지고 있는 객관적 기술이다. 이들
은 자연의 법칙과 일상 현상들의 논리적 인과관계를 명확히 직관한
다. 이를 통해 앞으로 일어날 일을 냉철하게 간파하고 통찰하는 것
이다.

기술technology은 직관과 통찰 후에 만들어진다. 몸과 뇌가 함께 정
보를 처리하는 전방위적 시스템, 심신 체계를 가진 직관은 무엇에 집
중해야 할지 모든 조각이 연결되는 순간 알게 된다. 복잡한 세상에 속
지 않고, 올바른 선택과 결정을 한다. 따라서 헤매지 않는다. 직관력은
상상력과 창의력을 높이는 '마음의 힘'을 위한 기초 기술이다. 기술이
기에 당연히 일련의 과정과 도구가 있다. 뇌 기능과 새로운 학술적 연
구를 소개하고, 책을 읽는 동안 생활 속 직관과 통찰이 일어나도록 좀
더 쉽게 구성하고자 애썼다. 직관의 관점에서 여러분의 일상을 들여

다볼 소중한 기회가 되리라 믿는다.

〈1장 인공지능 시대의 직관〉에서는 불확실한 사회에 맞서 현명한 결정을 위한 생각의 프로세스를 다진다. 거침없이 그리고 후회 없이 '자기 혁명'을 이룬다. 만약 상황이 불확실하고 전례가 없어 변수 예측이 어렵다면 어떻게 하겠는가? 인공지능의 빅데이터와 경로 추적만으로 중대한 결정을 내리기 어렵다면 또 어떻게 하겠는가? 운에 맡기며 아무렇게나 불안정한 선택을 할 것인가? 올바른 방향으로 직관하며 삶의 큰 그림을 그리고자 한다면, 현실에서 한발 물러나 내면과 대화를 시작해 보자.

〈2장 논리의 끝에서 맞닥뜨린 6가지 진실〉에서는 우리 사회에서 담쟁이 넝쿨처럼 뻗어 있는 논리와 감정에 관해 다룬다. 인간은 이성적이며 동시에 감성적인 존재다. 일상에서 이 둘이 부딪히는 것은 자연스러운 일이다. 고정관념이 세상을 어떻게 위협하는지 관찰자의 시점에서 바라본다. 어느 한쪽으로 치우칠 경우 많은 걸 잃을 수 있다는 것만 깨달으면, 좀처럼 놓지 않으려던 오만한 자아^{ego}의 고집과 욕망, 편견과 선입견이라는 오류에서 벗어날 수 있다.

〈3장 삶의 결정적 순간에 필요한 것〉에서는 직관력을 깨우기 위한 논리, 비판적 사고와 감정을 말한다. 올바른 판단을 방해하는 내 안의 숨겨진 편향들과 맹목적인 집단사고, 지나친 낙관과 임기응변을 경계하며 철저한 검증으로 핵심을 바라본다. 수많은 선택과 결정으로 우리의 삶은 다양한 길을 걷는다. 우리가 사람, 상황, 사물을 대면하며 갖는 본능적 직감과 직관의 차이를 명확히 알게 됨으로써 올바른 결정을 할 수 있다. 이러한 과정을 통해 자신이 원하는 삶을 개척해 내며, 우리의 일상과 인생을 바꾸는 비밀의 실체를 알아간다. 직관의 발전단계에 따라 내 안의 소리를 경청하고, 분석적·비판적 사고로 직관을 길러 균형 있고 건강한 삶을 스스로 결정하게 될 것이다.

〈4장 내 안의 직관을 깨우는 9가지 방법〉에서는 '일'과 '일상'에서 삶을 결정할 직관의 DNA를 깨운다. 그 방법으로 9가지 방법을 제시한다. 뇌 과학의 이해와 심리를 바탕으로 실질적인 기술을 다룬다. 시끄러운 세상에서 조용히 세상을 움직이기 위한 뇌 호흡과 진동, 내면 읽기로 시작하는 워밍업 훈련에서 논리적 오류, 인지 편향, 논증의 기술, 정보를 조합하는 법, 사건을 이루는 퍼즐의 연결법이 나온다. 흩어진 점들을 연결한다.

직관과 통찰은 느긋하게 어느 날 이유 없이 자동으로 얻어지는 사고의 산물이 아니다. 직관은 배우고, 연습한 후 얻는 '선물'이다. 삶을 결정할 숙명적 순간, 작품 속 인물들이 직관으로 결단을 내리는 모습을 통해 사유해 본다. 가상 시나리오는 자신의 결정으로 펼쳐질 미래를 보는 방법이다. 전문적이고 복잡한 수·과학적 예측기술이 많지만, 그 가운데 일상에서 실천하기 쉽고 효과 역시 좋은 방법을 안내한다. 직관적 사고와 분석적 사고 가운데 무엇이 더 괜찮은지 유추하는 힘과 '직관'과 '통찰'로의 여행 실천법이다.

당신의 직관을 완성하는 방법을 실천하여, 이 시대를 살아가는 한 사람으로서 통찰하고 창조적인 삶을 살아가길 바란다. 냉정과 열정의 균형을 이뤄 앞으로 만나게 될 수많은 결정에서 뿌듯한 승리를 이룰 수 있기를 기대한다.

국수미

'위기는 기회다'라는 말은 인공지능 디지털 시대에 더욱 통용된다.
직관은 직감을 넘어 그 위기를 미리 알아보고 확신하며 나아가게 해주는
'설계력'과 '추진력'이다. 그리고 '자신감'이다.

1장

인공지능 시대의
직관

아수라장에서
살아남는 힘

나비를 죽인다면, 당신은 꿈을 죽이는 거다.
_조너선 필즈Jonathan Fields

"뱃속의 나비를 죽이면 꿈을 죽일 수 있다. 긴장하고 불편한 느낌이 들 때 대부분 사람은 뒤로 물러난다. 그러나 그 느낌은 당신에게 중요한 일을 하고 있다는 신호다. 느낌을 받아들여라. 불편함을 느껴라. 느낌이 무엇을 말하는지 이해하려고 노력하라. 두려움의 연금술에 자신을 훈련하라."

『불확실성Uncertainty』의 저자 조너선 필즈가 Amex Open Forum 인터뷰에서 한 말이다. 조너선 필즈의 '뱃속의 나비'라는 멋진 표현은 '직관'을 뜻한다. 긴장하고 불편한 느낌은 직감Gut Feeling이다. '장', '뱃속'에서 오는 느낌이다. 그 직감이 무엇을 말하는지 경청하고 이해하는 것이 '직관Intuition'이다. 직관은 순간적으로 직감하는 것으로, 의식적으로 생각하거나 추론하지 않고 판단하는 능력이다. 직관이 설명하기 어렵다고 느낄 수도 있지만 어떤 선택이나 행동으로 이끈다.

당신 안에는 모든 중요한 생각, 두려움, 꿈, 느낌 및 비밀이 있다. 당장 해결될 일이 아니거나 일어나지 않을 수도 있는 일을 걱정하며, 모든 위험이 제거될 때까지 온갖 신경을 곤두세워 의식적으로 기다리는 것은 무의미하다. 완벽한 환경과 기회란 애초에 그런 정의는 없다. 의학에서마저도 완벽한 환경은 있을지언정 완벽한 기회란 의사의 직관과 통찰력, 환자의 의지력, 의약품, 장비, 골든아워golden hour 최소이 다섯 박자가 맞아떨어져야 한다. 기다리면 때는 이미 너무 늦다. 문제를 해결할 가장 훌륭한 방법은 직감을 감지하고, 직관을 계발하는 것이다.

나는 필즈의 표현에 영감을 얻어 '굴뚝 속의 나비'에 대해 말하고자 한다. 굴뚝은 우리 내면으로 들어가는 통로로 직감의 나비가 자유롭게 들어가고 나갈 수 있다. 언제 들어왔는지, 언제 나가 꽃에 있는 꿀을 머금고 들어왔는지 우리는 모른다. 하지만 산타클로스가 굴뚝을 통해 선물을 주듯이 어느 순간 직관력이 발휘된다.

"직관은 모든 일상적인 사고 과정을 없애고 문제에서 해답으로 바로 뛰어드는 초논리학이다."

직관에 대해 영국의 역사소설가 로버트 그레이브스Robert Graves가 한 말이다. 세상이 바쁘게 돌아가고 크고 작은 유혹들이 있어도, 우리 내면으로 통하는 '굴뚝'만은 장작이 활활 타오르도록 선순환 역할을 한다.

"삶이 그대를 속일지라도 결코 슬퍼하거나 노여워하지 말라. 우울한 날들을 견디면 기쁨의 날이 오리니!"라는 푸쉬킨의 말처럼 우리는 인생을 참고 견뎌야 하는 것으로 배워 왔다. 도대체 기쁨이 무엇인지 감도 오지 않는다. 그냥 시험 합격이나 취업, 목표 달성 정도의 일일 터다. 사람들은 목표를 세운다. 대부분 남과 투쟁해서 이기는 것들로 가득하다. 그런데 이런 방식이 과연 '기쁨'을 가져다줄지 의문이다. 무조건 참고 견디다 보면 행복해지는 것일까? 그렇지 않다. '기쁨'이나 '행복'의 정의를 명확하게 묘사해야 그 느낌으로 나아갈 수 있다.

우리 몸을 숲으로 만든다. 그 안에 새도 있고, 나무와 꽃도 있고, 시냇물이나 계곡이 있을 거며, 원숭이도 곰도 호랑이도 있다. 세상 돌아가는 이치는 바깥에만 있는 게 아니다. 내 안에도 세상이 있다. 직관은 우리가 듣고 싶은 것만을 속삭이지 않는다. 무엇을 봐야 하는지, 들어야 하는지를 알려준다.

아수라장 같은 세상에서 생존하는 데 두려움을 느끼는 현대인들은 도망치거나 숨거나 피하며 살아남으려고 한다. 갑작스럽게 들이닥치는 직감이 두려울 수도 있다. 욕망이나 낭만적 사랑이나 두려움이라는 감정들이 휘몰아치면 제대로 현실을 바라보려는 파장을 강하게 거부하거나 무시하게 만든다. 오장육부가 싱숭생숭하고 메슥거린다면 혼자 있는 시간을 가져야 한다. 장Gut이 보내는 경고이자 암시다. 직관에 제대로 접근하는 것이 중요하다.

> "직관적인 생각은 신성한 선물이며 합리적인 생각은 충실한 종이다. 우리는 종을 공경하고 선물을 잊어버린 사회를 만들었다."
>
> _밥 샘플스Bob Samples

직관은 합리성도 따른다. 사람들은 직관적이라고 하면 분석적·비판적 사고가 배제된 것으로만 생각하는데 그렇지 않다. 직관으로 현상을 돌파하는 힘은 다음 두 가지로 강화될 수 있다.

첫째, 역사의식과 미래의식은 직관력을 높인다.

시간여행은 우리를 겸허하게 하고 다른 사람보다 한발 앞서 미래를 내다보게 한다. 역사는 단순히 지난 과거의 시간이 아니라 현재의 의미를 결정하는 미래의 뿌리다. 역사의식은 '책임 의식'이다. 자신의 가치를 창조하려는 의지로 이어진다. 한 걸음 더 나아지기 위해 우리는 역사를 통해 사고의 균형을 이루며, 오만과 편견을 버리고 무릎을 꿇어 반성한다.

진짜 멋진 삶이 무엇인지 되새기는 시간여행이 우리가 그토록 원하는 참된 직관을 불러오는 것은 분명하다. 직관을 마주한다는 것은 결단할 시점임을 뜻한다. 자신이 처한 상황을 정확히 이해할 때 올바른 결단력이 나온다. 상황에 대한 올바른 이해가 바로 판단이다. 자신의 목표와 가능성에 대한 냉철한 인식이 직관이다.

역사의식에서 중요한 것은 보편성을 가진 약속이다. 역사는 시간학 관점으로 바라볼 수 있다. 연속된 시간들의 인과관계를 객관적으로 검증하고 분석해서 규정한다. 인공지능과 같은 새로운 의사결정 지원 도구는 인간의 직관을 없애는 것이 아니라, 가장 위험한 결함을 보완하면서 통찰에 필요한 상승효과를 낸다.

둘째, 직관의 힘은 잠재의식을 통해 더욱 강화된다.

아인슈타인은 시간은 시계로 측정하는 것 그 이상도 그 이하도 아니라고 말했다. 시간에 얽매이지 않는다는 것은 시간이 곧 나만의 것이 되기를 바라는 것이다. 그런 의미에서 직관은 자신만의 시간이 아니겠는가. 결단을 내릴 시간을 알려주는 내 몸의 알람인 셈이다.

생명의 뇌줄기에 작용함으로써 심장 박동, 혈류, 호흡, 세포 및 조직의 복구, 의식적 이해를 넘어서는 수백 가지의 다른 과정과 같은 신체 기능을 제어한다. 잠재의식에 의해 받아들여진 생각이나 믿음은 우리 안에서 직감과 직관으로 외부 음파에 자극되어 진동 에너지로 극대화된다. 잠재의식은 우리의 목표와 욕구를 직관으로 표현한다.

의식이 얻기 어려운 무한한 잠재적 정보에 접근하는 방법은 다양하지만 직감은 가장 쉽고 신뢰하는 방법 가운데 하나다. 더 많이 사용하고 연습하고 이해할수록 효과적이다. 직관에 대한 신뢰와 믿음을 갖는 것도 많은 영향을 미친다. 직관을 가치롭게 다루지 않는다면 직관이 신호를 보내도 알아채지 못할 것이다. 맹목적인 믿음보다 규칙적이고 지속적인 단련이 중요하다.

세계적으로 직관력이 뛰어난 위대한 과학자, 예술가, 명장들이 있다. 그중 뇌의 3층(신피질;사고, 판단, 이해, 구피질;본능, 감정, 뇌간;생명력) 구조를 완벽히 발휘한 사람은 이순신 장군이라 평가되고 있다. 23전 23승 불패의 신화, 세계 해전사에 길이 남은 당대 최고의 명장, 이순신 장군은 임진왜란이 일어날 것을 직관하고 미리 전함과 거북선을 만들었다. 군함 12척(어부의 배 1척 포함해서 13척)으로 133척의 왜선을 막아낸 기적 같은 명량해전은 전라남도 해남 울돌목(명량, 鳴梁;유리병의 목처럼 갑자기 좁아진 해로의 조류는 거세기로 이름이 높다. 해벽에 부딪혀 요란한 울음소리를 낸다.)에서 행해졌다. 해전사에 의하면, 수군지휘부는 "현지 실정과 지리에 밝은 지역 출신의 책략가와 당해 연해 지역 주민의 자보의식自保意識, 피난민들이 전장에 뛰어든 향보성鄕保性의 의병항전으로 승리를 이끌었다."라고 기록하고 있다.[2]

이순신 장군의 전략적 직관력과 통찰력이 끌어낸 지혜와 전술은 뇌腦와 장腸에서 끌어낸 극대화된 잠재력의 산물이다. 전시 사태에 대한 정확한 분석과 냉철한 이성적 판단, 죽음을 불사하는 용기와 전투 수행능력, 목민관으로서의 훌륭한 면모, 역경을 극복하는 힘과 자신의 정의와 신념을 추진하는 카리스마, 민중의 잠재력을 '중심'으로 모으는 리더십, 이 모든 것은 고도의 직관과 통찰이 불러온 큰 그림이었다. 결코, 한 번에 이루어지는 승리가 아니다.

올바른 방향의 직관과 통찰로 성웅^{聖雄} 이순신 장군은 후대에 깊은 울림을 준다. 현상을 돌파하는 힘은 인간이 가진 모든 잠재능력이 통합될 때 발휘된다. 그 힘은 무엇보다도 확고한 비전과 순수한 열정이라는 점을 다시 한 번 깨닫는다.

직관을
길러야 하는 이유

정말 소중한 관계가 부서졌을 때는
누가 떠나고 누가 남겨지는 쪽인지 알 수 없었다.
_최은영, 「쇼코의 미소, 씬짜오, 씬짜오」

글로벌 벤처기업들의 예측 불가능한 성장 과정을 보면, 마치 쓰나미 위에서 서핑보드를 타는 듯한 이미지가 떠오른다. 대표적으로 페이스북의 창립자 마크 저커버그 실화를 바탕으로 한 영화 〈소셜 네트워크〉, 애플의 창입자 고故 스티브 잡스의 일대기를 그린 영화 〈잡스〉에서도 그런 모습들을 볼 수 있다.

디지털 시대는 아이디어와 시간, 경영권 싸움이다. 정확히 말하자면 타이밍과 결정권의 스펙트럼이다. 누가 먼저 직관하고 영감을 얻어 세상에 내놓느냐이다. 삶의 변화를 포착하는 슈퍼센서, 바로 직관이다. 그러다 보니, 직관력이 뛰어난 사람들이 비즈니스에서 엘리트화된 점도 있다. 드라마 같은 성공은 꽤 낭만적이며, 그들의 선실직인 직관적 힘은 높은 지위와 엄청난 부를 가져왔다. 폭죽을 터트릴 기막힌 타이밍을 잡은 것이다.

우리는 흔히 기회를 운運이라고 말한다. "이번에 운이 좋았다.", "이번은 운이 좋지 않아." 하지만 우연히 얻는 횡재나 행운으로만 여기기에는 아쉬운 점이 많다. 그 운을 잡았지만, 그 역시 언젠가 지나가면 어떻게 할 것인가? 사람마다 기회가 오는 시기도 기회를 잡는 방법에 따른 결과 역시 다르다.

직감과 직관은 당신이 가장 시너지를 낼 수 있는 시기가 왔을 때 결단을 내릴 수 있도록 도와주는 '힘'이다. 생존본능이 진화되어 바로 우리 안에 있다. 직감으로 우리는 좋은 기회와 위태로움을 어느 정도 식별한다. 우리의 상식과 기존 지식, 과거 경험을 뒤엎을 '검은 백조 이론Black Swan Theory'처럼 희귀하고, 비정상적인 이 현상은 세계화와 디지털 초연결시대에 맞물려 더 자주 출몰할 가능성이 있다. 정치, 경제, 보건, 환경, 에너지, 우주 전 분야에서 사회와 시장에 큰 충격을 줄 전혀 예상하지 못했던 일들이 일어난다.

'위기는 기회다'라는 말은 인공지능 디지털 시대에 더욱 통용된다. 직관은 직감을 넘어 그 위기를 미리 알아보고 확신하며 나아가게 해주는 '설계력'과 '추진력'이다. 그리고 '자신감'이다. 당신이 무언가를 지속적으로 하지 못하고 있다면 그것은 당신이 그 일에 확신이 없다는 의미다. 관심이 없거나 지쳤다는 것도 확신이 사라졌다는 신호다.

안주해서 태만해졌거나 성공에 대한 불확실성이 주요인으로 작용해서 확신은 연기처럼 어느 순간에 사라진다. 우리는 이때 자신에게 더욱 솔직해져야 한다.

성공으로 나아가는 힘

직관이 이성의 대체물이라고 맹목적으로 생각하는 사람은 위험한 망상에 빠질 수 있다. 사실 이들이 말하는 직관은 직관이 아니다. 직관의 붉은 제복으로 위장한 경솔함과 오만함이다. 이들에게 직관은 엄격한 분석에서 벗어나, 변덕스럽고 신뢰할 수 없는 지침이 될 수 있다.

그것은 성공만큼이나 재앙으로 이어질 가능성을 가진다. 직관은 한 사람이 살아가면서 문화와 정서적 편견과 경험, 잠재적 의식과 통합하여 일어나기에 직관을 형성하는 내용을 평소에 비판적 사고로 제대로 보고 읽는 방법을 단련하고 나아갈 방향을 살펴보는 것이 중요하다.

유사한 아이디어를 가지고 있다고 해도 포착해내는 것은 '하늘과 땅'만큼의 차이를 보인다. 벤치마킹이 모든 기업의 아이디어 창출과 촉진으로 여겨진 1990년대와 2000년대 초반에 수많은 경영자와 실무자들이 성공한 기업을 방문했다. 호스트는 사례와 비법을 공개한다. 행사가 끝난 뒤 한 참가자가 다가와 묻는다. "왜? 비법을 다 공개하시죠?" "어차피 알려줘도 쉽지 않을 겁니다."라고 답변한다. 한 주제라도 다른 시각이어야 차별화를 가져오고 변화시키겠다는 끈기가 그 기업의 경쟁력이 된다는 말이다.

직관이 새 지식이나 새로운 해결책 리스트를 만들어 책상에 내놓는 것이 아니다. 직관을 돕는 경험, 통찰력, 분석적 기술과 결합하면 세상 복잡함 속에서도 일관되게 건전하고 합리적인 선택을 할 확률을 높일 수 있다. 그 시각이 바로 우리가 추구해야 할 가치 있는 직관이다. 이 점을 놓쳐서는 안 된다. 직관은 정량화할 수는 없지만, 비판적 사고가 그 안에 축적되어 있다면 매우 강력해서 사용할수록 발달한다. 세상은 완벽하지 않고, 모든 상황에서 항상 규칙을 따를 수 없기에 삶의 여정에서 직관 발휘는 다이내믹한 나침반 역할을 톡톡히 할 것이다.

말콤 그래드웰은 책 『아웃라이어』에서 저명한 심리학자인 앤더스 에릭슨Anders Ericsson의 1993년도 연구를 근거로, 우리가 익히 잘 알고 있는 총 10년간 하루 3시간씩, 일주일에 20시간인 10,000시간의 연습이라는 매직 공식을 만들었다. 이 규칙은 경험에 기초해 내면화되고, 노련해지는 시간으로 복잡한 기술일수록 기본 신경회로가 기초를 온전히 세우는 데 그만큼의 시간이 걸린다는 것이다. 그런데 이슈 돌풍 후 논쟁이 있었으며, 에릭슨 교수는 『아웃라이어』의 1만 시간 법칙이 과장되게 해석되었음을 말하며 1만 시간 동안 기계적인 반복단련이 아닌 컴포트 존Comfort zone을 벗어나 목적의식을 가져야 최고의 전문가가 될 수 있다고 보충했다.

그런 측면에서 볼 때, 직관 역시 그렇다. 단, 고도의 전략적 직관이라면 평생이라는 시간이 요구될 수도 있다. 통상 전문가 수준으로 끌어올리기 위한 단련 시간은 필수적이지만, 1만 시간이 훨씬 미치지 못하더라도 개인의 재능, 몰입의 깊이와 내용質에 따라 시기를 앞당길 수 있다. 뿐만 아니라, 생각보다 훨씬 더 빨리 기회가 성큼 다가올 수 있기 때문이다.

아이디어와 행동력을 가진 신예가 세상을 뒤집은 사례는 얼마든지 있다. 10,000시간이라는 공식에 미리 포기하거나 좌절하지 않도록 하자. 〈성공을 부르는 직관력의 비밀〉이 책에서는 개인마다 다른 성과와 기술의 차이는 단순히 시간이 아닌 직관력의 차이라고 말하고자 한다.

기술 숙달 시간에 관해서라면 2014년에 에릭슨의 연구와 글래드웰의 10,000시간을 재조명한 새로운 연구가 있다. 심리학자 브룩 맥나마라Brooke Macnamara의 공동연구와 로얄 소사이어티(Royal Society:Open Science, 2019)에 따르면, 누군가를 전문가로 만든다는 것은 10,000시간 또는 더 많은 시간의 의도적 연습을 통한 기존의 기술 숙달(연구대상의 4분의 1만 해당) 규칙으로는 모두 설명할 수 없다는 결론을 내렸다.

미시간주립대 잭 햄브릭David Zach Hambrick 교수 연구팀(2014)의 경우는 관련 88개의 논문을 분석한 결과, 한 분야에서 최고가 되기 위해서는 선천적 재능과 비교했을 때 노력은 절대적 요소가 아니라고 발표했다. 하지만 이러한 노력이나 시간이 타고난 재능을 넘지 못한다는 연구 결과에 낙담할 필요는 없다. 어느 분야의 천부적 재능에는 뇌의 활성화에 따른 유관 직관력이 따라오지만, 본능과 자아ᵉᵍᵒ가 강한 사람은 객관화된 직관을 하지 못하고, 자만(나르시시즘)과 편향된 자아도취에 집착한다. 그것이 충족되지 않으면 깊은 절망에 빠져 고통스러워할 수 있다.

우리가 원하는 분야에서 성공하고자 할 때 자신의 재능발굴과 적성개발, 창의적인 과정, 시간의 깊이質, 환경, 타이밍 요소를 들 수 있는데 이러한 것들을 알아보고 멈추고, 움직이는 힘이 바로 직관력이다. 당연히 두각을 나타내는 시기가 빨라진다. 직관력을 길러야 하는 이유를 다음과 같이 정의하고자 한다.

성공으로 나아가는 힘

= 경험(T: 재능 + C: 창의적 과정 + D: 시간의 깊이 + E: 환경 + T: 타이밍) x 직관력

환경은 극복 가능하다. 여전히 자수성가형의 비율은 압도적으로 높다. 연구 사례가 말하는 선천적 재능을 가졌더라도 유연성 있는 직관력 없이는 성공을 보장하지 못한다. 또한 사회적으로 성공한 사람이나 막강했던 기업이 기득권 현상 유지 편향을 보이기 시작하면 더는 전략적 직관을 하지 못한다.

40

1970년대 상업용 컴퓨터로 대성공을 거둔 미국의 이큅먼트^{Digital}

Equipment CEO는 보스턴 세계미래학회(1977)에서 'PC가 일상 활동을 통제하는 갈등의 원천이 될 수 있으며, 집에 컴퓨터를 둘 필요가 없다'고 했다. 사실 이큅먼트의 창립자였던 올슨이 PC시장을 예측하지 못한 것은 아니었지만, 그의 직관력에 대한 평가는 이후에도 사그라지지 않았다. 디지털 이큅먼트는 1998년에 현재의 휴렛팩커드에 매각되었다.

많은 이들이 세계적인 최고경영자의 진취적인 전략적 직관을 듣기를 원한다. 전략적 직관을 발휘하지 못하면 순식간에 힘을 잃게 된다. 이런 일들은 사실 비일비재하다. 직관의 차이에 따른 결과는 엄청나서 되돌리기 어려운 게 현실이다.

당신은 성공의 핵심적인 요소인 직관력을 기르기 위해 10년을 아니 1년을 무엇으로 채우고 싶은가? 재능을 가급적 빨리 발견하여 올림픽 무대에서 최고의 기량을 발휘하는 스포츠와 같은 특정분야가 아니라면 시작하는 나이는 절대적이지 않다. 자신이 좋아하고, 잘하는 것을 4세 때부터 시작해서 10년간 6,000시간, 10,000시간을 채우든, 50세에 시작해서 3,000시간 채우든 말이다. 중요한 것은 직감과 직관으로 제대로 알아보고 당장 할 수 있는 일을 뒤로 미뤄서는 안된다는 점이다.

무엇을 보고, 어디를 가든, 만나는 모든 사람은 우리가 완전히 의식하지 못하는 사이에 여러 가지 방법으로 결정에 영향을 미친다. 그렇기에 다양한 분위기와 경험에 노출되어 직감을 발달시킬 필요가 있다.

나이가 너무 어리면 때론 거칠고, 무모하고, 변덕스러우며 유혹에 빠졌을 때 쉽게 다친다. 하지만 그 단련 과정에서 직관을 키울 것이다. 나이가 너무 많으면 기력은 쇠할 수 있지만, 지혜로움은 시간이 지날수록 발전한다. 결국, 직감과 직관, 통찰과 창의는 비례한다. 젊은이는 학습과 경험, 논리적·비판적 사고와 재치 있는 직감(육감)과 직관을 계발하고, 장년(만 35~49)의 전문가는 평범한 직관력을 넘어 전문가적 직관으로 세상의 문제를 해결하며, 전략적 직관으로 나아간다. 중년(만 50~64)과 노년(만 65세 이상~)은 전략적 직관과 통찰로 얻은 역사와 지혜를 전수한다.

생각하는 존재, 인간의 개성 있고 창의적인 직관으로 얻은 아이디어는 우주의 별만큼 무수하다. 실제 지구 전체에 하루 동안 떨어지는 수많은 유성을 맨눈으로 볼 수 있음에도 불구하고, 일상에서 별똥별을 볼 수 있는 기회는 많지 않다. 별똥별이 빛을 발하는 시간은 1/수십 초에서 수 초 사이다. 이렇듯 우리에게 중요한 삶의 목적은 유성처럼 오는 직감과 직관을 통해 발견하는 것이다.

잘 산다는 기준

사실 우리가 사회적 기준이 아닌 자신이 잘산다고 생각하는 기준은 지구상의 인구수만큼일 수 있다. 그렇다고 해도 보편적인 웰빙Wellbeing의 기준은 있다. 직관적인 삶을 위한 태도적인 측면에서 다음 세 가지를 살펴보자.

첫째, 자신의 몸과 마음과 뇌의 변화를 인식하며 살고 있는가?

자신의 병은 자신이 안다고 했다. 몸속 암세포는 99퍼센트까지 퍼져도 소리를 지르지 않는다. 다행히 우리는 일정 시기마다 건강검진을 한다. 현대인이 오래 산다는 것은 '의, 식, 주와 배움에 관한 자기관리'에 있다. 직관지수 역시 자신이 얼마나 관리하느냐에 달렸다. 직관이 주는 정신적 제안은 기분, 본능, 충동으로 가려져 있는 베일을 걷어내는 역할을 한다.

둘째, 위엄이 있는가?

수다스럽고, 천방지축, 다혈질은 직관을 멀게 한다. 탐욕과 조롱, 냉소적인 태도 역시 올바른 직관과는 거리가 멀다. 경청하는 시간을 늘리고, 관찰하고, 내면을 바라보면 적절히 안정감 있는 침묵을 유지할 수 있다. 많은 시간이 아닌 깊은 시간을 사용하는 법을 익혀야 한다. 위엄 있는 사람은 말해야 할 때 말하고, 다물어야 할 때 침묵하는 법을 실천한다. 미묘하고 풍부한 초자연적인 직감은 자발적으로 삶을 계몽한다. 양심적인 지적 사고방식으로 진화해 직관이 즉각 작동되도록 준비시킨다.

셋째, 생각의 늪, 즉 '오버-씽킹'에서 벗어났는가?

심리학자들의 연구에 따르면, 우리가 걱정하는 것들의 40퍼센트는 절대 일어나지 않는 일이다. 30퍼센트는 이미 일어난 일들에 관한 것이고, 22퍼센트는 아주 사소한 일들에 관한 걱정이며, 4퍼센트는 전혀 손쓸 수 없는 일들에 관한 것이다. 마지막 4퍼센트는 96퍼센트의 걱정거리 때문에 정말 생각해야 할 것들을 놓치거나 그냥 지나쳐버린다.

미시간대학교 심리학과의 놀렌-혹스마Nolen-Hoeksema 교수는 수없는 가정을 하며 지나치게 생각이 많고, 자기반성을 비롯해 부질없는 걱정이 떠나지 않는 현상을 가리켜 '오버-씽킹(over-thinking, 생각 과잉)'이라는 개념으로 설명한다. 명확한 전후 상황을 파악하는 인과적 사고의 관점에서 봤을 때 오버-씽킹과 결론 없는 꼬리 물기식 자기 질문은 신경쇠약을 불러올 수 있다.

직감과 직관은 인과관계를 연결하는 핵심 열쇠다. 주어진 일과 의무로만 가득한 삶을 평생 어쩔 수 없이 견디며 살아간다고 말하지 말자. 소명감calling도 좋지만, 주객이 바뀌어서는 안 된다. 우리는 재미를 추구하면 죄책감을 느끼는 경향이 있다. 그러지 말자. 자기 변화와 혁신에 '재미'라는 열정을 품어야 하는 시기다. 역사적으로 힘든 시기에 세계인들이 이룩한 값진 것들을 제대로 가지고 놀아야 한다. 그것도 아주 창의적으로 말이다. 그런데 창의성에 대한 사전적 정의를 들으면 막막해지기 일쑤다. 자유롭게 놀지 못한다.

교육심리학 용어사전(2000년)에서는 창의성을 재정의한다. "창의성은 비판적 사고, 창의적 사고, 초인지적 사고, 의사결정 사고 등과 같이 여러 가지 사고 유형의 하나로 간주되기도 하고, 모든 사고 유형이 총체적으로 결합되어 나타나는 가장 고차원적인 사고능력으로 간주되기도 한다."라고 기술한다. 한 문장으로 정리하면 '정보와 정보 간의 관계 및 맥락을 이전과는 다르게 완전히 벗어나 보고 정의하는 능력'이다. 결국, 직관적 사고를 통해 통찰로 가며 영감을 얻는 과정과 방법이 창의다.

찰나에 찾아오는 직관과 통찰은 신기하게도 느리게 생각해서 얻어낸 것이다. 느리게 생각한다는 것은 단순히 속도나 완벽함이나 신중함이 목표가 아니다. 생산성 있는 과제에 대한 답을 얻기 위해 내면 깊은 곳에 있는 연결고리를 찾아내는 것을 의미한다.

어느 순간에 '번뜩' 찾아오는 직관과 통찰의 신호는 우리가 매일 '느리게' '깊은 사유'로 다려하면 가장 필요할 때 반드시 오는 것들이다. 신비한 내면의 힘으로 막연하게 보지 말고 신속하고 준비된 통찰력 발휘를 위해 경솔한 판단을 주의하며, 직관의 답을 얻으면 과감하게 결단할 수 있다. 살피고 핵심을 간파해서 빠르게 공격하는 것이다.

창의적인 사람들은 더 능숙하게 아이디어에 논리와 감정, 의식과 무의식을 모두 사용한다. 얼마나 활성화하느냐의 문제다.
윌리엄 셰익스피어, 레오나르도 다 빈치, 아이작 뉴턴, 앨버트 아인슈타인은 모두 상상력과 창의력, 직관력이 뛰어난 논리적이고 분석적인 사상가였다.

2장

논리의 끝에서
맞닥뜨린 6가지 진실

세상은
논리로 설명하기 어렵다

나는 본능적으로 가는 길을 느낍니다.
항상 뛰는 사물의 마음을 찾으려고 노력합니다.
그것은 정교한 절차이며, 논리는 충분하지 않습니다. 나는 내 감각을 신뢰하고
시간의 춤이 내가 알아야 할 것을 가르쳐 줄 수 있도록 배우고 있습니다.
_데이비드 라이닉David Rynick, 『This Truth Never Fails』

"나는 논리적인 사람이다. 비합리적이고 비상식적인 일들, 인간이 이성으로 이해할 수 없는 일들이 사방에서 일어나고 있다고들 하지만 나는 그 말을 믿을 수 없다. 내가 믿고 있는 것은 세상의 모든 일에는 엄격한 법칙이 있어서 그 법칙대로 굴러가는 법이고 거기에는 예외가 있을 수 없다는 사실이다. 아니, 법칙에 예외가 있다면 그것은 법칙이 아니지 않은가? 모든 현상은 법칙 내에서만 이해되어야 하고 법칙이라는 것은 영원불변한 것이며 확고부동한 것이라는 게 나의 주장이다." _이우혁, 『퇴마록』 세계편 제2권, 엘릭시스

소설 『퇴마록』의 「가장 논리적인 남자」에 나오는 그의 말은 나름대

로 설득력이 있다. '가장 논리적인 남자'라 불리는 이 남자는 독일어를 구사한다. 하지만 그는 이름과 같지 않게 비논리적 사고범주를 보인다.

"진학 시험에 번번이 떨어지는 이유는 시험관들이 비합리적인 문제를 만들어냈기 때문이고, 신과 영혼을 믿지 않으며, 꿈과 상상은 공상 상태이며, 히틀러가 유대인을 없애 버리려 했던 잔인한 일은 그럴 수 있다고 생각하며, 동양 사람들을 사람으로 보고 싶은 생각이 없다."라고 그는 말한다.(이우혁 〈퇴마록〉) '자기 배려 편향Self-Serving Bias'을 보이고, '감정'이라는 단어를 입에 올리는 것조차 혐오하며 궤변을 늘어놓는 역설적인 모습을 보여 준다.

어느 날 그는 술집에서 카프너라는 사람을 만나 유명한 철학자가 고대어로 기록했다는 책을 건네 받은 후 '늑대인간으로 변하는 주술책'이라는 사실을 모른 채 밤마다 소리 내 읽는다. 그는 정말 '늑대인간'으로 변했고, 카프너의 부하가 되어 퇴마사 일행과 싸운다. 그는 늑대로 변했으나 이런 일은 존재할 수 없으므로 이건 꿈이고, 동양인 퇴마사들의 등장 역시 신기루, 환영, 영화 같은 꿈속의 게임이라고 끝까지 믿는다. 퇴마사들의 도움으로 늑대로 변한 인간들이 주술에서 풀려난다. 하지만 '가장 논리적인 남자'는 다른 늑대인간과 달랐다. 여러 번의 시도 끝에 한참 시간이 흘러서야 사람으로 되돌아온다. 퇴마사인 한 청년이 묻는다.

"당신이 평소에 어떻게 지낸 사람인지 알 것 같군요. 당신은 영이나 초자연적인 존재를 믿으십니까?"

"절대로 안 믿습니다. 나는 논리적이고 합리적이고 과학적인 판단에 따라 추론을 해내는……."

"알겠어요. 그래서 당신에게는 주문이 더 지독하게 씌어서 잘 풀리지 않았군요. (중략)

사람은 누구나 태어날 때부터 외부에 대해 방어할 수 있는 능력을 가지고 태어나지요. 당신이 논리적으로 합리적으로 생각하지 않으려 해도. (중략) 당신은 스스로 논리적이라고 너무 믿은 나머지 힘을 상실해 버렸어요. (중략) 과학이나 논리가 전 세계, 아니 우주를 지배하는 원리라고 생각하는 거지요?"[3]

퇴마사는 자만할수록 깨달음을 기반으로 하는 내적 치유의 힘과 영적 힘이 약하다는 것을 '가장 논리적인 남자'에게 말하고자 했을 것이다. 세상은 논리로 설명하기 어려운 일들이 일어나곤 한다. 이성이 아닌 감정으로 많은 결정을 하지만 디지털 산업화시대를 살아가는 인간이라면 누구에게나 주어진 이성과 감정의 한계선을 명확하게 긋고 계산한다. 삶의 가치는 감성에 의한 이성적 판단으로 각자가 바라는 탁월한 인생을 만들기 위해 우리의 뇌와 심장과 혈관은 24시간 불철주야 움직인다. 문제는 의지가 자꾸 변덕을 부린다는 것이다.

사람마다 감정을 처리하는 속도가 다르듯 논리를 처리하는 속도 역시 다르다. '논리'하면 재판정 모습도 떠오르고, 수학과 과학적 논리도 떠오른다. 비즈니스, 외교 협상에서의 논리나 토론처럼 상반된 논리를 따져서 이겨야 하는 싸움 정도로 이해하기도 한다. 그런데 자신이나 상대가 잘못된 논리적 오류를 범하고 있다면 그다음에는 어떻게 해결할 것인가?

"저 사람과는 말이 안 통하는군."
"저 사람의 말은 도통 앞뒤가 안 맞아."
"저 사람은 논리보다 감정이 너무 앞서."
"따지기 싫으니, 나중에 얘기합시다!"
"아니 왜 그렇게 알아듣지 못하나요? 유치원생도 그건 알아요."
"저 사람 참 조리 있게 말 잘하는군. 어떻게 반박한담?"

서로의 논리를 설명이 아닌 강압적 설득이나 주장으로 상대를 이기겠다는 의도가 내면에 깔려있다. 하지만 현란한 '설득 심리의 기술'을 익히기보다 어떻게 하면 상대측이 감정적 트라우마를 겪게 하지 않으면서도 이해하기 쉽게 잘 짜인 논리로 구성해서 설명할지에 공을 들이는 게 더 현명하다. 이유를 말하는 논리적 사고는 우리의 일상에서 수시로 일어나지만 좀 더 섬세하게 훈련하면 잘못된 주장과 판단을 피할 수 있을 뿐만 아니라 어긋난 감정과 논리도 찾아낼 수 있다. 우리 사회에서 갈등과 분쟁을 해결하는 데 유용하고 중요하면서 가장 기초적인 수단이다.

논리적 사고 역시 모국어를 습득하는 과정처럼 삶 속에서 이루어진다. 입증할 수 있는 팩트와 논리적인 해결책을 제시하면 상대방이 무조건 받아들일 것으로 생각하지만 논리가 맞고 틀림을 넘어서 감정과 이해관계에서 입장의 차이가 있을 때는 사실적 논리만으로는 결코 승리할 수 없다. 궁극적으로 모든 결정은 자기 이익에 바탕을 둔다. 감정적이다. 그래서 설득이나 협상은 단순 논리가 아닌 살아 움직이는 생물의 전략이다.

논리 구조 훈련에 앞서 우리가 가져야 할 다음 세 가지 단계별 태도(역량)를 점검해 보자.

첫째, 논리력은 소통이 먼저다.

인간은 본디 경쟁을 좋아한다. 세상이 소리 없는 전쟁으로 연신 사건을 터트리는 이유다. 사회와 직장의 생존경쟁을 논쟁이라는 무기로만 접근한다면 상대를 내 편으로 만들지 못한다. 화난 맹수처럼 이빨을 드러내고 으르렁대는 감정싸움으로 번져 불필요한 에너지를 소비하기 일쑤다.

소통은 이해력을 전제로 한다. 상대방에 대한 이해를 다른 사람의 신발을 신어보는 것에 비유해보자. 대부분 사람은 다른 사람이 온종일 신고 다녔던 땀 찬 신발을 신는다는 것을 그리 유쾌한 경험으로 받아들이지 않는다. 개인 간, 조직 간, 국가 간 여전히 소통을 어려워하는 이유 중 하나다.

간혹 훈계하듯이 논리를 펼치는 사람이 있는데 이는 피하기 바란다. 소통에 전혀 도움이 되지 않을 뿐만 아니라 어떤 논리도 낙관하기 어려워진다. 먼저 상대의 말을 충분히 듣고, 효과적인 질문을 구상하며 풀어가야 한다. 어긋난 논리에서 파생된 문제를 인식하고 서로 승리할 수 있는 방법을 찾아내야 한다. 이것이 소통과 협상의 기본이다.

둘째, 공감할 수 있는 논리를 펼쳐야 한다.

사람들이 믿는 진실이 내가 알고 있는 진실을 이긴다. 억울하지만 때로는 감정이 논리를 이기는 상황이 얼마든지 일어날 수 있다는 것을 기억하자.

『마법의 냅킨』을 쓴 댄 로암Dan Roam은 이 세상에는 세 종류의 진실이 있다고 말한다. 머리가 말하는 이지적 진실, 심장이 말하는 감정적 진실, 데이터가 말하는 사실적 진실이다. 피라미드에서 우위를 차지하는 것은 심장, 머리, 데이터 순이라 말하며 모든 진실이 대등하지 않다는 것이다.[4]

논리(사실), 우리(논리 펼치는 자), 청중(상대방), 이 세 가지 요소가 무대에 등장한다. 소통이 어그러지는 이유는 공감력이 부족하기 때문이다. 상대방의 심장이 우위에 있긴 하지만 최고이거나 최선의 답은 아닐 수 있다. 문제해결을 위한 올바른 방향이 맞다면 상대방의 감정과 태도를 피드백하며 논리를 차분하게 단계적으로 설명한다. 다른 의견이나 생각을 지닌 사람들과 관계를 맺고 소통하면서 우리는 다양한 견해를 배우고 관점을 넓힐 수 있으며 논리적 사고능력을 개발할 수 있다. 이러한 노력은 긴장감 넘치는 팽팽한 논쟁과 협상 테이블에서 불필요한 심리전을 줄이면서 직관적 사고를 할 수 있도록 돕는다.

셋째, '상상력과 추론'을 활용한다.

이성의 한계를 넘어 주어진 사실에서 예측할 수 있는 새로운 사실을 본다. 어떤 방식이든 상대를 움직일 수 있는 감성과 논리를 펼치지 못한다면 목적을 잃는다.

우리는 대화하면서 감각과 직감, 직관으로 감지하며 논리의 윤곽을 잡아간다. 통찰을 통해 미래의 의사결정에 어떤 영향을 미칠지 분석한 후 판단한다. 방향을 잃지 않기 위한 성찰과 시뮬레이션은 필수다. 오류를 찾고, 방안을 마련하는 것의 초안은 상상력과 명상으로 해결한다. 그럼에도 예측 불가능한 상황에 놓여 '논리 반박'으로 풀 수 없는 일이 생긴다면 당황하지 말자. 상상 시뮬레이션은 매우 지능적이다. 앞의 과정을 충실히 했다면 '답'을 찾을 수 있다. 위기가 압도적이고 대단해 보여도 쉽고 단순한 논리로 상대와 전쟁을 치르지 않고도 승리할 수 있다.

거란의 장수 소손녕과 서희의 외교담판을 떠올려 보자. 우리나라 역사상 나라를 반석 위에 세운 외교정책 사례들이 있지만, 서희는 직관을 발휘한 실리외교의 대표적인 인물이다. 북진정책은 근거 있는 상상력이며, 서희가 거란의 야욕(송나라 제압)과 병력(거란은 80만 대군을 내세워 윽박지르고 겁을 주었으나 실상은 10만~6만 이하라 봄. 안주성 빠른 길이 아닌 고려 정규군이 적은 곳으로 빙빙 돌아 조그마한 토성인 안융진을 공격해서 패하자 회담을 여러 차례 요구. 고려 수도 개성까지 쳐들어갈 생각 없음.), 실질적 목표(송나라를 제압하기 위해 먼저 고려 공격, 고려와 국교회복으로 송나라 고립)와 소손녕의 속마음(고려와 화친한다면 병력과 국력 소모할 필요가 없음.)을 알아낸 것은 추론으로 얻은 직관이고, 거란의 진영으로 혼자 건너가 적장 소손녕을 만나는 행보(고려는 불간섭주의로 평화주의였으나 서희는 '강화론' 견지. 고려의 장수와 군대의 잠재력 컸음.)는 감성을 울렸을 것이고, 인과관계의 쉬운 논리로 담판(①여진이 가로막고 있어 국교수립 난점, ②고려 수도 개성은 평양(이남), ③고구려 옛땅 고려에 복속, 압록강 동쪽 여진족 정벌하여 강동 6주 획득)하여 윈윈win-win 전략을 제안한다.

성공적인 논리는 무작위로 모래알처럼 흩어져 있지 않다. 그리고 무한대로 평행선을 이루지도 않으며, 뒤엉킨 실타래로 이루어져 있지도 않다. 유쾌한 문제해결은 '우리가 얼마만큼 잠재의식과 상상력을 발휘하여 소통하고, 공감하고, 다양한 반응을 예측하고, 구조화하였는가'라는 명확한 논리를 토대로 한다.

이렇듯 내향성 직관자들은 연역적 추론을 사용하여 정확한 시놉시스의 배양을 다루거나, 일반적인 현상에서 추론하기에 적합한 일반적

정보로 세부 세항을 묘사한다. 외향성 직관자들은 시나리오에 관여하여 세부 사항을 얻은 다음 세부 사항을 기반으로 결론을 형성한다. 논리와 균형을 이루는 이러한 방식은 우리에게 공감을 일으킨다. 우리는 서로 같아질 수는 없지만, 타인을 있는 그대로 이해하고 인정해주며 존중하기 위한 적극적인 '퍼즐 맞추기'를 해야 한다.

논리만으로 세상을 설명하기 어렵지만, 이치에 맞는 사고추리와 사물과 사건 사이의 법칙 연관성, 논리적 사유체계로 문제를 해결하는 퍼즐게임은 여전히 중요하다.

따지기 싫어하는
사람들

곤경에 빠지는 건 뭔가를 몰라서가 아니다.
뭔가를 확실히 안다는 착각 때문이다.
_마크 트웨인Mark Twain

『Mr. Men and Little Miss』 시리즈는 1971년에 시작된 로저 하그리 브스Roger Hargreaves와 그의 아들이 쓴 아동 도서다. 간단한 도덕적 교훈을 전달하기 위해 앙증맞고 귀여운 캐릭터와 그의 주요한 성격 특성으로 이야기를 만들었는데, 2015년에 총 85개 캐릭터의 Mr. Men과 Little Miss 캐릭터가 시리즈에 등장한다.

개성이 뚜렷한 캐릭터들의 사는 법이 나오는데 생동감 있는 컬러와 함께 특징에 맞게 잘 그려진 그림으로 행복씨, 투덜씨, 발명씨, 꼼꼼씨, 구두쇠씨, 멋져양, 수다씨, 부끄럼양, 짜당씨 등을 유머러스하게 잘 묘사한다. 그 가운데 '리틀 미스 호기심'은 "어떻게, 왜, 무엇? 누구? 어디? 언제?"라며 머리 스타일도 물음표이고, 물음표 모양의 집에

살며, 온 세상 모든 것을 알고 싶어 한다. 그러다 어느 날 길을 가다가 샌드위치를 먹고 있는 난센스씨를 만난다. "샌드(모래)가 없는데 왜 샌드위치니?"라고 묻는다. "이것은 모래 샌드위치야. 나는 모래를 좋아해."라고 난센스씨는 답하더니 "메리 크리스마스!"를 외치며 모래가 빠지지 않도록 샌드위치를 조심스럽게 들고 달아난다. 시내 도서관에 간 리틀 미스 호기심이 도서관 사서에게 "의자는 왜 다리가 있나요?" "하늘은 왜 파랗죠?"부터 시작해서 너무 많은 것을 묻자, 사서는 "너무 지나쳐요!"라고 꾸짖으며 그만 나가라고 말한다.

중국에 성은 차差요, 이름은 부뜨오不多라는 사람이 있었다. 그는 늘 이렇게 말하곤 했다. "모든 일을 대충 해도 될 텐데, 구태여 꼭 정확히 할 필요가 있는가?凡事只要差不多, 就好了。何必太精明呢？" 그는 두 눈이 있긴 한데 정확하게 보지 못하고, 두 귀는 있어도 제대로 듣지 못했다. 코와 입이 있지만 냄새나 맛에 민감하지 못했다. 머리도 작지 않은데, 기억력이 좋지 못하고 생각도 신중치 못했다. 사람들은 그를 차부뜨오差不多 chà·buduō('거의 비슷한', '대강 같은' 뜻의 중국어)라고 불렀다.

어릴 적에 갈색 설탕을 사 오라는 어머니 심부름에 흰 설탕을 사 오면서도 "아니, 흰 설탕이나 갈색 설탕이나 다 똑같은 설탕이 아닌가? 웬 꾸지람이시람." 하며 어머니의 꾸중을 오히려 원망했다. 모든 일을 대강하는 버릇을 가진 차부뜨오는 학교를 졸업한 후 가게에서 일했다. 십자十를 천자千로 쓰기도 하고, 천자를 십자로 쓰기도 했다. 주인은 이 일이 반복되자, 화가 나 꾸짖었다. 그는 "십자나 천자나 비스듬한 작대기 하나가 있고 없고의 차이인데 그게 그것 아닌가요?"라고 말했다. 하루는 기차역에 2분 늦게 도착해 상하이행 열차를 놓치자, "오늘 가나 내일 가나 마찬가지 아닌가? 2분을 못 기다리고 출발하지?"하며 중얼거렸다. 어느 날, 급성 질환에 걸리자 동쪽의 왕씨 성을 가진 사람을 불렀다. 그런데 심부름 간 사람이 서쪽의 왕씨 성인 사람을 찾아가 데리고 왔다. 그는 왕씨 성을 가진 수의사였다. 차부뚜오는 "어쩌겠는가! 그게 그것 아닌가. 어서 치료나 해주시오." 죽음을 맞이하면서도 "하기야 죽는 것과 사는 것도 그게 그것 아닌가?"라고 말했다.

그의 죽음이 알려지자 이상하게도 사람들은 그를 칭찬했다. 잘 따지지 않는 마음을 가진 아주 마음씨가 착한 사람이었다며 차부뚜오의 소문이 온 나라에 퍼졌고, 사람들은 이도저도 아닌 대강대강 하는 태도로 매사 게으름을 피웠다.

중국 문학가 후적胡適이 쓴 『대충대충선생님差不多先生传』(1919)은 당시 중국 사회를 풍자한 우화다.[5] 일 처리가 성실하지 못하고 세상을 떠돌다 보니 많은 사람이 '그게 그거, 대강대강' 올가미 속에서 일생을 보냈다.

메이지대학 사이토 다카시 교수의 표현이 떠오른다. "마음으로 제대로 알지 못하고, 철저하지도 않게 이래도 좋고, 저래도 좋다는 식의 '해삼' 같은 정신으로 몽롱하게 있어 보았자……."

사실 우리는 사사건건 묻는 사람을 보고 '따진다' '말대답한다' 말하며 깐깐해서 대하기 불편하다며 귀찮아한다. "좋은 게 좋은 거지" 하며 대강대강 넘어가는 사람에게 "참, 사람이 융통성이 있어." 하며 호의적으로 대한다.

논리를 곰곰이 따지며 논쟁을 즐기는 사람이 있는가 하면, 혹여 누가 이것저것 이유와 증거를 물으면 머리 아파하며 아연실색하는 사람도 있다. 논리적 사고는 성격에 따라 '한다' '안 한다'의 문제가 아니다. 좀 더 편하게 혹은 좀 더 불편하게 느끼고, 익숙하지 않을 뿐이다. 논리적인 사고 체계와 논리적인 성향의 성격이나 행동을 동일하게 보는 것은 오해의 소지가 많다. 논리적 성향이 있다고 해서 논리적 비판적 사고 체계를 안다고 할 수 없다. 변화무쌍한 사건이나 일상에서 논리적 오류 없이 객관적인 사고를 하고 대처하느냐는 사람의 성향과는 별개의 문제다.

그들이 자로 잰 듯 명확하게 하고자 하는 것에 관해 자유로운 성향의 사람들은 "그게 그렇게 절차가 중요한가?", "숨이 꽉 막힌다.", "그렇게 안 해도 다 잘만 살아."라고 말하며 손사래 치고 질색하기도 한다. 하지만 그들도 학문연구와 자신과 이해가 얽힌 관계에서는 시시비비를 따지며, 설득력을 발휘하기도 한다. 단, 결과물 없이 새로운 것을 찾고, 쉽게 흥미를 잃는 경향이 있어 좀 더 정밀한 비판적 사고 과정을 위한 노력은 필요하다.

모든 일에 있어서 분석적이고 평론가적인 사람 역시 다른 사람들의 논리적이지 못한 태도가 도무지 이해하기 힘들다. 하지만 언쟁으로 논리만을 강요하는 것은 도움이 되지 않는다.

사람들은 '감정'이 상하면 자신의 몫을 따지기 시작한다. 그룹이나 단체, 조직에서 자신의 욕망과 야망으로 이기적인 사고가 생겨 자신과 자신의 팀 중심으로 모든 일을 처리해 버리고 갈등을 일으키는 어긋난 사내 정치를 만든다. 그런 양상의 사내 정치는 편을 가르고, 비판적 사고로 따지는 것을 봉쇄한다. 지금 내리는 결정이 편협되고 이기적인 사고인지, 발전을 가져올 직관적 사고인지 생각을 되돌려 들여다볼 필요가 있다.

이러한 측면에서 볼때, 미래지향적인 '논리적, 비판적으로 사고한다는 것'은 첫째, 타고난 성격을 넘어 좀 더 지혜롭고, 견해를 넓히는 데 필요한 사고 체계를 제안하는 것이며, 둘째, 결정하는 데 내적 갈등을 겪는다든지, 서로 다른 행동 경향을 가진 사람들 사이에 발생하는 감등을 감정과 편견에 휩쓸리지 않고, 논리적 사고 체계로 해결할 줄 안다는 것을 의미한다. 이것이 바로 직관적 사고에 가까워지는 길이다.

우리는 매일 수많은 결정을 내리며 산다. 어떤 것은 자잘하고 그다지 중요하지 않지만, 어떤 것은 우리 삶에 큰 영향을 끼친다. 예를 들면 어떤 정치인을 뽑아야 할까? 투자해야 할까? 인륜지대사라는 결혼을 이 사람과 해야 할까? 새로운 다이어트를 따라 해볼까? 꼭 수술해야 할까? 이민 가야 할까? 이직해야 할까? SUV로 차를 바꿀까? 크고 작은 선택과 결정을 앞두고 우리는 어떻게 사고하는가? 아무리 모험적인 사람이라도 매번 힘든 결정이라는 고통을 즐기려고 작정한 사람은 드물다. 그래서 빠르고 편한 길을 택하기도 하는데 잘못된 결정으로 후회막급의 사태가 생기기도 한다. 물론 정말 운이 좋다면 생각지도 못한 일생일대의 기회를 얻을 수도 있다. 하지만 행운의 여신이 온전히 자신에게만 집중하기를 마냥 기다리기보다 매사 좀 더 나은 결정을 내리고자 한다면 비판적 사고는 필요하다.

행동학자 클라크 헐Clark Hull은 우리의 뇌가 '최소 노동의 법칙', '최소 노력의 법칙'에 따라 육체적으로 정신적으로 최소의 노력이 들어가는 길을 택한다고 말했다. 자기 생각이 틀렸다는 게 분명해 보이는데도 자신의 이론을 뒷받침해주는 사실을 찾으려고 든다.

자신의 믿음에 반하는 증거가 제시될 때 나타나는 반응에는 다음 여덟 가지가 있다.

되돌릴 수 없는 생각인 ①사실 무시 → ②거부 → ③빼먹기 세 가지와 되돌릴 수 있는 생각인 ①판단유보 → ②사실 재해석 → ③수용 → ④수용하고 생각하기 → ⑤생각 수정 등 다섯 가지다.

되돌릴 수 있는 생각은 사물을 다른 각도에서 생각해 보는 능력으로 복잡한 문제를 푸는 데 무시된 생각까지 재해석함으로써 모든 입장을 볼 수 있다. 그러면 문제를 좀 더 폭넓게 논리적인 방법으로 풀 수 있다. "생각을 되돌릴 수 있는 능력은 지능의 가장 분명한 특성이다."라고 인지발달 연구의 선구자 장 피아제Jean Piaget는 말한다.

논리와 감성의
시소 타기

눈에 들어오는 세계를 그리지 않는 예술에 관심 없다.
내 말은 그것도 충분히 멋진 예술이지만 나는 관심이 없단 거다.
_화가 데이비드 호크니 David Hockney

인간의 뇌에서 논리와 감성이 어떻게 작동하는지 자세히 알아보자.

우리는 눈을 뜨자마자 잠자리에 들 때까지 의식적으로 셀 수 없을 정도로 선택하고 결정한다. 사실은 우리가 잠이 들었을 때조차도 해마는 결정을 내린다. 때로는 느리거나 시원스럽게, 때로는 숭고하게 내린다. 무엇이든, 어떻게든 결정해야 다음 과정으로 넘어가 진행되니 유보하거나 포기하거나 고르거나 한다. 이렇듯 결정은 우리 일상생활에서 필수적인 요소다.

스타벅스에서 어떤 커피를 마실지 쉽게 결정하지 못해 눈을 굴려가며 훑는다. 간결한 주문을 기다리는 스태프의 총총한 눈빛을 보며, 다음 순서를 기다리는 손님이 자신의 뒤통수에 레이저를 쏘는 듯한 기분이 들어 대강 주문하고 물러 나온 적이 있는가. 미리 생각을 좀 하고 오거나 추천을 받아 주문하면 쉽지만, 커피를 즐기지 않는 사람이라면 다양한 종류의 커피가 혼란스럽다. 물론 요즘은 스타벅스를 포함해 많은 곳에서 인공지능 디지털 마케팅으로 초정밀 맞춤 서비스를 제공한다. 메뉴를 보고 고르는 게 아니라 고객이 자신이 원하는 것을 선택(픽, Pick)한다. 맛은 기본이고, 얼음의 양, 물의 온도, 모양, 컵의 디자인 등등. 취향 저격과 생각할 시간을 벌어준다는 명목하에 인공지능으로 선호 소비패턴을 분석해서 실시간으로 제안한다. 그런데 이러한 편리한 방식은 맹점이 있다. 자신이 모르거나 혹은 편견을 가졌던 꽤 괜찮은 맛을 맛볼 기회와는 멀어진다는 것이다.

사람들은 가장 좋아하는 단골 브랜드 커피숍에서 자신이 항상 즐겨 마시는 커피와 새로 출시된 커피를 고르면서 일종의 소속감과 매니아 문화를 느낀다. 여기서 첫 번째, 논리 뇌와 감성 뇌의 차이를 보자.

논리 뇌는 함부로 다른 곳에 눈을 주지 않는다. 확실하고 안정된 맛을 목표로 한다. 그와 다르게 감성 뇌는 그날의 이벤트, 쿠폰, 할인 티켓 등 혜택을 사용하기 위해 과감하게 커피 맛을 바꿔 보기도 하고, 친구 따라 덜컥 정보 없이 주문하기도 한다.

논리는 사회적 기본 약속이자 일상의 매너다

산학협력 프로젝트 일을 하다 보면 급한 사안이나 기한에 따라서 저녁이나 주말에 오프모임을 가져야 할 경우가 생긴다. 일정이 잡히고, 총괄책임자가 장소는 반드시 스타벅스여야 하며, 주차가 가능해야 한다고 요구한다. 그러면 한 사람이 조건에 맞는 곳을 찾기 위해 일일이 전화해서 알아본 후 공지한다. 모임 날, 카페에 가장 먼저 도착한 사람이 커피를 사서 자리를 확보해야 한다는 것을 각자 암묵적으로 생각한다.

가장 먼저 도착한 사람이 자신의 블랙커피를 주문한 후, 3층으로 올라가 기다린다. 그런데 곧 도착한 프로젝트 총괄책임자가 스타벅스 커피 쿠폰이 있다며 갑자기 그 자리에서 블랙커피 두 잔과 케이크 쿠폰을 스캔해서 단체 톡에 올린다. 마지막에 도착한 사람이 3층에 도착하자마자 1층으로 내려가 가져온다. 가장 먼저 도착해 자리를 확보한 사람이 케이크를 넓은 자리를 양보해준 옆 사람들에게 감사의 답례로 주자고 갑자기 모두에게 제안한다. 총괄책임자는 당황한 표정이다. '굳이 케이크를 줄 필요까지 있을까? 자리가 없었던 것도 아닌데?'라는 생각을 가진다. 쿠폰 활용과 사용은 지극히 실용적이고 합리적인 결정이었지만 다른 한 사람은 이런 생각이 든다. '블랙커피 양이 너무 많은데 이걸 다 마실 수 있을까, 아 걱정이다. 속 쓰릴 게 분명한데…… 다른 차를 마시면 좋을 텐데.' 회의로 급히 모인 자리인 만큼 자신의 기호를 차마 밝히지 못한다. 결국, 머그잔 가득 담긴 블랙커피는 한두 모금 마신 채로 그대로 남겨져 버려진다. 논리의 뇌(실용성)와 감성의 뇌(기호/감정)는 그 순간에도 작동한다. 자, 여기에서 문제해결에 들어가 보자.

　가장 먼저 도착한 사람은 평소 블랙을 즐기는 터라 이미 커피를 주문해서 마시고 있었다. 첫째, 총괄책임자가 먼저 도착했다면 아마 블랙을 좋아하는 두 사람이 쿠폰을 활용할 수 있어 좋았을 터다. 하지만 그럴 수 없는 상황이라면? 두 번째로 그 쿠폰은 다음에 사용하는 것이 좀 더 현명한 결정이다. 세 번째로 만약 쿠폰 기한이 오늘까지라면? 쿠폰 기한은 있지만 실상 클릭 하나로 연속 연장이 된다. 총괄책임자는 실용적인 결정을 내렸고 여기까지는 미처 생각을 못 한 듯하다. "어떤 음료를 하시겠어요? 제가 쿠폰이 있긴 한데 블랙이네요, 괜찮나요?" 물어본들 그 상황에서 "다른 거 마실래요."라고 하지는 않았을 것이다. 물론 자신은 블랙커피 못 마신다며 다른 것을 굳이 마시겠다는 사람도 있다. 물어보지 않고 결정하니 다른 의견을 내지 못한다.

　가장 먼저 도착해서 자리를 잡았던 사람은 자신의 쿠폰도 아닌데 비싼 케이크를 덜컥 줄 것을 제안하고, 집안 행사로 일찍 자리에서 일어났다. 그는 미안해서 서둘러 일찍 도착해 자리를 잡은 모양새다. 이 모임에서 보고서를 보며 논의하고자 했지만, 그는 자신이 맡은 부문의 보고서를 마치지 못했고 주말에 모인 이유가 사라져버렸다. 그 후, 그가 기한을 넘겨 가며 제출한 보고서는 만족스럽지 못했다. 결국, 총괄책임자가 그의 몫까지 써야 했다. 커피를 포기했던 또 다른 한 사람은 이 모든 것에 개선이 필요하다는 것을 제안하고 싶었지만, 총괄책임자이자 제1연구자가 아니라는 이유로 포기하고 말았다.

무엇이 문제라 보는가? 세 사람의 나이, 사회적 지위, 지식수준은 비슷했다. 차이가 있다면, 그간 몸담았던 조직문화와 관련 주제 분야의 보고서 스타일과 협업 경험, 가장 현격한 차이의 행동 성향이다.

업무처리에서 논리를 잘 다루는 것은 중요하다. 이와 더불어, 일상은 물론 사회생활과 협업에서 감성의 뇌를 좀 더 우위에 두되, 균형감 있는 사람이 상황에 대한 배려와 공감력(직감과 상황 파악력)이 뛰어나다. 우위를 두기 힘든 이유다.

혼자 하는 학문연구와 협업과 사회생활은 다른 법이다. 누구와 일을 하겠느냐 묻는다면 망설이지 않고 "감성의 뇌를 적절한 상황에 사용하는 논리적인 사람과 일하겠다."라고 답할 것이다. 논리는 실용성만 가지고 논할 수는 없다. 논리를 무시한 지나친 감성 또한 살펴봐야 한다. 결국, 객관적이거나 효율적이지 못했다.

유리잔과 같은 감성 논리

모든 인간의 뇌는 감성적이고 논리적인 두 가지 면을 가지고 있는데 사람들 개인에 따라 활용 비율은 서로 다를 수 있다. 감성이 뛰어난 시인이나 배우, 이성이 뛰어난 회계사나 통계학자, 법률가, 과학자라도 때로는 통합보다 항상 양쪽 뇌의 갈등 속에서 끝없이 투쟁한다.

대통령 선거도 마찬가지다. 미국 대통령 선거가 한창일 때 미국의

한 잡지에서 설문 조사한 결과로 기억한다. 여성 유권자는 후보자의 외모와 패션에 영향을 더 받는다는 것이다. 나는 주변 지인들을 통해 다소 충격을 받았다. 상당한 수의 남성이 일반적인 상식과 정치인의 정책 수행능력이나 윤리보다 진영논리를 가지고 후보자를 뽑고, 많은 여성이 후보자의 후문이나 외모를 보고 판단해서 투표한다는 거였다. 후보자를 지지하는 이유를 묻자 어떠한 논증될 만한 답변을 들어보지 못했다.

왜 사람들은 상식 논리가 아닌 감성으로 지지하고 응원하는가. '정치는 쇼가 필요하다', '정쟁에서는 무조건 이겨야 하니까'라는 것이다. 다른 이유는 없다는 듯 서슴없이 말한다. 자기중심적인 자아(오성)와 치닫는 감정을 넘어 현실을 직시해야 하며, 이성적이고 직관적인 판단에 귀를 기울여야 하는 또 하나의 이유다.

오늘날 과학자들은 논리와 감성을 따로 구분하지 않는다. 사안에 따라 문제에 따라 논리와 감성을 정말 잘 다루어야 한다는 것은 중요한 권리이자 도구다.

의사결정은 논리(이성)와 감성의 시소 타기다

새 자동차를 사러 갔다고 하자. 논리 뇌와 감성 뇌는 여전히 수시로 우위를 투쟁하며 우리의 생각을 바꾸기도 한다. 시범 운전을 하기 위해 막 밖으로 차를 몰고 나갔을 때는 외관과 색상이 멋진 펄이 있는 파랑색 차로 기울었다가, 운전을 하면서는 유아용 카시트 자리가 충분한지 뒷좌석 공간을 더 보고자 한다. 그러다 내리면서 테이크 아웃한 커피를 둘 만한 충분한 컵의 홀더 개수와 크기를 보고 그 차가 마음에 들지 않을 수도 있다. 다음날 주차장에서 펄이 은은히 비치는 파랑색 멋진 차가 다시 눈에 들어왔지만, 여전히 파랑색 차를 살 확률은 낮다. 중고시장에서 파랑이 그리 잘 팔리지 않기 때문이다. 이러한 이유말고도, 우리나라 사람들은 유난히 흰색, 검정, 회색 차량을 선호한다. 빨간색 차가 도난 위험이 가장 낮으며, 밤 도로 상황에서는 흰색 차량이 압도적으로 사고율이 낮다. 감성으로는 백번도 넘게 멋진 외관과 특별한 색상의 차량을 구매하고 싶지만, 이성으로는 그렇지 못하다. 좀 참고, 휴양지 가서 화려한 색상의 오픈카를 타면 되니까 말이다.

심리학자 마이클 레빈Michael Levine에 따르면, 미국인은 선택 시 감정이 80%를 주도하는 반면, 실용성과 객관성은 의사결정의 약 20%에 불과하다고 한다. 따라서 배고플 때나 화날 때, 피곤할 때는 가급적 결정을 내리지 말라고 말한다. 배고픔, 분노, 외로움, 피곤함 등은 이성을 저지하고 잘못된 방향으로 밀어 넣을 확률이 높다는 것이다.[6]

이성적인 뇌는 야식夜食과 같은 습관이 몸에 좋지 않다는 것을 잘 안다. 하지만 뇌의 정서적 부분은 건강에 좋지 않은 행동을 정당화하고 합리화하며, 계속해서 건강하지 못한 습관을 지속하도록 설득한다.

심지어 인생에서 어떤 결정이 더 좋은 결과로 만들어 줄지를 잘 알면서도 감정적인 면에 치우치면 이성의 뇌는 감성의 뇌를 이기지 못하게 된다. 결국 합리적 사고와 멀어진다.

사회심리학자 조너선 하이트(Jonathan Haidt, 1990년대에 도덕적 판단이 의식적 추리보다는 자동적 과정(도덕적 직관)에 기반을 둔 사회 직관주의 모델을 개발함)는 『행복 가설The Happiness Hypothesis』 「코끼리와 라이더The Elephant and the Rider」에서 감성의 뇌를 코끼리에 비유한 바 있다. 라이더가 특정 방향으로 조종하기 위해 고삐를 당길 수는 있지만, 덩치 큰 코끼리가 무언가 할 것을 결정했다면 가고 싶은 곳으로 결국 가버린다는 것이다. 중요한 것은 코끼리와 라이더가 함께 움직일 때 변화가 쉽게 이루어질 수 있다는 점이다.

우리네 결혼, 사업, 진로, 직장, 삶의 양식 등에 있어서 인생을 바꾸는 선택은 쉽지 않다. 게다가 이렇게 힘든 결정은 폭풍 같이 몰아치는 감정의 변화라는 소용돌이가 일어 우리를 지배한다. 정서적 뇌는 우리가 생각하는 것보다 더 많은 의식과 결정을 이끈다. 불안과 기쁨으로 하루 열두 번도 더 바뀌는 마음과 선택으로 힘들었던 경험은 누구에게나 있을 것이다. 하지만 합리적 뇌가 감성의 뇌를 설득하고 다독여 직관적인 최종 결정을 내린다. 양쪽 뇌의 균형을 잡는 데 더 자주 성공하는 경험을 얻는다는 것은 우리가 얼마나 훈련하느냐에 따라 기능한 일이다.

뇌의 정서적 부분과 합리적 부분 사이의 '힘' 겨루기에 관해 심리학자 대니얼 카너먼Daniel Kahneman은 자신의 저서 『생각에 관한 생각』에서 두 가지 분리된 사고 체계를 묘사하고 있다.

정서적이고 직관적인 빠른 과정과 합리적이고 논리적인 느린 과정에 관해서 너무 감정적이라면 합리적이지 못할 수 있지만 동시에 감정적이지 않으면 합리적인 결정을 내릴 수 없다고 말한다. 이쯤 되면 '말놀이'처럼 들리겠지만 이렇게 생각하면 된다.

목이 말라 편의점에 들러 1,200원짜리 생수를 사려고 보니 진열 칸 옆에 그보다 가격이 다소 높은 달달한 복숭아 맛 2%와 파워에이드의 시원한 파랑 음료가 감성을 자극해 온다. 일반 생수와도 비교해 본 후, 가격저항 없이 결정을 신속하게 내리며 만족해한다. 삶의 변화에 영향을 주지 않을 것 같지만, 관여도가 낮은 물건을 살 때도 합리성과 함께 일어나는 감정을 즐겁게 따져보며 결정하기도 한다. 소소한 일상에서 시작하는 다양한 연습을 통해 만족스러운 결정을 내릴 가능성이 커진다.

논리적 발상을 가로막는
오만과 편견

문젯거리는 그것을 다루는 능력을 만들어 낸다.
_ 올리버 웬델 홈스Oliver Wendell Holmes, 미국 법학자

『우리 뇌는 왜 늘 삐딱할까』를 쓴 하워드 로스Howard J. Ross는 그의 저서에서 우리는 '친구'보다 먼저 '적'을 알아차리도록 프로그램되어 있다고 말한다. 이는 인간에게만 국한되지 않다. 잠재적인 위협을 더 빨리 알아차리는 것은 생존본능이다. 일상에서 무의식적으로 갖는 수많은 편견이나 하워드 로스가 말하는 우리의 의식과 행동을 교묘히 조종하는 편향성은 우리의 생각보다 훨씬 더 많은 영향을 우리에게 주고 있다.

오만과 편견은 다양성의 폭을 좁힐 수 있다는 점에서 살펴볼 필요가 있다. 영어 단어 'logic'은 그리스어 '로고스logos'에서 나왔다. 본래

'말'이라는 뜻이지만 '질서', '섭리'라는 뜻으로 감성pathos에 대비되는 '이성'을 뜻한다.

논리는 말 그대로 '논하는 이치'라는 뜻이다. 말과 말 사이의 관계, 전제와 결론 사이의 관계, 생각 이치를 탐구하는 학문이다. 하지만 환경(상황)과 인간에 대한 이해 없이는 온전한 논리 파악이 어렵다. 이로 인해 생길 수 있는 오만과 편견은 올바른 논리적 사고를 방해한다. 오류를 깨닫고 부정적 피드백을 받게 되면 전측 대상회 피질(주의, 반응 억제, 정서 반응(특히 통증에 관한)에 관여하는 전두엽 한가운데에 있는 뇌 구조, 전대상 피질, anterior cingulate cortex)의 도파민 수치를 높여 불편한 감정을 바로잡기 위한 그만큼의 에너지를 쏟게 된다.

"아는 것이 힘이다."라는 말로 유명한 프랜시스 베이컨은 올바른 사고를 방해하는 선입관이 라틴어 '우상'을 의미하는 '이돌라Idola'에 대응한다고 보았다. 우리에게 친숙한 사이토 다카시 교수는 『유연한 지성의 단련법』에서 현실을 그대로 받아들이기 위해서는 마음에 뿌리내린 선입관과 권위주의부터 버려야 한다고 말하며, '열린 마음'인 '유연성'을 강조했다.

새삼스러울 것 없는 진리이지만 그가 말하고자 한 보편성과 동시에 창조성은 새로운 깨달음과 발견을 위해 필요하다. 이러한 것들은 기호를 이용하는 형식논리학이 아닌 우리가 평소 직장과 사회, 가정에서 서로 주고받을 때 하는 말과 생각을 대상으로 한다. "의사결정을 하는 데 논리는 필요 없고 직관의 힘이 답이다."라고 말하기도 하지만 직관적 힘이 어디 도깨비방망이처럼 '뚝딱'하고 나오는 것이 아니다. 사실 직관에는 우리가 경로를 이해하지 못할 뿐 논리적 사고 체계가 녹아 있다.

오만은 눈을 가린다

사랑을 찾는 이야기부터 시작해 보자. 제인 오스틴Jane Austen의 『오만과 편견』은 사랑의 이야기를 넘어 각자의 상황에 따라 여운을 남기는데 시대의 풍속도에 따라 논리도 다르게 진행된다. 게다가 계층별, 개인별, 성별에 따른 사회적 논리를 가지고 있다. 주인공 다아시Darcy와 엘리자베스Elizabeth Bennet는 오해와 편견으로 가득하다. 사랑을 느끼지만 동시에 혐오한다. 이런 자가당착 오류를 깨고, 서서히 진실을 깨닫고 해피엔딩을 맞는다.

사랑이라는 감정적 요소에 논리가 통용되지 않는다고 생각하겠지만 세상살이에서 최소한 자신이 그 사람을 사랑하는지, 그 사랑은 진실한지, 편견이 있는지, 그 사람과 결혼하면 어떠할지 상상적 추론사고를 한다면 그 안에서도 논리는 작동하는 것이다. 하지만 특히 이러한 결정은 반드시 '의심스러운' 불길한 직감을 느낀 순간이 없는 '확신'이라는 직관을 얻어야 내릴 수 있다. 그래야 즐거울 때나 슬플 때나 어렵고 힘들 때 함께 할 수 있는 법이다.

감춰진 진실은 진실한 한 사람을 얼마든지 오만한 자로 만들어 버린다. 우리가 일상과 직장에서 하는 평가는 때때로 오해와 편견이 합쳐진 작품이다. 편견은 소중한 사랑과 인재를 알아차리는 데 장애가 된다. 일단 사랑에 빠졌다는 것은 논리 사고 프로세스를 거칠 겨를 없이 일어난다. 사랑은 환상에 빠지는 것과 유사해서 학창 시절에 배운 논리 수업의 이론으로는 현실에 눈뜨기 힘들다.

창의적인 사람들은 더 능숙하게 아이디어에 논리와 감정, 의식과 무의식을 모두 사용한다. 얼마나 활성화하느냐의 문제다. 윌리엄 셰익스피어, 레오나르도 다 빈치, 아이작 뉴턴, 앨버트 아인슈타인은 모두 상상력과 창의력, 직관력이 뛰어난 논리적이고 분석적인 사상가였다. 음악과 미술 역시 매우 수학적이며 논리적 구조가 필요하다. 논리는 아이디어를 패턴화하고 구성한다. 우리는 편향된 뇌로 우쭐대는 것을 멈추고 균형과 조화를 이루도록 선구자들처럼 단련할 필요가 있다.

고정된 사고와 인식, 협소한 지식과 경험에 대한 맹신, 지나친 과신은 우리를 틀 안에 가둔다. 자신만의 논리로 단단히 무장한 채 일목요연하고 청산유수와 같이 속사포 발언을 일삼기도 한다. 독일의 행동심리학자 카를 던커Karl Duncker는 게슈탈트(Gestalt, 형태주의) 심리학자로 생산적 사고와 창의성에 관한 연구를 했다.

1945년에 카를 던커가 만든 '촛불 문제'는 창의적 사고가 필요한 논리 퍼즐이다. 먼저 압정, 성냥, 양초를 주고 양초에 불을 붙인다. 던커 박사는 참가자들에게 책상 위의 벽에 불 켜진 양초를 고정하는 방법을 찾게 했다. 단, 조건이 있다. 양초의 촛농이 책상 위에 떨어져서는 안 된다. 답은 압정 상자를 벽에 고정하고, 그 위에 양초를 올려놓는다. 대다수 참가자는 압정을 이용해서 직접 초를 벽에 붙이거나 초를 녹여서 벽에 붙이려 했다. 상자를 이용할 생각은 하지도 못했다. 한참이 지나서야 압정 상자를 활용할 생각을 했다. 압정 상자는 압정을 담는 통이라는 고정관념이 확고했기 때문이다. 이렇게 하나의 고정된 기능만을 해야 한다고 여기는 사고방식을 '기능적 고정functional fixedness'이라고 한다.

우리가 삶의 문제를 해결하고자 할 때 역시 이미 가지고 있는 것을 돌아보지 않는다면 눈앞에 있는 것마저 보지 못하고 새로운 논리나 기법만 들여와 문제를 해결하려 한다. 이것은 새로운 방법을 찾아낸 것이 아니라 난잡하게 도구만 늘여놓은 격이다.

주변 사람들과 사물을 새로운 시각으로 쓰임새를 되돌아보는 연습은 중요하다. 관찰과 추론을 구분하는 것도 중요하다. 관찰이란 오감을 통해 정보를 수집하는 것을 의미하며, 추론은 그 관찰에서 도출한 결론이다. 관찰은 사실적이고, 추론은 관찰에 근거한 의견이다. 수학적 사고를 갖는 것도 중요하다. 고전과 명연설, 기본적인 철학서와 수학을 통해 패턴을 인식해 가는 것이 좋다. 직관이라는 빛은 이 순간에도 신호를 준다. 오만과 편견에서 자신을 꺼내어 삶의 도구, 사회의 도구, 인류의 도구로써 온전한 가치를 촛불처럼 발휘하게 한다.

우리의 눈을 가리는 것

소크라테스는 '인생'에 관해 묻는 제자들을 사과나무 숲으로 데리고 들어가 가장 마음에 드는 사과를 선택해서 가져오게 했다. 제자들은 가져온 사과를 서로 비교해 보고 다시 사과를 고를 기회를 달라고 했다. 소크라테스는 "인생은 언제나 단 한 번의 선택을 해야 한다."라는 말을 한다.

숲을 헤매다 저 멀리 언덕에 사과나무가 보인다. 허기진 상태라고 상상해 보자. 보자마자 전속력으로 뛰기 시작한다. 오로지 빨리 올라가 언덕 위 새콤달콤한 사과 열매를 따서 '아삭' 베어 먹고 싶은 생각뿐이다. 그런데 언덕에 올라보니 이내 먹을 수 없을 정도로 사과가 썩은 것을 알게 된다. 허탈해하며 언덕을 내려오는데 곳곳에 수많은 종류의 사과나무들이 즐비해 있다는 것을 발견한다.

이것이 인간의 뇌가 가끔 작동하는 방식이다. 고개를 돌릴 생각도 없이, 주위에 눈 돌릴 겨를도 없이 눈을 가리고 방황한다. 왜 이런 일이 발생할까?

첫째, 관성이다.

외부 힘이 0일 때 자신의 운동 상태를 지속하는 성질이 관성이다. 우리 모두 '인지 관성'을 경험한다. 이는 기존 아이디어, 신념 및 습관을 바꾸는 것을 어렵게 만든다. 우리는 불확실성 대신 확인된 편견에

굴복하고, 검증된 기존 신념을 추구한다. 변화해야 한다는 것을 알면서도 오래된 믿음에 집착하면서 여전히 분명하지 않다고 여긴다. 잘못했을 가능성에 대해 생각하고 다른 의견이나 정보, 해결책을 업데이트하는 것보다 항상 생각했던 대로 계속 생각하는 편이 훨씬 쉽기 때문이다.

모든 것에 의문을 품는 것은 정신적으로 육체적으로 지치게 만든다. 하지만 이런 과정을 거치지 않는다면 선택과 의사결정을 내릴 때 더 좋은 기회와 더 나은 결과를 놓칠 수 있다. 어떤 날은 방향을 바꾸어 무언가를 되돌리거나 중단해야 한다는 것을 직감하기도 하지만 여러 옵션과 정보에 직면해서는 피로감을 줄이기 위해 종종 이미 해오던 사례와 정해진 매뉴얼, 기본값으로 선택해 버린다.

혁신이 필요한 시점이다. 이토록 강력한 관성을 멈추게 할 수 있는 것은 직관력이다. 또한 갈림길에서 생각과 일치하지 않는 객관적인 상황을 마주했을 때 믿지 않고 고수하는 인지 부조화를 극복하기 위해서는 직관적인 노력이 필요하다

둘째, 착각이다.

인지심리학자 크리스토퍼 차브리스Christopher Chabris와 대니얼 사이먼스Daniel Simons는 재미있는 실험을 한 후 『보이지 않는 고릴라』에 그 결과를 담았다. 그들은 흰옷을 입은 사람들과 검은 옷을 입은 사람들이 농구공을 주고받는 영상을 실험 참가자들에게 보여 준 후 흰옷

을 입은 사람들이 공을 몇번이나 넣는지를 세어 보게 했다. 화면 속 사람들은 쉴 새 없이 공을 주고받기 때문에 횟수를 세는 것이 그리 쉬운 일은 아니다.

이 실험의 숨겨진 목적은 실험에 참가한 사람들이 농구공을 주고받는 사람들 가운데 고릴라 복장을 하고 지나가는 인물을 관찰할 수 있는지를 확인하는 것이었다. 일반적인 상황이라면 영상을 보는 사람들이 체육관에 뜬금없이 나타난 커다란 고릴라를 놓칠 리가 없다. 심지어 실험에서 커다란 고릴라 복장을 한 사람은 화면 정중앙을 가로지르며 가슴을 치는 행동까지 했다. 그런데 놀랍게도 실험 참가자 중 절반에 가까운 40%가 패스하는 숫자를 세느라 화면에서 고릴라를 보지 못했다고 대답했다.

차브리스와 사이먼스는 이를 소프트웨어의 버그를 드러내는 것으로 보는 것은 실수라고 주장한다. 우리의 두뇌는 물리적 시스템이므로 유한 자원을 가진다. 인간의 본질적인 한계다. 즉, 우리가 특정 사실에 집중하면 그것을 해결하는 데 뇌가 너무 많은 에너지를 소모해 다른 사실들은 놓치게 된다. 이것은 어머니가 모성애로 갓난아기를 돌보며 오로지 아기에게 집중하는 동안 일시적으로 신체 균형력을 잃어 쉽게 탁자나 의자에 부딪치는 것도 역시 같은 이치다.

'주의 착시'라고 부르는 실제적인 문제는 종종 우리가 이러한 한계를 인식하지 못한다는 것이다. 세상을 실제 그대로 본다고 생각하지만 인식, 기억, 지식 및 능력과 관련된 일련의 환상을 일으킨다. 우리의 신념, 욕망 및 관심에 따라 왜곡된다. 오래전 일을 이야기하면서 사건 자체가 아닌 이야기를 기억하고 당시 생각했던 것이 실제로 일어났던 것으로 착각하며 믿는다. 또 다른 착각은 지식과 자신감에 관한 것이다. 우리는 우리가 알고 있는 것보다 더 많은 것을 알고 있다고 생각하는 경향이 있다. 이에 착안해서 잘못된 기억과 착각은 '직관의 오류'를 가져올 수 있다는 점에 주목하고자 한다.

우리가 가치를 얻기 위해 몰입하는 동안 이러한 오류를 가려내는 작업을 하는데 기억이 우리에게 더 일관성 있고 의미 있는 버전이 될 때까지 의미없는 것들을 제거하는 것이 직관 메커니즘 과정인 것이다.

비판적 사고로 오류를 평가하다

가치를 평가하는 일은 오로지 자신이 주체여야 하며 피날레여야 한다. 의외로 많은 사람이 타인의 생각과 판단에 의존하며 스스로 생각하고, 판단하고, 행동하기를 두려워한다.

오래전 TV 프로그램에서 퀴즈 OX게임이 있었다. 바닥에 크게 '맞다'는 'O'로, '틀리다'는 'X'로 그려놓고서 출연자들이 그 위에 서는 게임이었다. 한번은 20명의 출연자 가운데 17명이 'O'를 선택하고, 세명이 'X'를 선택했는데 진행자가 "한 번 더 기회를 주겠습니다. 자! 마지막으로 선택하세요."라고 교란을 일으키자, X를 선택한 3명 중 2명이 눈치를 보더니, 다수가 결정한 'O'로 선택을 바꿔 옮겨갔다.

우리 일상에서도 확신이나 논증 없이 이리저리 다수의 결정을 따르며 수동적으로 갈팡질팡하게 되는 경우가 생기곤 한다. 때로는 골치 아프다며 남이 하자는 대로, 남이 좋다는 대로 그냥 따라가고 싶어 한다. 물론 자신이 그 분야 문외한이거나 다수의 전문가나 실제 경험자가 속해 있는 그룹이 있다면 궁리하는 것 보다 곧바로 가서 정답을 맞히면 된다. 하지만 재미와 순발력을 요구하는 OX게임이 아니라면 확실한 정보를 알아보고, 질문해서 지식을 쌓은 뒤 선택하는 것이 바람직하다. 다른 사람의 판단은 그저 참고사항일 뿐이지 전적으로 매달리는 어리석음을 범하지는 말아야 한다.

일본의 심리학자 에노모토 히로아키는 그의 저서 『부정적 사고력』에서 긍정의 덫과 부정의 효과를 말했다. 긍정적인 태도를 강조하는 사회에서 부정적인 사람들에게 굳이 그럴 필요 없다고 말한다. 오히려 불안해하고 비관적이고 자신감이 약한 부정적인 사람들이야말로 자신을 엄격하게 평가하고 스스로의 미숙함과 능력 부족을 인정하기 때문에 적절한 상황 대처 능력과 날카로운 판단력을 기를 수 있다고 주장한다.

사회 심리학자 셸리 체이큰Shelly Chaiken은 뇌의 정보 처리 과정을 체계적이고 조직적인 '시스터매틱systematic'과 직관적으로 해석하고 처리하는 '휴리스틱heuristic' 두 가지로 구별한다. 에노모토 히로아키는 긍성적인 성향의 사람들은 단편적인 정보나 특정 정보에 반응하며

직감적이고 빠르게 판단을 내리는 휴리스틱 처리 방식을 따른다고 말한다.[7]

심리학자 파크Bernadette Park와 운켈바흐Christian Unkelbach 등의 실험에 따르면, 긍정적인 사람은 중립적인 사람이나 부정적인 성향의 사람들보다 펼쳐진 상황이나 사람의 성격이나 능력을 검토하지 않고 결정해 버리는 우를 범하는 경우가 많아 주의해야 한다고 말한다.

우리는 자라면서 긍정적이고 낙천적인 생각을 하라는 말을 오랫동안 들어왔다. "좋은 게 좋은 거야.", "지금 반대의견을 거론해 봤자 골치만 아파.", "너무 신경 쓰지 마." "시간이 지나면 해결될 거야."라는 말을 듣는다. 아무 의심 없이 믿고 따르고, 긍정의 마법을 뇌에 심어서 정말로 모든 일이 해결된다면 얼마나 좋겠는가. 긍정적인 사고가 플라세보 긍정 효과placebo effect에 힘입어 만능열쇠처럼 힘을 발휘하는 듯 보이지만, 구체적인 계획과 실천 없는 지나친 낙관주의는 헛된 꿈을 좇거나 몽상에 사로잡히게 한다. 지나치게 긍정적이거나 부정적인 사고는 만사를 대수롭지 않게 또는 심각하게 여기도록 해 비슷한 실수를 반복하게 한다.

인간은 매일 수많은 의사결정을 한다. 이때 상당 부분 휴리스틱하게 함으로써 시간을 단축하고 효율적으로 행동한다. 이는 더 깊은 정신 활동과 신중한 처리 방식인 시스터매틱 처리에 필요한 에너지를 모으고, 복잡한 일상을 단순하게 살기 위한 생존전략이라고 진화심리학에서는 말한다. 하지만 혹여 비판적 사고를 말한다고 해서 부정적 사고를 가졌다고 치부하는 것은 편견이며, 직감적인 휴리스틱을 완전히 배제하는 것은 아니다. 상황에 따라서는 휴리스틱이 더욱 합리적일 때가 있기 때문이다.

이 점에서 휴리스틱이냐, 시스터매틱이냐 속도나 과정을 논하는 것보다, 신중하게 다루어야 할 문제해결에서 불편한 정보를 외면하고, 긍정적이고 부정적인 기분에 따라 쉽게 가기 위해 얕은 생각을 하는 일명 '마인드 버그mind bug'에 비유되는 편향bias과 사회에 만연한 고정관념을 따르면 판단의 오류를 범할 확률이 높아진다는 것에 유념해야 한다.

비판은 비난이나 부정적인 뜻이 아니다. 사물이나 어떤 행위에 대해 옳고 그름을 가리어 판단하거나 밝히는 것이다. 이 또한 정치사상에 사용되면서 우리의 선입견으로 자리 잡은 까닭이다. 뇌 회로의 '고정된 틀'에서 벗어나기 위해서는 비판적 사고가 필수다.

비판적 사고에 익숙해지면 정보의 신뢰성을 더 잘 판단하고, 수동적 결정이 아닌 더 합리적인 믿음으로 후회나 실패를 줄일 수 있다. 비판적으로 생각하는 것은 휴리스틱과 시스터매틱 처리방식 안에서 작용하여 다양한 일상과 업무에 유용하다.

가치는 유용성에 둔다. 적절한 아이디어를 사용하여 관련 정보를 수집하고 평가하며 합리적인 판단과 해법을 효과적으로 이해하고 관련 기준과 표준에 따른다. 정교한 직관력은 직감적인 휴리스틱과 논리적인 시스터매틱을 결정할 줄 아는 사령탑 역할을 한다.

이성의 뇌와
감정의 뇌

인간의 뇌는 이진 컴퓨터로 작동하며
정확한 정보기반의 0과 1 또는 흑백만 분석할 수 있다.
우리의 마음은 퍼지 논리를 사용하여 그 외 정보를 분석하는 화학 컴퓨터와 같다.
_MoonEx CEO 나빈 자인Naveen Jain

인공지능 기반의 챗봇인 엘리자Eliza는 인간과 대화할 수 있는 로
봇이다. 1964년에 시작해서 1966년까지 2년에 걸쳐 MIT 인공지능
(Artificial Intelligence, AI) 실험실에서 진행되었는데 현대 인공지능
의 아버지라 칭하는 조셉 와이젠바움Joseph Weizenbaum이 만든 자연어
(언어) 처리 컴퓨터 프로그램이다. 커뮤니케이션은 당시 정신과 의사
가 환자의 증상에 대해 반복화법reply으로 사용하는 단순한 규칙에 따
라 핵심어구를 재배열하는 수준이었다. 아이로니컬하게도 엘리자는
인간의 질문에 대답하는 프로그램이 아니라 인간에게 질문을 던진다.
인본주의 상담의 창시자인 칼 로저스Carl Rogers의 인간 중심 이론을
따르는 상담가를 패러디한 것이다.

86

'나는 죽었다I'm dead.'라고 키보드를 치자, 엘리자는 '죽어서 즐거운 가요?Do you enjoy being dead?'라고 처리했다. 죽음이라는 것이 완전히 다른 차원이라는 것을 인식하지 못했다.[8]

인간의 학습을 모방한 기계학습, 상식 추론, 로봇 조작, 계산론적 신경과학 등 다양한 업적을 남긴 MIT 인공지능연구소 공동설립자이자 인공지능의 개척가인 또 한 사람 마빈 민스키Marvin Lee Minsky는 로봇의 지능 발달이 더딘 것은 기계가 감정을 모르기 때문이라고 말했다. 하지만 인공지능은 진화하고 있다.

2014년에 일본의 컴퓨터 회사인 소프트뱅크가 개발한 '페퍼'를 비롯해서 홍콩의 핸슨 로보틱스Hanson Robotics가 만든 인간의 감정 62가지를 표정으로 보여 줄 수 있는 AI 로봇 '소피아Sophia', 웹캠을 통해 표정이나 목소리 톤을 인식해 감정 상태에 맞게 표정을 짓고 상황에 맞는 대화를 유도하는 뉴질랜드 기업 소울머신즈가 2017년 개발한 아바타 챗봇 '나디아Nadia' 등 감정 진화작업은 계속되고 있다. 하지만 우주처럼 복잡한 인간의 감각과 감정을 센서로 완벽하게 구현할지는 알 수 없다. 그러면 논리는 어떠한가?

질문: "CAN A CAN CANCAN?(통조림 캔은 캉캉춤을 출 수 있을까?)"

Cyc(로직프로그램): "그렇지 않다. 근본적으로 캔은 생명이 없는 물체이고, 캉캉춤을 추려면 최소한 뇌가 있고, 이를 사용해야 하므로 캔은 캉캉춤을

출 수 없다."

Cyc는 단어가 어떤 맥락context에서 쓰였는지 정확하게 이해해서 논리적으로 답했다. 실제 더글라스 레나트Douglas Lenat팀은 MCC(Microelectronics and Computer Technology Corporation: 미국 대형 기업체의 컨소시엄)에서 1984년 프로젝트를 시작했다. 25년간 (1984~2009년) 600만 개의 규칙을 하나하나 일일이 입력해 왔지만, 인간의 상식 중 반드시 알아야 할 규칙 중 3%에 불과하다고 말했다. 인간은 우리의 생각보다 훨씬 더 많은 것을 알고 있다. 인간의 뇌가 의식하지 않고도 수집하는 정보를 컴퓨터에 입력시키는 것은 불가능할 정도로 미지의 세계다.

세계 최초로 사우디아라비아 시민으로 권리를 인정받고 유엔연설을 한 휴머노이드 AI(인공지능) 로봇 소피아가 〈4차 산업혁명, 소피아에게 묻다〉 한국 콘퍼런스에서 질문에 답한 부분이다.

질문: "화재 현장에 어린아이와 노인 중 한 명만 구할 수 있다면 어떻게 하겠는가?"

소피아(휴머노이드 로봇): "너무 어려운 질문이다. '엄마가 좋냐, 아빠가 좋냐'라는 질문과 같다. 난 윤리적 문제에 답할 수 있도록 설계되어 있지 않다. 출구에서 가까운 사람을 구할 것 같다. 그게 논리적이니까."

_출처:머니투데이, 2018. 1. 31.

공상과학영화를 보면 스스로 판단하는 초지능 로봇이 인간을 지배하는 암울한 미래를 상상한다. 또한 국내외 수많은 과학자와 전문가들도 앞으로 다가올 미래를 우려하고 있다. 그럼에도 '생각하는 인간', '상상하는 인간'이 완벽해 보이는 슈퍼기계를 능가한다면 그것은 어떤 부분이라 보는가?

인간의 뇌는 그렇게 완벽하지 않다. 일단 우리의 뇌는 망각을 잘한다. 잘못된 기억을 종종 한다. 압박을 느끼면 불안해하고 실패하기도 하며, 의식적으로 24시간 가동이 힘들 뿐만 아니라 권태를 느끼고, 딴짓도 잘한다. 무모한 결정도 서슴없이 하고, '선택 장애'라고 스스로 말할 만큼 결정을 내리기 힘들어하기도 한다. 편견 덩어리이며, 대부분은 아무리 생각해도 새로운 생각이 떠오르지 않아 머리카락을 쥐어잡고 '욱' 하기도 한다.

혹자는 이 모든 것이 인간은 비록 '만물의 영장'이지만 '불완전'하고 '무질서'하다는 반증이라고 말한다. 과연 그럴까? 이렇게 불완전해서야 인공지능 로봇을 제대로 유용하고 활용할 수 있을까? '그래도 게으른 자(인간)가 부지런한 자(인공지능)보다 창의력이 더 낫다'라는 말로 위안 삼아야 할까? 아직 절망하기엔 이르다.

한 연구에 따르면 하루 중 우리가 내리는 선택 중 40~45%가 자신 스스로 내린 적극적인 결정이 아니라 습관에 따른 것으로 나타났다. 습관은 일상적인 활동을 자동화하는 데 도움을 준다. 뇌가 에너지 소비가 덜한 지름길을 찾고, 하고 싶은 것을 유지하게 하는 이유는 효율성에 기반한 우리를 돕는 진정한 방식이기 때문이다.

그러면 뇌에게 내가 원하는 것을 제대로 알려 줄 필요가 있다. 뇌는 훌륭한 우리의 아군이다. 뇌의 기능들을 연결하는 것은 자신에게 달렸다. 인간의 뇌는 우리가 사건을 추적하도록 하는 데 능숙하다. 생존에 중요한 적응 메커니즘이며, 그것을 직관이라 말한다.

신경과 강동화 박사는 뇌졸중 환자 치료에서 부정적인 뇌 기능들에 주목했다. 그는 나쁜 뇌란 "산만한 뇌, 합리화하는 뇌, 왜곡과 망각을 하는 뇌, 비합리적이고, 냉정하며 중독된 뇌, 병든 뇌를 말하며, 우리에게 도움이 안 될 것 같고, 쓸모없다고 여겨지는 그래서 거의 사용하지 않으려 하는 뇌"라고 말했다. 하지만 한편으로 나쁜 뇌는 양면성을 갖고 있으며, 삶의 균형을 위해 꼭 필요한 뇌라는 것이다. '나쁜 뇌'를 '균형 뇌'라고 하는 이유다.[9]

이성과 감정 간 대립으로 갈등의 양상을 보이지만 공존한다는 것 자체가 균형을 말하는 것이 아니겠는가. 이는 우리가 한쪽으로 치우친 생각을 하고, 결정한다는 것의 위험성을 보여 준다. 처한 상황이 힘들고 불행하지만 긍정적으로 받아들여 이겨내는 힘도 나쁜 뇌의 작품인 셈이다. 때로는 세상의 현실을 왜곡하는 뇌가 역경을 이겨내는 힘을 발휘하기도 한다.

여자들은 남자와 싸울 때 잊힐 만하면 옛 상처까지 모두 끄집어내어 울분을 터트린다. 부부간, 연인 간 다툼은 대부분 기억력 때문에 마지막까지 간다. 잊으면 삶을 지치게 하는 미련과 후회, 집착은 자취를 감출 수 있지 않겠는가. 해마와 편도체 결합으로 뇌는 감정이 섞인 기억을 더 잘 기억한다. 나쁜 기억은 강력하다. 기억 가운데 과거의 나쁜 기억은 같은 위험에 다시 빠지지 않도록 돕는다. 하지만 잊어버려야 도움이 되는 불행한 기억이라면 행복하고 즐거웠던 기억으로 적극적으로 덮을 수 있다. 잘 버리고 좋은 것들로 채워야 훨씬 중요한 것들을 잘 기억해 필요할 때 끌어낼 수 있는 법이다. 바로 직관할 수 있도록 돕는다. 잊지 말아야 할 것과 잊고 싶은 것을 우리가 주체적으로 뇌에게 요청할 수 있다.

뇌는 숲을 이루고 있다. 숲은 낮과 밤의 에너지를 가진 신비로운 곳이다. 뇌에서 일어나는 수많은 과정은 우리가 의식하지 못하는 사이에도 자동으로 올바르게 처리한다. 의식적인 결정과 무의식적인 결정 중 어느 것이 더 나은지 판단하기 어렵다. 직관력으로 수학적 계산이나 추론을 하지 않고두 정확한 판단과 탁월한 결정에 다다르기도 하는 능력의 원천은 과연 무엇일까?

더는 뇌를 왜곡하지 말자. 뇌는 상냥하게도 위로하기 위해 속도를 조절한다. 뇌가 진정 아프다면, 뇌가 보내는 '이상 신호'를 무시하지 말기를 바란다. 그때는 왜곡이 아닌 '경고등'이니 말이다.

우리는
늘 합리적인가

'별난 사람'이라고 낙인찍히는 것보다
순종이라는 오명에 무릎 꿇는 것을 더 두려워하십시오.
IBM 전 CEO, 토마스 존 왓슨Thomas J. Watson

인간은 합리적이기보다는 직관적으로 생각하는 편이다. 사람들은 일상에서 과학자처럼 생각하지 않는다. 마치 변호사가 된 듯 자신을 열심히 변호하기에 바쁘며, 믿고 싶다는 믿음을 가지고 있다. 자신이 틀렸다는 사실을 알게 되면 기분이 나빠지는 경향이 있어서 비난하면 오히려 합리적인 대안을 찾아내는 것에서 멀어진다.

이러한 내부 편견을 어떻게 극복할 수 있을까? 첫 번째 단계는 실수를 인정하고 받아들이는 것이다. 자신의 믿음과 달리 자기 생각에 결함이 있거나 어떤 이의 주장에 근거가 있다는 것을 깨달았을 때는 스스로에 대한 반성이 필요하다.

우리는 논리의 벼랑에 맞닥뜨리고서야 제대로 고민하기 시작한다. 결정할 순간에 임박해서야 틀에서 벗어나 새로운 방법과 더 진실한 답을 찾기 위해 고군분투한다. 그나마 다행이다. 우리는 자주 벼랑에 서는 상황을 일부러라도 만들 필요가 있다. 문제를 순식간에 해결하는 힘이 알 수 없는 곳에서 솟구쳐 우리의 뇌와 몸이 직관을 발휘한다. 논리의 끝에 도달하면, 직관이 시작될 것이다.

직관의 힘을 키우고자 한다면 평소 기초 작업을 해놓는 게 좋다. 우리는 신神이 아니기에 자신에게 확신을 줄 만큼의 정보와 충분한 사유의 시간이 필요하다. 합리적 사고를 위해서는 주어진 정보와 추론에만 의존하지 않고, 여러 대안을 비교하며 가장 적절한 답을 구한다. 골똘히 생각을 하다가도 떠오르는 키워드나 요점을 포스트잇에 적어 붙여 놓는다. 점점 포스트잇이 많아져 더는 붙일 자리가 없으면 길게 기차처럼 이어서 바구니에 섞어 놓는다. 그리고 생각이 막힐 때마다 무작위로 꺼내어 읽는다. 발상을 어렵게 여길 필요가 없다. 생각을 확장하는 것은 말 그대로 방 평수나 층수를 늘리듯 아이디어와 사고를 확장하는 것을 뜻한다. 일종의 '건축 놀이'다.

우리는 괜스레 논리적인 직업에 종사하는 사람을 만나면 움츠러드는 경우가 있다. 논리를 잘 다루는 사람들은 자신과 타인의 상황을 잘 안다. 그리고 감정을 잘 다룬다. 감정은 정신의 상태를 다른 사람들에게 알리는 수단이며, 자신이 판단과 결정을 이끌어준다 하지만 합리적인 뇌는 때때로 계산된 선택을 하는 데에 따른 모든 스트레스를 다룰 수 없어지므로 많은 양을 정서적 의사결정으로 내리게 되기도 한다.

감정을 제대로 잘 알게 되면 감정적 편견들을 바로 잡을 수 있다. 성숙한 정신은 안정감을 가져온다. 평화롭고 조화롭다. 두려움을 극복할 확신을 얻는다. 매일 결정을 내릴 때 내면이 말하는 것을 듣고, 생각하고 감정을 인식하면 식별해서 좋은 선택을 할 수 있다. 정교하고 복잡한 결정을 합리적으로 내리는 성실한 기회가 더 자주 다가온다.

우리는 합리적인가? 우리는 매 순간 모든 형태의 논리를 따르는가? 기분이 좋을 때만 행동하는가? 항상 사실적인 것만 원하는가? 감정적인 사람에게 준비운동 없이 무작정 논리로 설득하려고 한 적은 없는가? 우리는 일반적으로 사실에 근거해서 결정을 내린다고 생각하지만 실제로는 그렇지 않다. 우리는 대다수가 특정 결정이나 이론, 상황이나 사실에 동의하면 더 논리적이고 합리적이라고 인식하는 경향이 있다. 반면에 사람들이 동의하지 않으면 그들을 감정적인 사람들로 단정해 버리기도 한다.

어바인Irvine 캘리포니아 대학에서 판단과 의사결정을 연구하는 심리학자 피터 디토Peter Ditto는 사람들이 기존의 신념 체계를 뒷받침하기 위해 반대되는 사실을 걸러내는 경향이 있으며, 이러한 동기 부여된 추론은 우리가 흔히 정보를 처리하는 표준 방법이라 말한다. 또한 우리는 다른 사람들의 동기 부여된 추론과 편견을 감지하는 데 매우 능숙하지만 그것을 스스로 보는 것은 끔찍하게 여긴다.[10]

논리적 측면이 인식되기도 전에 감정에 전적으로 의존하는 것 역시 유의해야 한다. 논리에 대한 두려움이라는 것은 감정이 팩트와 진실을 이미 어지럽혔을까봐 걱정해서다. 다음은 논리에 대한 두려움을 없애는 효과적인 방법이다.

첫째, 논리적인 사고와 감정적인 마음을 균형 있게 다룬다.

분석적인 경향의 사람은 감정보다 더 많은 정보와 논리를 요구하고, 지나치게 감성적인 사람은 논리보다 유리잔과 같은 감정이나 기분에 매달린다. 논리만으로 혹은 감정만으로 설득을 할 수도 있지만, 그 효과는 단기적이고 불균형을 이룬다. 논리는 감정의 근원과 토대를 만드는 역할을 하며, 감정은 움직임과 행동을 만든다. 논리 사고와 감정의 균형은 합리적인 설득과 영향력을 펼칠 수 있게 한다.

둘째, 직관과 통찰을 위한 선견력을 단련한다.

'앞이 캄캄하다.'는 생각이 든다면, 변화가 큰 쪽으로 수정해 본다. 변화를 스스로 찾아가는 것이 디지털 시대에 뛰어난 '자기 경영'을 하는 비결이기 때문이다. 막연한 유행이나 트렌드를 말하는 것이 아니다. 지금의 트렌드는 빠르면 3년 후 사라질 것들이 반 이상이다. 세상을 보되, '자기self'를 창조하는 일에 중점을 둔다. 근거 있는 꿈을 갖고,

방향을 그려나가다 보면 미래를 보는 감각이 살아난다. 미래는 예측이 아니라 그려지는 것이고 만들어가는 것이다.

뉴스와 정보를 접할 때 통계와 그래프를 유심히 보고 장기적인 흐름을 합리적으로 분석해 본다. 익숙하지 않은 주제의 경우 사실적 증거가 특히 중요하다. 지속적으로 기존 정보에서 새로운 정보를 업데이트해 가며 추이를 살피자. 전체 패턴을 발견할 수 있을 것이다. 시대의 징후가 잡히기 시작한다.

이론가와 실무가는 서로 보완하며 발전을 도모해야 한다. 사람들의 편향된 사고는 지나친 과대평가나 과신, 과소평가에서 나온다. 세상을 근시안이 아니라 다방면에서 장기적 안목으로 바라보며 정보를 가릴 줄 아는 능력이 필요하다. 의사결정 속도는 정보의 양이 아닌 질質에 의해 결정되며, 적절한 시점에서 최종 결정을 내릴 수 있다.

셋째, 감정의 합리성은 에너지이며 연료로 사용한다.

최근의 감정에 관한 많은 학제적 연구에서 "감정이 인지하고 판단한다."라는 '감정의 합리성'을 주장을 하고 있다. 기존의 법적 정의의 원리에 편입되지 못하던 연민이나 감정이입을 통해 이성 중심의 법규범이 보지 못하는, 인간다운 삶의 진정성을 추구하는 인지적 감정론을 말한다. 땅콩회항사건, 세월호 사건, 동성애 문제, 갑질 논란 등의 감정 손상이 발생한 사회 문제와 같이 감정 안에 있는 이성, 공감적 감정과 법의 연관성에 관한 것들이 필요한 논제가 되었다.[11]

감정에 기초한 주장은 종종 논리에 근거한 주장보다 오래 기억된다. 감성을 배제한 논리 전달은 힘과 에너지가 없다. 자신과 상대의 내면에 가지고 있는 두려움을 믿음으로 바꾸고, 편협한 사고를 바로잡고, 생각의 범위를 확장하고자 할 때 필요한 것은 '합리화'가 아닌 '합리성'이다.

누구나 사랑의 DNA를 가지고 있듯 직관의 DNA가 있다.
다만 논리(이성)와 감정과 경험을 세상에 연결할 줄 모를 뿐이다.
논리든 감정이든 어느 한쪽과 연결되었다면 이제 단절되었던
나머지 감정과 논리 사고를 연결해 본다.

3장

삶의 결정적 순간에
필요한 것

무엇이
결정을 주저하게 하는가

인생에서 원하는 것을 얻기 위한 첫 번째 단계는
내가 무엇을 원하는지 결정하는 것이다.
–벤 스테인Ben Stein

우리는 종종 논리(이성)가 아닌 감정으로 덜컥 중대한 일을 결정한다. 인공지능 시대는 정보 습득이나 일상에 편리함을 주는 보완재 기계들의 향연일 뿐이고, 그 역시도 근본적인 삶의 결정에 큰 영향을 미치지는 못한다. 내면의 신경계는 우리가 정말 해결할 뜻을 갖고 온전히 맡긴다면 그 안에서 부화Incubation하여 올바른 판단과 결정으로 우리를 이끈다.

자신이 내린 결정 가운데 아직 머리를 짓누르며 곧 터져버릴 것 같은 사건이 있는가? 무엇이 결정을 주저하게 만드는가? 무엇이 거침없는 결단을 막고 있는가?

첫째, 법칙적인 불가능한 일에 미련을 두고 있을 가능성이 높다.

"모든 인간은 죽는다. 소크라테스는 인간이다. 따라서 소크라테스는 죽는다."
"모든 인간은 죽는다. 냉동인간은 인간이다. 따라서 냉동인간은 죽는다."

아리스토텔레스가 체계화한 삼단논법, 연역 논증을 보여 준다. 연역 논증에서는 전제가 참이라면 결론이 거짓일 논리적 가능성은 전혀 없다는 뜻이다. 냉동인간은 죽은 상태에서 냉동 캡슐에 들어가 부활을 기다린다. '인간은 모두 죽는다'라는 것은 불변 법칙이다. 인간이 죽지 않고 불로장생을 상상할 수는 있지만 '자연법칙'에 어긋나기 때문에 일어날 수 없는 일이다. 불치병을 치료할 약이나 냉동 상태에서 인간 두뇌까지 완전하게 회복되는 기술 개발의 완성은 가능성을 열어두긴 하지만 미지수다. 하지만 냉동인간이 부활한다 해도 그는 다시 냉동 캡슐로 들어가는 것을 반복하지 않는 한 언젠간 또 죽는다.

법칙적으로, 논리적으로, 개념적으로 불가능한 개념화할 수 없는 환상에 매달리고, 명확한 비전이나 목적, 논리적으로 가능성 있는 목표가 아닌 불가능한 일에 에너지를 쏟기에 결단이 힘들다. 우리는 정작 변화시킬 수 있고, 바로 결정을 내려야 하는, 변화가 필요한 사회적 관습이나 관념에는 무심하다.

이는 합리적이고 이성적인 가치를 논하기보다 관습에 의존하고, 강압적인 주입식 사회적 문화가 뿌리 깊게 자리 잡고 있기 때문이다. 그로울 만큼 고민하지만 결국 아무런 결정이나 변화를 끌어내지 못할 때 은둔을 택하거나 자포자기 상태에서 기존 습관이나 사회에 물든다.

둘째, 다른 데서 특이할 것 없는 답을 찾고 있다.

만물은 논리(이성)가 다는 아니다. 논리는 창의의 기초이자 도구이며 과정이다. 그 창의는 상상에서 기원한다. 그러니 창의와 혁신이 부족하다는 것은 논리력과 상상력이 부족하다는 말이다. 뿌리를 알지 못하고서는 모두 물거품과 같다. 수많은 생물 가운데 나무는 그 원리를 온몸으로 보여 준다. 겉핥기 해보았자 허무하고 막연하다. 뿌리를 살펴보지 않고 포기하면서 자신이 아닌 누구의 탓도 하지 말자.

통찰력을 길러 보다 나은 결단을 내릴 연습을 하는 수밖에 없다. 사실 연습이란 없다. 결정에서는 말이다. 『다빈치형 인간』을 쓴 기업가이자 발명가인 개럿 로포토Garret LoPorto는 말했다. "답을 찾아 인터넷을 뒤졌다. 아무것도 찾지 못했다. 내 마음속에서 찾아보았다. 많은 답을 찾아냈다." 세상만사의 답은 '자신을 제대로 볼 줄 아는' 자신의 혜안에 있다.

셋째, 세상 물정에 지나치게 밝다.

결정은 '정보(머리) → 납득(심장) → 확신(복부)'이라는 프로세스를 거친다. 이 과정을 지속할 때 우리의 직관은 살아난다. 거침없이 우리의 삶에서 만만하게 수월하게 결정하기 위해 '생각과 감각을 연결할 퍼즐과 고리 맞추기'를 권한다. 세상이 돌아가는 형편이나 상황을 지나치게 많이 알면 결정은 더욱 어려워진다. 우주 쓰레기와 같은 목적 없는 지식과 정보 중독은 골칫덩어리가 될 수 있다. 핵심을 뒤로 한채 이것저것 마구잡이식으로 따지면 세상 관찰이 아닌 지나친 오지랖이 된다. 점점 더 몸을 사리게 되고, 생각은 오히려 좁아지며, 진정한 도전이나 모험은 줄어든다. 만병의 근원이 된다.

넷째, 주도적인 결정을 회피하려 한다.

영화를 보면 결정의 순간에 동전의 앞뒷면이 나오는 것으로 결정하는 장면이 종종 나온다. '저울질할 수 없는 상황에서 도무지 어떻게 해야 할지 모르겠다면 '동전 던지기'로 감정의 변화를 보고 결단을 내리는 방법도 나쁘지는 않겠다. 털어버릴 수 있다면 말이다. 하지만 그렇게 내린 결정에 따른 대가는 오로지 개인의 몫이다. 아인슈타인은 "신은 주사위 놀이를 하지 않는다."라고 말했다.

결정을 내린다는 것은 에너지를 써야 하는 일이다. 내면의 고차원적인 소리는 머리와 심장이 아닌 몸의 중심인 '배'에서 받쳐주어야 차분하고 안정된 힘을 발휘한다. 바로 직관이다. 결정을 내릴 온전한 타이밍이라는 것은 골치 아픈 두통이나, 심장이 빠르게 불규칙적으로 뛰거나 숨이 막히지 않고, 조이는 듯한 복통, 이 모든 게 사라지는 순간이다. 심장이 아닌 태양신경총(solar nervous plexus, 복강신경총)을 제2의 뇌라고 명명한 신경생물학자 마이클 거숀Michael Gershon부터 시작해서 학계 연구에서 이미 과학적으로 입증되고 있다. 뇌 신경이면서 복부까지 뻗어 분포하고 있는 미주신경(迷走神經, vagus nerve)을 통해 '장'과 연결되어 있다는 것은 해부학적으로 알고 있었지만, 제2의 뇌라는 개념은 여전히 놀라운 사실이다. 부교감 신경에 속하고, 목·가슴·배(골반은 제외)의 모든 내장에 분포하며 지각·운동·분비를 관장하는 중요한 신경이다.

결정의 순간 직관은 육체적·영적·정신적으로 끊임없는 커뮤니케이션 망의 연결과 단련으로 얻을 수 있는 '잘 익은 열매'다.

이성을 넘어
직관으로 가는 길

다들 미래만을 소리 높여 외치지만, 나는 과거를 그냥 물처럼 흘려보낼 수 없다.
난 과거를 뒤돌아볼 것이 아니라, 미래에 대해 기대만 할 것이 아니라, 현재를 살아갈 것이다.
_츠지 히토나리, 『냉정과 열정 사이』

논리 없이 세상을 살아갈 수 있을까? 복잡한 도시에서 일어나는 얽히고설킨 실타래를 풀 방법은 무분별한 감정이 아닌 논리다. 논리는 상식이며, 서로 피해를 주지 않는 가장 기본적인 약속이며 예의다. 우유부단힘이나 격렬힌 김정이 정리되면서 논리적으로 이성적이라 판단되는 결단을 내리겠지만, 이 둘을 잘 보살피면 우리는 언젠가 더 많은 결정을 직관하며 평안해질 수 있다. 이성과 논리, 감정의 뇌를 지나 직관으로 가는 길은 어쩌면 기나긴 여정일 수도 있지만, 어느 순간 섬광처럼 다가와서 '확신'을 줄 것이다. '진짜 나'를 찾았다는 환희에 행복 호르몬은 불꽃이 되어 축배를 든다.

지금 수많은 망설임 속에서 갈피를 못 잡고 헤매고 있다면, 그것은 신중함을 빙자한 방황일 수 있다. 우유부단함은 지나친 욕심과 그것을 놓칠까 봐 집착하는 두려움에서 온다. 세속의 함정과 왜곡된 헛된 논리를 뒤돌아보거나 흔들리는 감정에 기댈 것이 아니라 현재를 직시하며 살아야 한다. 사고와 감정이 미분화되어 자신에게 유리한 논리나 감정만을 골라 타인과 나를 지치게 해서는 안 된다. 진실은 변하지 않으니 마음을 다해 결정했다면 언젠가 자신의 결정이 옳았음을 알게 될 것이다. 결정이 조금 늦더라도 괜찮다. 시간이 흘러 결정의 '이유'를 알게 되는 순간이 오면 지난 세월만큼 통찰력이 깊어진다.

> "사랑이란, 냉정과 열정 사이를 끊임없이 오가는 것은 아닌지, 냉정한 듯 보이지만 그 안에 열정으로 가득 차 있기도 하고, 열정으로 다가가는 순간에도 냉정이란 또 다른 감정이 숨어 있는 것은 아닐까?"

『냉정과 열정 사이』를 쓴 츠지 히토나리는 우리의 속마음을 어쩌면 이토록 기막히게 글로 풀어냈을까. 직관이란 냉정해 보이는 논리적 사고thinking와 유리잔과 같은 열정(감정, emotion)을 끊임없이 오간다. 편도체의 흥분을 가라앉히는 지성intellect과 이성은 냉정한 듯 보이지만 그 안에 열정으로 가득 차 있다. 이성rationality도 역시 자극의 변화를 느끼는 감성sensibility처럼 배우면서 키운다. 감정이 깊어도 이성적인 사고를 할 수 있다. 바로 이성이 가진 정의와 자비를 갖는 것이다.

철학자 피터 싱어Peter Albert David Singer는 그의 책 『효율적 이타주의자』에서 타인을 도울 때 이제는 "감정이 아닌 이성적인 판단으로 해야 한다."고 말한다. 타인의 생명과 고통이 자신의 것과 동등한 수준의 가치를 지닌다는 인식을 이성적으로 이해할 때, 세상에 더 많은 '선善'이 실현될 수 있다는 것이다. 다른 사람에게 이로움을 행한다는 것은 단순히 감정으로는 부족하다.

인간에게는 가치를 위할 줄 아는 합리적인 감성이 올바른 이성을 불러온다. 뇌가 아닌 몸 중심에 와 있을 때, 원하는 만큼 감정을 조절하고, 이성으로 판단할 수 있다. 논리 이성과 감정이 균형을 이뤄 직관을 맞이하는 그 순간 냉정이라는 논리, 감정의 이중성이 직관의 묘수임을 알아차린다.

누구나 사랑의 DNA를 가지고 있듯 직관의 DNA가 있다. 다만 논리(이성)와 감정과 경험을 세상에 연결할 줄 모를 뿐이다. 논리든 감정이든 어느 한쪽과 연결되었다면 이제 단절되었던 나머지 감정과 논리 사고를 연결해 본다. 복잡하게 생각할 필요 없다. 논리와 감정은 이미 세상에 가득하다. 자신이 가진 논리와 감정 속에서 암흑과 같은 오만과 편견을 걷어낼 용기를 갖는다면 직관은 마치 초연결 시대에 도시를 빛내는 전기와 인터넷망처럼 연결망 위를 빠르게 오갈 것이다.

직관을 거머쥔 사람들은 자신을 '수련'이라는 고통에 넣는 것을 마다하지 않고, 견뎌내는 힘과 통찰에 성공한 사람들이다. 농부는 긴 기다림과 부지런함을 통해 '신의 섭리'에 관한 통찰은 얻었고, 돈문하자는 동물과의 교감으로 생명의 중요함을 깨닫는 순간 세상의 진리를 간파한다. 직관을 얻고 싶다면 논리와 감정의 가장 유리한 균형 지점을 찾아야 한다.

심리학자들은 감정이 이성보다 먼저 작용하고 강력하다고 말한다. 하지만 우리는 불안한 감정을 부정하고, 이성적으로만 생각하려고 하는 모순된 행동을 한다는 것이다. 논리와 이성으로 수많은 감정을 신중하게 다룬다는 것은 옭아매는 것이 아니다. 이성은 거짓되고 헛된 감정에 흔들리지 않으며, 진리를 더해 공감을 주는 올바른 판단을 하게 한다.

기나긴 러브스토리가 이어지려면 냉정과 열정을 수십 번, 수백 번 오가야 하지 않을까? 진정한 사랑을 직관하기까지 기나긴 여정이 기다린다. 하지만 기나긴 여정을 걱정할 필요는 없다. 그 사이에도 씨앗은 뿌려지고, 꽃을 피우며, 열매를 맺어 갈 테니. 큰 변화를 만들고 기회를 원한다면 직관과 마주해야 한다.

직관은 언제 시작할지, 언제 올지 알 수 없는 것으로 이미 완성된 것이 아니라 끊임없는 행위의 선택을 통해 만들어진다. 어떻게 만들어지는지 세세한 과정을 알려 주지 않는다. 함축되고 응축되어 나타난다.

삶이라는 것은 우리에게 일어나는 1할의 사건이 9할의 반응을 일으켜 풍성해진다. 하나의 사건이 일어날 때 이성과 감성은 9할 안에 혼재되어 온다. 어느 쪽으로 방향키를 돌려야 할지 몰라서 불어오는 바람에 눈을 감고 느끼는 것을 낭만적이라고 생각하지 않는다. 결정의 기로라는 것은 절박한 상황이다. 아집과 변화에 대한 두려움 앞에서 때로는 오른쪽 감성으로든, 왼쪽 이성으로든 과감하게 돌려라. 오른쪽으로 돌려가다 보면 육지에 도착하기 위해 왼쪽으로 돌리게 되고, 왼쪽으로 돌려 바닷길을 가다 보면 오른쪽으로 돌려야 하는 순간이 온다.

직관을 믿고 나가라. "모든 것은 흘러가며, 제자리에 머물러 있는 것은 없다." 고대 그리스 철학자 헤라클레이토스가 남긴 말이다. 한 사람의 인생행로에 처음부터 끝까지 한 방향으로만 계속 영향을 미치는 것은 없다.

후회 없는 결정이란
무엇일까

나는 모든 것이 운명적으로 정해져 있고,
우리가 아무것도 바꿀 수 없다고 주장하는 사람들조차도
그들이 길을 건너기 전에 여전히 양쪽을 보고 있다는 것을 알아챘다.
_스티븐 호킹, 『블랙홀과 아기 우주』

우리의 선택이 항상 환희와 기쁨만 주지는 않는다. 그렇다고 다시는 돌아갈 수 없는 후회를 뒤좇는 인생이 쓸모없는 인생은 아니다. 우리가 결정을 내려야 할 때, 그 순간 엄숙하게 때로는 열정을 다하여 선택할 뿐이며, 아무도 모를 우리 자신의 미래를 계산하거나, 속단하지 마라. 지나고 보면 '새옹지마塞翁之馬'인 것처럼 당시 처절한 결과가 목숨을 구하게 될 뜻밖의 인생 탈출구를 선물할 수도 있다. 운명의 장난처럼 상황이라는 것, 환경이라는 것은 언제든 바뀔 수 있다. 길고 짧은 것은 대봐야 안다고 하지 않은가.

우리는 이 순간까지도 결정하며 살아왔고, 앞으로도 중요한 무언가를 바꾸어야 한다는 것을 잘 안다. 사람과의 관계를 정리하거나 회사를 떠나거나, 다른 직업을 갖거나, 이사를 하거나, 국가를 떠나거나 할 필요성 같은 것이다. '살아지도록 되어 있다.'라는 말은 단순히 위로하기 위함이 아니다. 어떤 길을 선택하여 결정을 내리든 그 여정을 걸으며 삶은 새로 만들어지게 된다는 의미다. 결정에 후회가 없다면 감사할 일이다. 혹 후회를 하더라도 다른 것에 미련이나 원망을 마음에 두지 말자. 그때 다른 것을 선택했더라면 더 큰 고통으로 땅을 치며 통곡을 했을지 아무도 장담할 수 없으니까 말이다.

모든 일에 대해 후회가 없을 수는 없다. 후회는 이전의 잘못된 것을 깨우치고 뉘우친다는 것이다. 다른 길을 갔다면 지금 자신이 이렇게 자책하거나 남을 원망하거나 하지 않았을까? 후회보다 무서운 건 미련이다. 깨끗이 잊지 못하고 끌리는 데가 남아 있는 마음을 뜻한다. 저울질의 미완성으로 끝나는 일에 관한 아쉬움과 집착, 꼭 필요하지 않는데도 가지려는 것, 이미 지나간 일과 회복할 수 없는 일에 미련을 갖는 것은 생각보다 많은 것을 잃게 한다. 무엇보다 현재에 집중하지 못하게 된다. 미련은 우리의 영혼을 태울 만큼 고통스러운 법이다. 우리가 무언가 중대한 결정을 할 때 후회가 아닌 미련을 남기지 않는 법을 제대로 인식할 필요가 있다.

결혼한 사람들은 말한다. "전 그의 조용하고, 사색적인 모습이 너무 멋져 사랑하게 되었어요. 그런데 결혼해 보니, 말수 없고 매일 사색에 빠져 책만 보며, 말없이 혼자 여행을 다니는 통에 아주 미칠 것 같아요. 결혼을 후회해요.", "전 그의 뾰족한 턱이 매력적으로 다가왔어요. 그러곤 사랑에 빠졌죠. 그런데 제 딸아이가 턱관절이 좁아 교정하며 생니를 뽑아야 했죠. 어휴, 턱 넓은 남자와 결혼을 해야 했어요. 후회되네요." 결혼을 되돌리고 싶다는 말이지만 결코 우리는 되돌릴 수 없다는 것도 잘 알고, 그렇다고 이혼할 것도 아니고 운명으로 받아들인다. 사랑을 쟁취한 자로서의 푸념일 뿐이다.

완벽한 사람은 없고 완벽한 결정도 없다. 그러면 미련은 무엇일까? 남자와 여자가 결혼했는데 연인이 될 뻔한 다른 사람이 계속해서 머릿속에 맴돌아 현재의 자신을 피폐하게 만들어 버린다. 사람들은 결정에 대해 기본적으로 두려움을 느낀다. 우리의 뇌와 심장은 그래서 '콩깍지'란 것을 씌운다. 중대한 결정에 앞서 가능한 한 직감(예감)을 무시하지 말고 직관적으로 결정을 내릴 수 있다면 가장 좋겠지만, 지나고 나서야 깨달을 때가 많다. 미련에 휘둘리지 말고, 최선의 결정을 했다면 징표를 만들어 마침표를 찍어라. 일도 사랑도 마찬가지다. 잘못된 결정을 책임지는 것도, 바르게 되돌리는 것도 용기다. 다음의 후회 없는 결정을 위해 점검해 봐야 할 두 가지가 있다.

첫째, 흑백논리에 빠진 것은 아닌가?

미련이나 후회를 낳는다는 것은 선택 범위가 너무 작았기 때문일 수 있다. 선택지가 너무 많아도 혼란스럽지만 몇 단계만 거치면 불필

112

요한 선택지를 제거하는 것은 어렵지 않다. 몇 가지 선택지밖에 없을 때는 흑백논리 오류에 빠지지 않도록 하자. 흑백논리라는 극적인 상황이 미련을 극대화하는 원인이 된다. 스스로 범위를 한정하고 있지는 않은지 검토해 본다. 두 가지 대안 가운데 선택을 고민한다든지, 한 가지 대안을 가지고 '한다'와 '안 한다' 여부와 '옳다'와 '옳지 않다' 또는 '할 수 있다'와 '할 수 없다' 같은 가부可否를 결정하려고 하는지를 우선 명확히 하자. 미련은 미련일 뿐 과거로 돌아가더라도 선택하지 않을 확률이 높다. 후회는 과거로 돌아가 후회하지 않도록 더 노력해 살아 볼 수는 있겠지만 시간 여행자가 될 수 없는 한 불가능하다. 잭 웰치Jack Welch의 부인 수지 웰치Suzy Welch는 『10-10-10』에서 자신의 의사결정 3단계를 소개했다. 하지만 유의할 점이 있다.

  인생의 다양한 선택과 결정의 순간, 10분 후(바로 지금 뒤), 10개월 후(예측 가능한 미래), 10년 후(아주 먼 미래)의 결과를 생각해 보는 이러한 방법은 매우 간단하고 효과가 있을 것 같지만, 당장 느끼는 감정이나 감성적 판단이 꽤 많이 차지한다는 것을 배제하기 힘들다. 10개월, 10년 후 환경과 세상도 상상할 수 없을 정도로 변할 테니 말이다. 어떠한 결정을 할 때 감정이 이성보다 더 많이 작동한다는 것을 안다면, 이성과 감성의 흑백논리나 이성을 가장한 감정이 인과관계와 타당성을 흐리게 하지 않도록 해야 한다. 우리가 논리적 오류를 범하면서도 정시적 안정을 누릴 수 있기를 비라는 것은 사실은 숨기고 싶은 상처를 덮는 것과 같다.

둘째, 의지를 갖고 있는가?

의지력Willpower이라는 것이 말처럼 쉽지 않다. 우리는 제한된 양의 의지만을 가진다. 의지력을 지속해 줄 혈당이 떨어지면 무기력해지는 것과 마찬가지다. 초콜릿과 밀가루, 당 성분이 있는 흰 빵, 감자, 흰 쌀 및 설탕 간식과 같은 음식은 신속하게 포도당으로 전환되므로 의지력이 급증한다. 채소, 견과류, 생과일 및 치즈는 좀 더 느리게 변환되어 점진적으로 '연료'를 제공한다.

직장에서 하루를 보내며 대부분의 의지력을 쓰고 집에 돌아올 때는 자제력이나 관용과 멀어진다. 직장에서의 스트레스가 최악일 때는 많은 부정적인 감정이 통제되지 않아 가정생활에까지 영향을 미친다. 의지력이 낮으면 결정을 내리기가 더 어려워진다. 선택할 수 있는 옵션 중 일부를 제거하기를 꺼려 미루게 된다. 따라서 우선순위를 설정해서 일하고, 의지력을 적절히 책정하기 바란다. 보상과 결합한 명확하고 달성 가능한 목표는 의지를 강화시킨다. 목표를 모니터링하고 공개적으로 공표하고 참여하는 것은 의지의 약점을 극복하는 데 도움이 될 수 있다.

수많은 복잡한 결정을 거친 기업가와 정치인, 현장 관리자, 전문가, 노년의 부부라고 해서 모든 문제를 잘 해결했다고 말할 수는 없다. 인생은 마치 롤러코스터에서 생달걀을 저글링하는 것처럼 느껴질 때가 있다. 그럼에도 우리는 여전히 수십 년 동안의 땜질과 연습을 통해 더 나은 방법을 찾고자 박차고 나아간다. 삶에서 얻은 역할을 균형 있게 유지하고 과도하게 존재하는 일상의 딜레마를 탐색해서 해결하는 일들은 원하지 않는 일들에 휘둘리지 않고 최선의 결정을 하도록 돕는다.

더는 세상에,
사람에 속지 않는다

세상을 속이지 않는 일은 그리 어려운 게 아니다.
참으로 자기를 속이지 않는 것이야말로 중요한 일이고 어려운 줄 알아야 한다.
타인에게 속지 않는 것은 그리 대단한 일이 아니다.
진정 자기에게 속지 않는 일이야말로 큰일 중의 큰일임을 알아야 한다.
_도법스님

세상이 우리에게 무엇을 요구하는지 묻지 말자. 우리를 생기 있게 하는 것이 무엇인지 물어라. 그리고 나아가서 그것을 하자. 세상은 생기 있게 살아가는 사람들을 필요로 한다.

데카르트가 도달한 "나는 생각한다. 그러므로 나는 존재한다."라는 진리처럼 '나'라는 존재만큼은 의심할 수 없다. 자기만의 철학이 없으면 세상 유행에 휘둘릴 수밖에 없다. 그렇다, 중대한 결정을 할 때는 더욱 필요하다. '세상과 사람에 속지 않는다'는 말은 '자신에게 속지 않는다'는 말을 역설적으로 표현한 것이다.

논리는 환상을 요구하지 않는 팩트fact다. 한때 '당연하지' 게임이 유행한 적이 있다. 당신 말이 맞으니 인정한다고 할 때 '당연하다'고

116

말하는 것이다. 세상에는 자연법칙과 함께 돌아가는 논리가 있다. 그런데도 누구에게는 당연하고, 누구에게는 말도 안 되게 억울함을 불러일으킬 때가 있다.

사실 논리의 목표는 간단하다. 연역 논리나 귀납 논리, 결국 당연한 결과를 추론한 것이다. 너무 당연해서 위배되면 오류다. 그런데 논리가 반드시 정의justice는 아니다. 논리는 합리적인 판단을 위한 시작에 불과하다. 논리 아닌 환상을 좇는가? 과학자도 환상을 좇는 이들이 있다, '프로슈머는 돈을 쓰면서 돈을 버는 것이다'라며 하위회원의 수입으로 상위회원이 돈을 버는 피라미드 수직구조인 비즈니스 다단계 사업도 유사 환상 논리를 펼친다. 정치는 어떠한가? 오죽하면 호주 인공지능 정치 로봇이 "우리는 거짓말을 하지 않습니다.", "우리는 유권자들이 바라는 것들을 잊지 않습니다."라고 공표를 했겠는가.

우리는 환상을 팔아 수익을 올리는 것을 경계해야 한다. 재미로 보는 마술과 같은 쇼이며, 수많은 사람은 그 안에서 펼쳐지는 허황된 경험을 사며 돈을 번다. 우리는 제대로 된 방향을 잡기 위해 자신의 삶에서 무엇이 의미가 있고, 가치가 있는 일인지 진중하고도 온화한 마음을 가질 필요가 있다.

동물의 세계로 들어가 보자. 어린 시절 상상력을 더한 것은 생텍쥐페리의 『어린 왕자』에 나오는 '보아 뱀' 그림이 시작이었다. 이 그림은 그 후로도 많은 책에 등장했는데, 그 가운데 『아프리카 슬픈 코끼리』

의 이야기는 잔잔한 울림을 선사한다.

　주인공은 아프리카 환경운동가인 로렌스 앤서니와 함께 살면서 마치 인간처럼 감정을 표현하는 코끼리들이다. 이 이야기는 실화다. 로렌스 앤서니Lawrence Anthony는 1950년 남아프리카에서 태어났다. 그의 아버지는 아프리카와 사랑에 빠져 고국을 떠나 왔다. 부유한 광부이자 부동산 개발자였던 아버지는 로렌스에게 광업과 위대한 자연을 물려주었다. 앤서니는 생물학자가 된 후 환경운동가가 되어 밀렵과 멸종 위기에 처한 종種 가운데 하나인 코끼리를 보호하기 시작했다. 왜 슬픈 코끼리일까? 이 종은 서커스 쇼로 유명하다. 실제로 그들의 진화 지능은 침팬지, 돌고래와 비슷하다고 한다. 지구상 코끼리만큼의 뇌의 크기를 가진 육지 동물은 없다. 코끼리는 기억력을 넘어 매우 발달된 사회적 행동을 하는데 가장 놀라운 것은 흡사 장례식과 같은 의례를 통해 슬픔을 표현한다는 점이다. 코끼리는 다른 코끼리의 사체나 뼈를 발견했을 때, 그곳을 둘러싸고 머물며 경의를 표하는 행동을 한다.

　아프리카 정부에서는 학대받은 코끼리 무리가 도망치고 도시를 위협하는 것이 성가셨다. 그래서 누구든 원하면 코끼리를 주겠다고 공표했다. 앤서니는 위험에 처한 코끼리 무리를 모두 입양했다. '툴라툴라Thula Thula'라는 '평화와 평온' 금렵禁獵구역 울타리를 만들고 보호하기 시작했다. 그런데 학대 상처가 많았던 '나나Nana'라는 코끼리가 격렬하게 반항하고 울타리를 수시로 넘으려고 하자, 앤서니는 코끼리 '나나'뿐 아니라 무리에게 보호구역을 떠나면 위험에 처한다는 것을 매번 이야기해 줬다. 코끼리들은 알아들었는지 그 후 도망하는 것을 멈추었고, 앤서니는 이라크와 콩고 전쟁 동안에도 다른 코끼리들을 구했다.

2012년 3월 2일, 로렌스 앤서니가 심장 마비로 사망했을 때 공원에서 20킬로미터 떨어진 곳에서 방목되었던 코끼리들은 12시간 이상 여행하여 앤서니 집에 도착했다. 그의 아들 제이슨에 따르면, 두 무리(총 31마리)는 앤서니가 죽은 직후에 도착했다. 코끼리들은 1년 반 동안 앤서니가 사는 집을 방문하지 않았는데도 말이다. 코끼리는 발바닥의 두꺼운 지방층이 매우 예민해 작은 진동도 감지해 무리의 위치를 파악한다는 것은 과학적으로 입증됐지만, 앤서니의 죽음을 어떻게 알았느냐는 미스터리로 남아 있다.

"모두 한 줄로 걸어 집을 에워싸고 그동안 먹지도 마시지도 않고 이틀 동안 그곳에 머물렀다. 어쩌면 이것이 그들이 슬픔을 표현하는 방법이었는지도 모른다. 그들의 위대한 친구와 작별하는 방법이었다. 사흘째 되는 날, 그들은 도착했던 것과 똑같은 엄숙함을 가지고 떠났다. 아무도 그 코끼리들이 어떻게 로렌스 앤서니의 죽음을 알았는지는 알 수 없었다."[12]

미국의 역사상 두 번째 여성 대법관이고, 80대 현직 최고령 대법관인 루스 베이더 긴즈버그$^{Ruth Bader Ginsburg}$의 말이 생각난다. "목소리를 높이는 것에 부끄러워하지 마라. 목소리를 높여야 할 때는 외로운 목소리가 되지 않게 다른 사람들과 함께하라." 코끼리는 알았을까? 그래서 친구의 죽음을 감지하고, 위험한 여행이 될 수 있음에도 불구하고 보호구역을 떠나 무리가 함께 슬픔을 표했을까?

'선택과 결정'은 외로운 작업이다. 결정에 따른 사건들을 예상치 못한다. 실패할까 두렵고, 잘못된 선택일까 노심초사한다. 혼자일까 두렵다. 세상과 사회에서 자아와 사회적 자아가 충돌하는 것을 본다. 사람들은 튀는 행동을 꺼린다. 그래서 사람들은 자신과 닮은 사람들과 관계를 맺고 살아간다. 익숙한 게 편하고 안정감을 주기 때문이다. 하지만 같은 생각의 사람이 모여 집단을 형성하면 서로 이의를 제기하지도 않을뿐더러 서로의 견해를 더욱 극대화하는 '집단 양극화 효과'가 생겨난다.

우리는 선택과 의사결정을 위해 많은 정보를 수집한다. 자신이 바라는 결정에 '네!'라는 결정을 줄 긍정적인 정보와 의견을 찾는 데 열중한다. 처음부터 결정해 놓고, 안심하기 위한 논증 거리를 찾는다는 것은 오류다. 자신과 같은 생각을 하는 사람들에게서는 '액자 틀'을 넘어서는 정보를 얻기 어려울 뿐만 아니라 사고반경을 넓히기는커녕 외려 다른 대안을 외면하게 한다. 진실이나 사실적 정보에 대해 배타적으로 대한다. 미디어의 발달과 초고속 인터넷 정보와 뉴스로 인해 폭넓은 정보를 얻을 수 있다고 하지만 불안함을 잠재워줄 편향적인 정보와 좀 더 쉽게 가기 위한 단편적인 정보를 찾는다.

우리의 뇌는 생각보다 게으르다. '게으른 인지'가 좋아하는 빠른 길을 통하면 좀 더 팁을 많이 알게 되어 똑똑해지고 꽤 효율적이기도 하다. 비슷한 생각의 공동체 안에서 교류하고, 기업에서는 비슷한 사람들로 채운다. 아무도 저항하지 않으며, 아무런 방해도 하지 않는다.

마거릿 헤퍼넌Margaret Heffernan의 책 『의도적 눈감기』에서 소개한 신경과 의사 로버트 버튼은 뇌 신경망의 발달을 강바닥이 만들어지는 과정에 비유해 설명한다. "물이 더 많이 흐를수록 지류가 깊어지면서 강이 생긴다. (중략) 강물이 깊어지고 물길 강바닥의 옆면 강둑은 점점 더 높아진다. 강물은 기분 좋게 흐르지만, 강둑 너머는 보지 못한다."[13]

세상을 보는 관점은 한없이 좁아지고, 폭넓은 다양한 관점들은 멀어진다. 시야가 좁아진 후에도 더 많이 보고 있다고 착각한다. 마치 요새와 같은 안정감을 느끼며 환상을 깰 수 있는 불편하고 고통스러운 사실과 진실을 외면한다. 점점 더 사고는 편협해진다. 진상을 묻지 않는 현상이 일어나고, 자기보호를 위해 관련 주제의 대화는 거론조차 하지 않는다. 의례적인 말을 많이 하며, 가슴속 이야기는 절대 하지 않는다. 잘못된 사실을 말하거나 문제를 제기하면 지금 누리는 편안한 관계와 일상이 산산조각이 날 것이라는 두려움과 절망이 현실이 되어버릴까 봐 걱정한다. 대다수 사람은 뭔가 일이 잘못되고 있다는 사실을 직간적으로 알아차린다. 그러나 그냥 묻어버리며 휘말리지 않은 것에 잘한 거라며 스스로 위로한다. 그렇게 뇌를 속이며 왜곡한다.

　양심은 사물의 가치를 변별하고 자기의 행위에 대하여 옳고 그름과 선과 악의 판단을 내리는 도덕적 의식이다. 세상과 타인과 닮고 싶어 무조건 자신의 양심을 버리는 일은 번뇌를 가져온다. 코끼리가 보호 울타리를 넘어 친구인 로렌스 앤서니에게 20킬로미터를 엄숙한 마음으로 건너와 애도한 놀라운 일은 용기가 분명 필요한 일이다.

직관은
자기 확신이 주는 선물

당신이 진정으로 사랑하는 일의 이상한 끌림에 조용히 이끌려라.
길을 잃지 않을 것이다.
_루미|Rūmi

직관을 먼저 신뢰하라

누구나 직감이 있지만, 사용 여부는 '선택'이다. 직감을 믿지 않고 자신이 할 수 있는 온갖 생각기술 도구로 결정하는 방법도 있다. 우리가 결정적인 어느 순간에 다다를 때, 그러한 노력들이 과연 얼마만큼의 효율성이 있을지는 미지수다. 여러 차례 강조하지만 중요한 것은 결국 타이밍 문제다.

직감(gut feeling, '장腸' 느낌)으로 시작한 직관intuition과 통찰insight은 '뭔가 알 것 같은 느낌', '불안한 느낌', '무언가가 옳지 않다는 느낌' 또는 '따라야 할 아이디어', 평소와 다른 느낌과 이미지 등 다양한 방법으로 나타난다. 직관을 따르지 않았다가 종종 이마를 손바닥으로 치며, "나는 그것을 알고 있었어! 그때 그 느낌이었어."라고 외친 적이 있는가? 언제 프로젝트를 시작하고 언제 보류해야 하는지 기막히게 아는 사람들에게 물어보면 '직관'이라며 서슴지 않고 대답하는 경우는 어떻게 생각하는가?

'아니오.' '하지 마라.' '하라.' 또는 '아마도 가장 좋은 선택이 아닐 것'이라며 직감gut feeling이 신체의 생리학적 반응을 보내며 뭔가 잘못되었다는 경고를 할 때 가장 큰 문제는 그러한 직감을 '무시할 것인지, 어떻게 행동해야 하는지'라는 것이다. 장腸에서 느껴지는 직감과 직관은 실제 현상이다. 당신은 무언가를 잘못 알고 있거나 방금 만난 사람이 신뢰할만한 사람이 아니라는 것을 알게 된다. 또는 당신이 그것에 대해 많이 생각하지 않았더라도 특정한 결정을 내리며 옳다고 여긴다. 우리가 의식적, 무의식적으로 탐색과 사유를 깊이 하면 할수록 직감을 더 자주 마주하게 된다.

내면의 목소리가 위험에 처했다고 말하면, 자신을 의심하지 말고, 다른 사람을 불쾌하게 할까 걱정하지 말고 예의 바르게 행동하지 않아도 된다. 우리는 공손함을 제쳐두고 우리 자신에 대해 생각해야 한다. 직감은 항상 우리와 함께 있다.

큰 사건에 대한 직관이 어렵다면 일상에서 소소한 부분부터 좀 더 주의를 기울여 본다. 어떤 상황이나 증거를 보며 받는 직감보다 무의식 몰입 상태로 전환해 있을 때 강력한 직관이 온다. 잠시, 전원을 끄

듯 의식적인 생각을 멈추면 직관이 재조명해서 위기의 돌파구를 보여준다. 불꽃이나 번개처럼 '번뜩' 하고 온다. 믿고 행하면 된다. 그것을 미루면 어떠한 일들이 일어나는지 실험해 보는 것도 괜찮다. 더욱 확실히 알게 된다. 감정과 분명 다른 느낌이라는 것만 감지하면 된다.

직감을 믿지 않으면 어떠한 도움이나 확신의 느낌을 경험할 수 없다. 신체의 다른 부분과 마찬가지로 직관은 근육과 같다. 더 단련하려면 자주 사용해야 한다. 4장 〈내 안의 직관을 깨우는 9가지 방법〉에서 구체적으로 다루기 전에 직관이라는 '자기 확신'이 주는 '선물을 신뢰하는 법'을 먼저 다룰 필요가 있다.

첫째, 필요할 때 와달라고 마음속으로 또는 소리를 내어 요청한다.

사람마다 직관의 경험과 강도는 다르다. 사건과 사물, 사람들과 함께 할 때 더 자주 느끼고, 이미지를 떠올린다거나, 아이디어와 꿈을 기억하고, 독해하는 힘을 기른다. 다만 항상 레이더망처럼 의식적으로 세우고 다닐 필요는 없다. 직감이라는 센서는 24시간 자동으로 작동하다가 필요한 메시지가 있을 때 당신에게 알려준다. 당신이 필요할 때만 알라딘 요술램프의 지니를 불러도 좋다. 하지만 당신이 부르기 전에 알려줄 것이다. 그래서 직감은 의사소통의 대상이 아니다.

둘째, 직감과 직관이 나에게 어떻게 말하는지를 안다.

먼저 자신의 과거를 돌아본다. 분명 알았는데 넘겨버려 나중에서야

"그때 난 알았어."라고 했는지를 떠올려 본다. 그 느낌과 사건을 기억하고, 유사한 예감이 왔을 때 포착하고, 직관과 비판적 사고를 하도록 한다. 직감을 한 번 더 검증하는 것이 직관이다. 직관은 내 안에 있는 진실한 멘토^{Mentor}이며, 우리에게 더없이 친밀하다.

셋째, 의사결정 상황에서 감정을 끊어내고, 관찰자 시점에서 바라본다.

직관의 뇌 전체가 합쳐지고 문제를 보는 새로운 방법으로 조각들이 모인다. 이성과 감성, 논리와 감정이 균형을 이루는 합의점을 찾아 준다. 다각도로 보는 법을 배우고, 일상에서 실천한다. 방해받지 않는 장소에서 관찰자가 되어 조용히 묻는다. 무엇이 떠오르는지 이미지에 집중한다. 새로운 통찰과 생각 또는 아이디어는 직관의 선물이다. 기억해 두고 메모한다.

넷째, 당신이 원하는 것과 중요하게 여기는 것이 무엇인지 그 가치를 명확하게 한다.

새로운 일에 대한 결정은 동기가 분명해야 한다. 목적의식은 답을 탐색하는 엔진과 필터 역할을 한다. 최종 결정의 확실한 근거가 되는 만큼 어떤 선택이나 딜레마에 직면하면 직관이 그 비전에 따라 초점을 맞추어 통찰과 확신을 준다. 장^場에서 보내는 가장 확실한 메시지다.

126

다섯째, 직감과 직관의 느낌을 잊기 전에 반드시 행동한다.

두 가지 중 하나를 결정해야 할 때, 둘 다 약한 느낌이 들었다면, 둘 다 가치나 의도와 일치하지 않을 가능성이 높다. 선택지를 넓히거나 새로운 옵션을 찾아야 할 수도 있다.

직관의 번쩍임을 인식하는 것과 행동으로 옮기는 것은 또 다른 일이다. 사실 이 마지막 단계가 가장 힘들다. 당신이 잘못된 방향으로 가고 있다는 것을 '직관과 통찰력의 섬광'으로 알게 되었다면 방향을 재고하고 바꾸는 것이 좋다. 갑자기 밀려오는 신호에 두려움과 사고의 혼란을 겪을 수 있다. 잠깐이라도 눈을 감고 미니 명상을 해보자. 일관되고 자신 있게 직감을 신뢰하는 방법을 배우면 직관적인 사고가 비즈니스와 생활에서 당신의 큰 자산이 될 수 있다.

본능과 직감과 직관 구별은 '자기 확신'의 시작이다

자, 이제 높은 강둑을 넘고, 담을 넘었다. 오프라 윈프리는 "평생 가결한 직관의 목소리를 믿었다"라고 말했다. 애플의 공동 창립자인 스티브 잡스는 2005년 스탠포드 대학교Stanford University 연설에서 졸업생들에게 "마음과 직감을 따를 수 있는 용기를 가져라. 어떤 이유에서 당신이 진정 어떤 사람이 되고 싶은지 이미 알고 있다. 그 밖의 모든 것은 부차적이다."라고 조언했다.

프로이트는 "별로 중요하지 않은 일에 관한 결정을 내릴 때, 너는 모든 장단점을 고려하는 것이 유리하다는 것을 깨달았다. 그러나 동반자나 직업 같은 매우 중요한 문제에서는 우리 안의 무의식에서 결정을 내려야 한다. 개인 인생의 중요한 결정을 내릴 때, 우리는 본능의 깊은 내면적 필요성에 의해 움직여야 한다."라고 말했다.

직관을 갖추고 싶다면 먼저 해야 할 일이 바로 '신뢰'의 다음 단계인 '자기 확신'을 갖는 것이다. 자신에게 더욱 솔직해져야 하며, 제때 움직일 준비가 되어있어야 한다. 이 모든 것은 스스로 바꾸고 싶어 하는 열망으로 시작한다. 직관을 얻는다면 생애 '최고의 선물'을 받았다고 할 수 있다.

이때 직관은 직감과 다르다. 직관intuition을 신뢰한다는 것은 직감gut을 신뢰하는 것과 다르다. 칼 융Carl Gustav Jung은 "직관이란 그 파악하는 내용이 무엇이든 하나의 본능적 파악instinktives Erfassen이다." 라고 말했다. 이렇듯 인식을 유도하는 심리 기능으로 직관을 보다 보니 물리적 노력의 결과가 아닌 저절로 생겨난다고 흔히들 생각한다.

하지만 직감과 달리 직관intuition은 자신이 축적한 지식과 경험, 느낌, 기술, 본능을 이해하는 선천적, 후천적 근력으로 본다. 직감gut feeling은 본능에서 진화한 육감, 타고난 지혜로 현재 주제와의 패턴, 단서 또는 관계를 찾기 위한 내부 검색 메커니즘으로 시작한다.

본능은 두려움에 기초하는 반면, 직감은 의지에 바탕을 둔다. 의지가 있는 경우에만 직관적으로 반응할 수 있다. 두려움의 본능에는 기아-에너지 손실에 대한 두려움, 리비도-죽음에 대한 두려움, 자기애-

거부에 대한 두려움, 종교-불확실성에 대한 두려움이 있다. 본능은 위협 요소를 모두 제거하고 자신을 돌보는 것이지, 다른 이를 돌보지 않는다. 자동차 사고에서 자연적인 본능은 모든 근육을 긴장시키는 것이지만, 그렇게 하면 실제로 연조직 손상이 더 커진다. 왜 직감을 살펴야 하는지 생각해 보기 바란다.

인간의 직감은 우리에게 많은 것을 알려 준다. 세포들이 모두 동시에 작용하여 우리 몸을 안전하고 제대로 작동하게 하는 집단적인 지능이다. 과거의 경험과 두려움에 근거해서 어떤 것에 어떻게 느끼는지에 대해 피드백을 한다.

1,000억 개의 신경세포와 100조 개의 신경 연접부를 갖고 있어 우리 뇌 신경의 연결망은 상상을 초월한다. 하루에도 이런저런 생각에 1,000만 개의 뇌세포가 활동한다. 100조 개(1961년 미국의 생물학자인 레오나드 헤이플릭Leonard Hayflick이 발견)의 세포 가운데 장 세포는 레이더와 의시 형태를 가진 37조 이상이 세포가 전체 자업을 미세하게 관리하지 않고도 순간적으로 수행하는 놀라운 업적을 수행할 수 있다.[14] 동물들이 생존본능으로 직감하고 태풍이나 천적으로부터 피하듯 인간 역시 생존을 위해 자신의 두려움과 싸우며, 일정 범위 내에서 안전하게 머문다. 직감은 미래가 아닌 과거를 반영한다. 다시 말해서, 앞으로 일어날 일이 아닌 과거 상황과 현재 순간의 느낌으로 비추어 볼 때 사태事態에 대한 알 수 없는 예감gut feeling이다.

이에 반해 직관은 진화된 '인간의 자기 대화'이다. 불가분하게 논리적 추리 지능의 결합에 의해 직관과 혼연일체가 되어 복잡한 작용을 하게 된다. 지성은 직관적인 인식에서 태어난다.

사전적 의미의 직관直觀은 "감성적인 지각처럼 추리, 연상, 판단 등의 증거나 의식적 추론이나 사유 과정을 거치지 않는다. 어떻게 지식이 취득되고 습득되는지 알지 못하며, 대상을 직접 파악하는 것"이다. '상황을 인식하고 처리하는 경험을 사용하는 능력'으로 순식간에 발생한다.

사람마다 각자의 지식과 경험을 통해 직관을 기르기에 서로 다른 직관을 가질 수 있다. 개인이 쌓은 경험이라는 것은 잘못된 정보나 선입견, 정서적 편견까지도 포함한다. 이로 인해 자칫 자신의 고집을 키우게 되거나 어긋난 직관으로 단정을 지어 주장함으로써 갈등이 일어나기도 한다. 사실 표면적인 면에서 보는 '직관의 오류'라기보다 올바른 직관적 사고(직관의 윤리)에 내재되어야 하는 비판적 사고와 공감 지능이 충분히 이루어지지 않았거나 자만이라는 눈가리개를 한 경우라고 봐야 한다. 반직관주의의 윤리학에서 보는 '직관 오류'를 단정하는 것이 아닌 '직관'은 시대적 편견을 넘어 '도덕적 인식 능력(W.D.Ross, 1930, Sinnot-Armstrong, 2008)'으로 올바른 윤리를 가지고 있다고 본다. 당시의 노예제도는 관습일 뿐 '양심적인 직관'으로 만든 제도가 아니라고 보기 때문이다.

이 책에서는 직관을 두 개로 분류해서 새로이 해석하고자 한다. '위장된 직관camouflaged intuition'과 '진정한 직관real intuition'이다. 먼저, '위장된 직관'은 이기적인 충동으로 비판적 사고를 거치지 못하고 사리 분별이 어렵거나 오만과 편견이 그대로 내재된 것. 목적의식이 건전하지 못한 것, 그럴듯한 이성과 의사소통, 비주류적인 결론들로 자신과 타인을 위험에 빠트린다.

이에 반해, '진정한 직관'은 비판적 분석적 사고와 합리적 이성과 감성이 균형을 이루고 있다. 이성이 분별력을 가지고 있다고 해서 직관의 권위를 가질 수 없다. 진실은 감각에 의존하지도 않는다. 또한 경험 때문에 모순되지 않고, 감각이나 지적인 관념의 혼합을 인정하지 않는다. 이성과 감성과 경험과 지식의 오류를 바로잡아 극복하며, 가치를 이끄는 힘이다. 검증은 '직관 스펙트럼'으로 '자동 자기 확인'에 의해 보장된다. 나아가서는 개인뿐만 아니라 타인을 모두 구하는 가치 있는 직관이다. 이는 곧, 직관이 우리 삶에서 '최고의 선물'이 되기 위해서는 고도의 직관으로 나아가야 함을 말한다.

직감이나 직관은 올바른 방향으로 끊임없이 우리에게 신호를 보내고 있다. 그것을 잘못 해석하는 것은 바로 자신이다. 전략적 직관은 높은 수준의 의식에서 투영된 '강한 도덕적 신념'strong moral beliefs이다.

전략적으로 틀에서 벗어나기

전략적으로 새로운 점을 연결하고자 한다면 익숙하고 숙달된 표준화된 것들에서 벗어나야 한다는 것이 공통된 시각이다. 새롭고 불확실한 상황에서 우리 뇌腦와 장腸은 전략적 직관을 발휘하는 데 꽤 많은 시간이 걸릴 수도 있다. 직관 연구자들은 이때 '전문가 직관'은 걸림돌이 될 수 있다는 점에 주목했다. '위장된 직관'의 극심한 자기과시형의 허위 직관 확증은 심각한 실수로 이끌 수 있다. '진실한 직관'은 끊임없이 오류를 그림자처럼 추적한다. 결국, 오류의 개입은 불가능해진다. 빠른 통찰과 분별의 전략적 직관이 일반적인 직관 지능을 넘어 자동적 확신을 주는 '자기 비전', '진리의 빛'이 되는 원리다.

저널리스트 말콤 글래드웰Malcolm Gladwell은 직관을 직관적 지능이라 표현하며, '블링크(Blink: 2초 동안의 무의식적으로 눈을 깜빡거림'으로 표현하면서 '평범한 직관(직감, 단지 느낌)', '전문가 직관(반복적 전문성)', '전략적 직관(적응성 전문성)' 세 가지로 분류했다. 전문가의 직관은 친숙한 무언가를 즉시 인식할 때 테니스 전문가가 공의 위치와 상대방 라켓의 속도에서 공이 어디로 갈지 알 수 있는 것을 예로 들었다. 우리가 한 분야에서 오랫동안 경력을 쌓거나 전문가적 일을 더 잘할수록 비슷한 문제를 더 빠르게 해결할 수 있는 패턴을 인식한다.

자연주의적 의사결정론의 창시자인 인지과학자 게리 클라인Gary

Klein은 그의 책『통찰, 평범에서 비범으로Seeing what Others Don't: The Remarkable Ways We Gain』에서 소방관이나 의사, 간호사가 좋은 시뮬레이션으로 수많은 상황을 신속하게 판단하는 능력 역시 전문가 직관이며, 이를 훈련하는 방법을 소개했다. 훈련에 있어서 단순히 반복하는 것만이 아닌 '의도적 수련'이 필요하며, 직관이라는 통찰은 실수를 예방하는 것과는 질적으로 다르다고 강조했다.

뇌 진화 및 행동 연구소(Laboratory of Brain Evolution and Behavior: 미국 정신건강 연구소)의 경우는, 직관적 사고를 감성적, 정신적, 초자연적, 영적인 직관적 사고의 네 가지 유형으로 구분하기도 한다.[15]

위의 연구자들이 언급한 세 가지 직관의 유형과 비교해서 설명하자면, 감성적 직관적 사고는 예를 들면 독심술, 관심법과 같이 다른 사람의 마음을 꿰뚫어 보는 심리학적 '평범한 직관'이라 할 수 있으며, 성신적인 직관적 사고는 분석적 사고 없이 즉각 답을 신속하게 얻는 '전문적 직관'에 속한다. 초자연적 직관 사고는 개인적 어려움과 고난을 특별한 혜안으로 극복하는 '전략적 직관'으로 사회 역학적 관계도 파악할 수 있으며, 영적인 직관 사고는 사실이 아닌 신비로운 영적 경험에 가깝다. 우리는 일상과 비즈니스에서 만족스러운 삶을 영위하고 만들어가기 위해서는 평범한 직감gut feeling을 객관화해서 보여 주는 고도의 직관intuition으로 나아가야 한다.

우리가 쌓은 '전문가의 지관'은 수련된 경험으로 순간적인 판단을 한정된 시간 안에 수행해야 하며, 크게 새롭지 않은 업무와 프로젝트 범위 안에 있다. 우리는 완벽한 프레임 사고를 넘어 새로운 깨달음과 아이디어를 위한 통찰을 얻어야 한다. 새로운 상황과 세계, 공부, 도구의 확장과 융합을 통한 자기 분야에 정통하는 것이 중요하다는 것이 절실하게 요구되는 시점이다.

역사학, 철학, 법학, 의학, 심리학, 통계학, 생물학, 신경과학, 문학, 예술, 우주과학, 인공지능 등 넘쳐난다. 아직 갈 길은 멀고, 우주의 초미세 먼지와 같은 지극히 작은 일부를 평생 깨달아 가겠지만 연결점을 찾아낼 때 그 기쁨은 이루 말할 수 없다. 보잘것없는 연결점이 엄청난 비밀을 여는 열쇠가 될 수 있다는 마음으로 살아가는 것일 뿐이다.

지성과 감성과 직관적 지능 = 삶의 지능

우리에게 잘 알려진 하워드 가드너 교수는 그의 저서 『마음의 틀 frame of Mind』에서 다양한 지능이 존재하며 그 가운데 내면적 지능 intrapersonal intelligence의 중요성을 주장했다. '감성 지능'의 창시자인 대니얼 골먼Daniel Goleman은 타인의 감정을 이해하고, 협동하며 유대감을 형성해 나갈 수 있는 능력으로 감성 지능에 예의, 책임감, 주의력, 자제력 등을 포함했다. 이렇듯 감정의 충동적인 요소를 조절하는 '감성 지능'의 올바른 훈련이 더불어 필요하다. 마지막으로 추가되는 것이 바로 우리 내면에 있는 직관적 지능(삶의 지능)이다.

사이토 다카시 교수는 '지성intellect'을 '살아가는 힘' '고민하는 힘'이라고 해석했다. "지성은 고난과 냉혹한 현실에 직면했을 때 원인을 파악하고 선택지를 찾아 대처하는 힘이다. 지성은 '살아가는 힘' 그 자체이다. 지성을 갖춘 사람은 쉽게 꺾이지 않고 집착하지 않고 흔들리지 않는다."라고 했다.

우리는 흔히 지성이라고 하면 지능검사를 통해 측정되는, 소위 지능지수IQ를 뜻하기에 '지성'을 해석하는 데 오해의 소지가 있다. 이 부분은 우리가 삶을 살아가는 데 가장 기초적인 도구이자 힘을 '지성'이라고 정리하면 된다. 분석하고 유추하는 능력은 세상을 관찰하는 데 필수적이다.

사이토 다카시 교수는 일본 근대소설이 생겨난 메이지 시대의 소설가인 나쓰메 소세키의 '고민'에 대한 태도를 연구하며 이렇게 정리했다. "그는 아무리 많이 고민하는 중에도 생각이 뒤죽박죽되거나 혼란한 적이 없었다. 문제의 답을 쉽게 얻을 수 없다 해도 절대 물음 앞에서 도망치지 않았다. 고민해도 혼돈에서 벗어날 수 없다면, 그것은 아직 머릿속에서 정리할 수 있을 만큼 지성을 갖추지 못한 것이다."[16] 지성(사회학에서 지성은 오성, 사물에 대해 논리적으로 판단하고 이해하는 능력)의 힘은 직관의 기초를 이룬다.

고도의 전략적 직관은 초연결의 결과물이다.

아인슈타인은 직관에 따라 행동한 대표적인 인물이다. 그는 직관이 자연법칙의 발견에 결정적 역할을 했다고 결론지었다. 그렇지만 자신의 직관이 항상 모두 그렇게 들어맞은 것은 아니었다고 한다. 기만적인 직관에 따라 추진하다가 2년간 헛수고를 한 적이 있었고, 자신의 논문이 항상 학계에서 주목받은 것도 아니었다. 직관은 천재와 억만장자의 전유물이 아니다. 일상생활의 평범한 일부다. 다만 차이가 있다면 영감과 직관력을 갖기 위해 셀 수 없이 많은 실험과 사유를 했다는 점이다.

『과학혁명의 구조The Structure of Scientific Revolutions』를 쓴 토마스 새뮤얼 쿤Thomas Samuel Kuhn은 직관은 '심사숙고'와 다르다고 말한다. 전략적 직관은 새로운 상황에서 작동한다. 사과가 떨어지는 것을 보고 섬광 같은 직관으로 통찰이 작동한 뉴턴의 일화는 잘 알려진 사례다. 잠시 쉬는 동안 1% 영감에 대한 과거의 잠재 지식의 조각들이 결합(감각, 경험, 연상, 판단, 추리 따위의 사유 작용을 거치지 아니하고 대상을 직접적으로 파악하는 작용)하면서 문득 새로운 문제 제기와 해답이 동시에 번뜩 도출된다. 그 누구도 전략적 직관을 하는 시점을 예측할 수 있는 사람은 없다.

떠오른 영감inspiration을 평가해서 가능성에 대한 확신을 직시하는 것, 이것이 바로 직관과 통찰이다. 말이 분석적 사고의 언어라고 하면, 직감의 느낌(gut feeling, 장腸)은 직관적 사고의 언어다. 분석과 직관을 오가는 '퍼즐' 식 사고방식이다.

단절이 아닌 연결선상에서의 직관intuition은 '확신감, 효능감'이 번뜩이는 것이며, 통찰insight은 질문에 대한 모든 것이 연결되어 답을 얻게 되는 "바로 이거야!" 하며 기뻐 외치는 '유레카Eureka'이다. 이러한 과정은 막다른 곳까지 가야 얻을 수 있는 것들이다. 평범한 육감과 같은 모호한 느낌이 아닌 머리가 갑자기 맑아지는 분명한 생각이기에 영롱하며 생생하다.

어떤 전략을 취해야 할지 방향을 명확하게 알려 준다. 직관은 마치 '신'의 품처럼 안정감 있고 분명하다. 통찰을 통해 지난밤 골칫거리였던 문제가 다음 날 아침에 잠에서 깨는 순간 해결되기도 한다. 한 달 동안 묵혀 있던 문제를 해결할 수도 있다.

우리가 전문가적 직관 단계에서 정체될 때, 넘어야 할 산, 전략적 직관과 통찰은 어떠한 원리를 가질까? 다음의 세 가지로 정리한다.

첫째, 전략적 직관과 통찰은 플러드, 플롯, 플레이가 동시에 일어나는 것을 말한다.

『나폴레옹의 직관』을 쓴 컬럼비아대학교 경영대학원 교수 윌리엄 더건William Duggan은 직관에 관한 연구를 10년간 해왔다. '플러드plod', '플롯plot', '플레이play'를 들어 직관이 어떻게 생겨나는지 설명했다. 플러드는 평범한 일상을 넘어 훨씬 넓은 광범위하고 무한한 정보를 분석하는 것을 뜻하고, 풀롯은 임무, 목표, 하위 목표 등의 정의를 내리는 것을 말하며 많은 시간이 필요하다. 플레이는 일반적 사고 방식을 포기하는 것을 의미한다.

둘째, 전략적 직관은 4단계를 거친다.

더건 교수는 그의 책과 블로그에 클라우제비츠(『전쟁론』을 쓴 독일의 역사가)의 직관을 얻는 4단계를 제시했다. 1단계는 '역사적 사례' examples from history, 2단계 '마음 챙김'presence of mind, 3단계는 '섬광 같은 통찰'flash of insight, 4단계는 결의resolution 또는 결단determination 이다. 이처럼 직관은 행동으로 이어지기 때문에 '전략적'이라는 수식어가 붙는다. 뇌가 해결하려는 문제와 관련된 오만과 편견, 선입관을 모두 없애고, 알 수 없는 전혀 새로운 방식으로 조합한다.

셋째, 전략적 직관은 우리 몸의 창조물이다.

노벨상 수상자인 로저 스페리Roger Wolcott Sperry와 에릭 칸델Eric Kandel의 연구를 보자. 스페리는 뇌량절단술을 받은 환자를 통해 인간의 좌우 두뇌(양면 뇌)의 기능에 관한 연구를 수행했다.『기억을 찾아서』, 『통찰의 시대』로 잘 알려진 에릭 칸델Eric Kandel은 시냅스의 효능이 어떻게 변할 수 있는지와 이에 관련되는 분자 메커니즘을 발견했다.

스페리 모델에서는 양쪽 뇌를 물과 기름 같은 관계로 보았기 때문에 전략적인 직관은 불가능하다. 칸델은 모든 사고방식에서 분석과 직관을 결합한 전뇌 모델의 연구로 스페리의 모델을 뒤엎었다. 신경 과학자들은 그것을 '지적 기억(Intelligent memory: 이성, 논리, 분석과 창의력, 직관, 상상력을 하나의 사고 작용으로 결합함)'이라고 부르는데, 크고 작은 통찰력의 섬광이 뇌의 어느 곳에서도 기억으로부터 과거의 요소들을 가지고 와 새로운 방식으로 결합한다는 것이다.

다양한 과제 수행을 위해 뇌의 모자이크 모델[17]은 창의적·상상력·직관 그리고 논리적·분석적·합리적인 과제 역시 양쪽 뇌의 기능을 받아들여 여러 조각(기억)으로 나누어 뇌 전체에 퍼뜨린다. 전체 두뇌에 대한 합리적인 사고[18](자동적인 저장, 검색, 결합 과정)의 형태로서 전략적 직관을 보여 준다. 더건 교수는 마지막으로 "전략적 직관은 과거를 확고한 토대로 삼아 지적 기억을 미래에 투사하고, 그것이 제시하는 행동방침을 따른다."[19]고 정리했다.

현대 세계에서 경쟁하기 위해서는 창의적 사고, 기업가적 사고, 혁신적인 사고 또는 전략적 사고가 필요하다는 것을 누구나 안다. 전문 분야, 심지어 예술 분야에서도 창의적인 아이디어는 과학에서와 같은 방식으로 발전한다. 과학적 방법은 브레인스토밍과 같은 순수한 상상력이 아니라 각자의 전략적 직관을 통한 발견에 달려 있다. 이것이 상상력과 직관력의 차이다.

고독의 시간 후에
얻는 것

내 안에는 나 혼자 살고 있는 고독의 장소가 있다.
그곳은 말라붙은 마음을 소생시키는 단 하나의 장소다.
-펄 S. 벅Pearl Sydenstricker Buc

직감을 향상하기 위해서는 바쁜 일상 속에서도 그 소리를 들을 줄
알아야 한다. 속도를 늦추고 들어야 하는데 이때 '고독'이 필요하다.
그것은 직관의 볼륨을 높이기 위해서다. 산책을 한다거나 샤워를 하
는 등 일상적인 바쁜 일들 속에서 약간 또는 일정 시간을 요구한다.

워런 버핏Warren Buffett은 많은 시간을 혼자서 책을 읽고 분석하며
일을 한다. 지금 가장 중요하게 생각하는 목표 25가지 중에서 오로지
5가지에 집중하기 위해서다. 투자가인 그가 일하는 방법이다. 그는 자
신의 사무실에 컴퓨터를 둔 적이 없다. 주식시세표를 써본 적도 없고,
스마트폰을 사용하지도 않는다. 그리고 잠재력을 가진 소수의 투자로
고품질 배팅focus on a few, high-quality bets에만 집중한다.[20] 귀재 워런 버

핏도 회계자료를 조작한 기업의 속임수에 넘어간 사례가 있듯 우리 인간은 아무리 뛰어날지라도 불확실성을 안고 살아간다. 이러한 '불확실성'에서 그래도 믿을 만한 것은 휩쓸리지 않기 위한 '집중'의 시간이 필수적이다. 빌 게이츠 역시 성공의 이유로 '집중'을 꼽는다.

절체절명의 순간에 우리는 무엇을 하고 있을까? '결정적 순간', '진실의 순간', '피하려고 해도 피할 없는 운명의 순간', '숨통을 끊는 최후의 일격을 가하는 순간' 잘못된 습관의 시간 활용은 직관력을 높이는 데 걸림돌이 된다. 현실을 왜곡하는 들뜬 감정, 부정적인 생각과 감정, 고정관념, 지나친 희생, 지식중독, 자료에 대한 맹신 역시 장애가 된다.

직관력의 권위자 독일의 카인츠Elfrida Müller-Kainz 교수는 자아는 영혼과 싸우고, 오성은 감정과 싸움을 벌이며, 머리는 배와 싸우는 것으로 비교하기도 했다. 기분의 감정feeling을 넘어 '정서emotion'가 되면 맹목적이거나 지나친 에너지의 소모가 일어나기 때문이다

결론부터 말하자면 논리(이성)와 감성을 잘 다루는 사람만이 고독을 이긴다. 고독은 세상에 홀로 떨어져 있는 듯이 매우 외롭고 쓸쓸하다. 하지만 고독은 인간의 숙명이고, '자아'의 목소리가 아닌 깊은 '내면'의 소리를 듣는 자기 사유의 시간이며, 인간의 존엄성을 느끼게 해주는 엄숙한 시간이다. 누구에게는 홀로 내던져진 듯한 외로움에 고통스럽기만 하지만 누구에게는 역경을 이겨내는 시간이다. 누군가는

영감을 얻기 위해 스스로 칩거하며 고독하기를 청한다. 직관을 얻고자 한다면 마지막 단계는 이제 혼자만의 시간을 확보해야 한다. 기도는 홀로 조용히 하는 것이다. 방해받지 않는 시간을 확보해 깊은 사유를 통해 깨닫고, 무언가 창조하고 완결한다. 혼자 있는 시간을 어떻게 보내느냐가 하루를 결정하고 미래를 결정한다. 생명체라면 각각의 생존전략이 있는 법이다.

"언제나 그랬듯이 지금 이 시대도 매우 훌륭한 시대다. 어떻게 살아야 하는지만 안다면 말이다." 미국의 시인이자 사상가인 랠프 월도 에머슨Ralph Waldo Emerson의 말처럼 디지털 시대 현대인은 고도로 진화된 사회에서 제대로 삶을 즐길 방법을 역동적으로 모색해야 한다. 이 모든 것은 '원하는 삶을 살기' 위함이다. 새로운 삶의 모델이 필요한 시대다. 그런데 그 새로운 삶의 모델은 더욱 다양해지고, 독특한 삶을 추구하게 될 것이다. 자신만의 답을 얻고자 한다면 스스로 개척해야 한다.

혼자 있는 시간은 본능인 욕구와 이성과 감성이 조합을 이룰 수 있는 성장의 시간이다. 우리가 인생에서 일부러 반드시 한 번은 선택해야 할 만큼 값지며, 자주 오지 않는 기회다. 더는 '고독'이 고독하지 않으며, 온전히 '나'라는 샘물과 같은 안식처를 찾는 시간을 얻는다. 성장하려면 진정한 삶을 살고자 한다면 혼자의 시간을 확보해야 한다.

고독을 중정(中正: 어느 한쪽으로 지나치거나 모자람이 없이 곧고 올바름)

의 침묵 시간으로 전환해야 한다. 울려 나오는 소리에 귀를 기울여 본다. 삶에서 일정한 시간은 홀로 사색하고 혼자만의 가치 있는 일을 이루기 위한 정신적 육체적 노동으로 채워간다. '내면의 진실'이라는 고요한 침묵 '쉼'이 정신건강에 중요하다는 것은 익히 알고 있다.

성격이나 행동유형에 따라 에너지를 얻는 방식은 다양해서 어떤 사람들은 밖으로 나가 사람들과 어울리거나 바깥 활동을 통해 에너지를 얻고, 어떤 사람들은 집안이나 조용한 곳에서 혼자 휴식을 취하며 스트레스를 조절한다. 에너지를 취하는 방식은 다를지라도 우리가 혼자만의 시간을 정해 놓는다는 것은 매우 중요한 결단이다. 에너지를 내보내는 활동만을 추구한다면 어느 순간 허무함이 찾아오기 때문이다.

직관력을 향상시키기 위해서는 일정한 법칙이 존재한다. 바로 각종 소음에서 벗어나 고독과 집중의 시간을 가져야 한다는 것이다. 자연법칙과 가까운 아이와 같은 순수한 직관을 가지기 위함이다. '내면의 대화'를 하기 위해 낯선 곳으로 떠나 사색하는 여행이나 명상만이 방법은 아니다. 고전을 읽으면서도 가능하고, 삶의 진실을 줄 감명 깊은 영화를 보는 방법도 있다.

혼자 도심 공원을 산책하는 것도 좋은 방법이다. 과학자나 시인처럼 조그마한 새나 들꽃에게 말을 걸어본다. 영화는 이왕이면 슬픈 영화보다 잔잔하고 아름다운 영화를 보면 평정심을 갖기가 수월하다. 어떤 시·공간과 내중매체를 신택하고 접근하는지도 에너지에 영향을 준다.

명랑하고 쾌활한 사람들도 때로는 고독을 씹으며 영화 속 주인공이 되기를 시도한다. 한시도 가만히 있지 못한다는 것은 중독과 같으며 이는 스트레스에 처한 상황일 수 있다. 직장이나 사회생활을 바쁘게 하다가 갑자기 긴 휴가가 주어지면 뇌는 아직 쉴 준비를 하지 못한다. 온종일 육아와 집안일에 매여 있는 전업주부도 마찬가지다. 뭔가 해야 할 것 같고, 불안한 증세가 나타난다. 필수사항과 굵직한 주제만 정하고 발길 가는 대로, 혼자만의 여행을 떠나 보자.

다음은 네 가지 유형별로 논리와 감성의 균형을 이뤄가며 '고독'을 어떻게 다뤄야 하는지를 알려 준다.

첫째, 빈틈없는 성취욕에 불타는 유형

성취욕이 강렬한 사람은 불안과 초조가 극대화될수록 목표에 집착한다. 주목받기 위해 무대에 서기를 강렬하게 원하며, 달성하기 위해 온갖 수단을 찾아낸다. 어느 순간 비논리적 오류와 자기 합리화로 법을 어기는 것도 서슴지 않는 함정에 빠지기도 한다. 한시도 자신을 가만두지 않는다. 그들은 계속해서 뭔가 이뤄내야 한다는 강박감이 있고, 실패를 용납하지 않는다. 목표를 이루고도 여전히 만족하지 못하고 불안해한다. 하지만 모두가 그들처럼 조마조마한 심정으로 외줄타기를 하고, 방방 뛰며 조급하게 목표를 달성하지는 않는다. 그들은 피폐해지는 자신을 들여다볼 겨를조차 없다.

144

반면에 냉철하며 차분하게 내면의 소리에 집중하는 사람이 있다. 타인의 시각에 집착하지 않으면서도 목표를 이뤄낸다. 그들은 조용히 해낸다. 급한 성격을 가졌다 해서 주변을 다 깨워 소란스럽게 일하지 않는다. 조용한 성격이라고 해서 내면의 소리를 잘 듣는 것이 아니듯이 말이다. '릴랙스relax'를 내뱉으며 호흡의 중심을 찾아야 한다.

둘째, 내면의 통찰에 실패한 유형

정신건강의학과 김철권 교수의 환자 이야기다. 화가인 40세 환자가 그의 부인과 함께 병원을 찾았다. 그는 꽤 괜찮은 회사를 그만둔 후 전업 화가의 길을 선택해 수년간 그림에 집중했다. 그러나 생활이 궁핍해져 겨우겨우 하루를 버티다가 자신의 작품에 감탄한 모 대학 교수 덕분에 시간강사 자리를 얻게 되었다. 그때 만난 제자가 현재의 부인이다. 당시 여러 차례 부인의 프러포즈를 받고 결혼하게 되었는데, 경제적으로 부유했던 아내의 집안 도움으로 걱정 없이 자신이 좋아하는 그림에 매진할 수 있었다. 그런데 그 이후 영감을 얻기 위해 별별 수단을 다 써보았지만, 작품을 만들어내지 못하고, 극도의 초조함으로 결국 심각한 우울증에 빠지게 되었다.

김 교수가 내린 진단명은 '성공하는 순간 실패하는 사람'이었다. 엄청난 고통과 시련을 겪을 때는 꿋꿋이 이겨내던 사람이 그 모든 어려움을 극복했을 때 갑자기 심한 정신질환에 걸리는 것이다. 김 교수는 프랑스 정신분석가 라캉의 말을 빌려 '결핍에서 오는 욕망이 사라져

버렸기 때문이라는 것'이다.[21] 살아가는 유일하고 절실한 이유가 사라지고 권태가 밀려온다. 수많은 과학자, 예술가, 기업가, 스포츠 선수들은 이 포만 상태를 가장 위험하게 여겼다. 자신을 바꾸는 일은 쉬운 여정이 아니다. 자신의 내면에 대한 확신이 있어야 한다.

셋째, 고독을 즐기는 유형

시공간을 혼자 보내면서도 외로움을 느끼지 않으며 창조적이고 생산적인 작업을 즐긴다. 마치 우주 변방에 묵묵히 통나무집 하나 지어내듯이 말이다. 하지만 사람들은 일반적으로 고독을 피하고자 한다. 심리학자 사토시 카자나와Satoshi Kanazawa 와 싱가포르경영대학원 교수 노르만 리Norman P. Li는 인구 밀도가 높은 지역에 살수록 덜 행복하다는 결론을 내렸다. 실험에 참가한 18~28세의 젊은 층 총 15,000명을 대상으로 조사를 했는데 스마트한 사람들은 다른 사람들과 어울리는 시간이 썩 유쾌하지만은 않다고 응답했다.[22]

어떤 사람들은 대중 속에서도 외로움을 느낀다. 도시의 삶이란 원하기만 하면 다양한 사람들과 사귀며, 다채로운 활동을 시도할 수 있음에도 불구하고, 사람들은 여전히 외롭고 쓸쓸하고 고독하며 우울증에 시달린다. 인간은 사회적 동물이지만 모든 사람과 어울리는 것을 좋아하지는 않는다. 애니어그램(사람을 9가지 성격으로 분류하는 성격 유형 지표이자 인간 이해의 틀)을 적용해 말하면 고독을 즐기는 사람들은 독립적인 생존본능을 가졌다. 단짝이나 사회적 집단에 속해 있어야 안정감을 느끼는 본능을 가진 사람들과 다르게 그들은 혼자일 때 엄청난 계획을 세우며, 통찰을 얻어 과감하게 추진한다.

의미 있는 작업을 하며 혼자 시간을 보낼 때의 만족감이 더 높다. 그들이 그렇다고 스스로 고립시킨다는 의미는 아니다. 그들 역시 사람들과 교류한다. 다만 친밀하고 친숙한 소수의 사람과 시간을 보내며, 다른 사람에게 의존하여 행복을 추구하는 사교생활을 우선순위에 두지 않는다. 인간관계와 특정한 공간은 에너지를 더해 줄 수도 있지만, 갈등의 근원이기도 하기 때문이다.

넷째, 극과 극의 생활양식을 선택한 유형

현재 자신의 행복을 가장 중시하고 소비하는 '욜로족Yolo' 일중독인 '워커홀릭workaholic'과 같은 생활양식이 있다. 좋고 나쁨을 말하려는 것은 아니다. 이 두 가지 양식에는 공통점이 있다. 첫째, 부지런하다는 것이고, 둘째, '알 수 없는 미래'에 대해 지나친 낙관이나 회피, 두려움으로 놓치고 있는 것이 무엇인지 바라볼 필요가 있다는 점이다.

"생활양식의 형성은 각 개인이 지닌 불만족과 열등감에서 비롯된다. 열등감은 개인심리학의 모든 병리적 문제를 해결하는 열쇠가 되는 개념이다. 인간은 누구나 열등한 존재로 태어나 그 열등감을 극복하기 위해 노력한다."[23] 하지만 극과 극을 달리는 생활이 오랫동안 쌓이게 되면 우울증이나 공황장애 같은 정신 질환을 유발할 가능성이 커진다.

반면에 현실을 외면하고 회피성으로 오랫동안 사색에 빠진다거나,

147

창의적이고 예술적인 사람들의 폭풍과 같은 '감정의 몰입'은 조증과 울증을 불러올 확률이 높다. 심각한 우울증을 극복하고 대작 『파우스트』를 60년 만에 완성한 괴테처럼 깊은 곳까지 빠져들어 간 후에도 나오는 법을 터득해야 한다.

'욜로'와 '소확행'은 다르고, '워크홀릭workholic'과 '딥 워크deep work'는 서로 다르다. 진정한 '소확행(일상의 작지만 확실한 행복)'과 '딥 워크(몰입)'를 하는 사람은 숲과 나무를 다 보는 직관을 가진다. 그들은 'What'보다 'How'에 중점을 더 두며 능통하다. 무엇을 하기 위해 존재하지 않고 만들어내는 데 집중한다.

디지털 시대의 사람들은 혼자 있는 시간이 많다. 1인 가구가 증가했고, 혼자 있어도 심심하지 않을 볼거리나 놀이가 넘쳐난다. 클릭만 하면 정보가 쏟아지고, SNS로 언제든 가족과 친구와 연락을 주고받는다. 그러면서 그들은 비대면Untact, 비접촉Touchless을 원한다. 혼자 밥을 먹고, 혼자 술을 마시고, 혼자 스포츠관람을 즐긴다. 그리고 혼자 일한다.

디지털 시대에서 혼족들이 '고독을 이겨내는 사람인가', '고독을 제대로 즐기는 사람들인가'에 대한 물음은 별로 중요하지 않다. 무엇보다 건강한 정신을 유지하며 삶을 창조하고, 논리와 감성을 연결할 줄 알며, 이해와 소통을 기본으로 하느냐가 중요하다. 고독을 제대로 즐기는 사람들은 '유혹'과 '게으름'을 이겨내면서 성장한다. 혼자의 시간과 공간을 통해 자신의 효능감과 만족감을 끌어낼 뿐만 아니라 통찰을 단련한다.

직관의 굴뚝과 램프를 아랫배에 소중히 간직하자. 예리하지만 온기를 더해 준다. 에너지 낭비와 손실 역시 습관이다. 다음의 85세 고령의 심성락 아코디언 연주가의 말은 '고독의 진수'를 말해주고 있다.

"사람들은 내가 음지에서만 있다고 하는데, 안 보이는 곳에서도 최선을 다하면 그곳이 바로 양지이다!"

일이 잘 안됐을 때
어떻게 하는가

끝날 때까지 끝난 것이 아니다.
_요기 베라Yogi Berra

인생의 묘미가 '완성'은 아닌 듯하다. 모든 것을 이뤘다고 놓아버리는 순간 우리 몸은 아프기 시작한다. 순간의 해방감과 안도 후 우리가 해야 할 일은 무엇일까? 천국에 갈 날만 기다려야 하는가? "끝날 때까지 끝난 것이 아니다."라는 말을 기억하는가?

"삶을 수동적으로 살기는 쉽다. 똑똑하고 운만 좋으면 방어만으로도 그럭저럭 지낼 수 있다. 하지만 승자는 될 수 없다." 스테판 M. 폴란 Stephen M. Pollan의 말이다. 미국 월스트리트의 지독한 일 중독자였던 그는 48세에 폐암 진단을 받았다. 폐암 진단은 인생 항로를 180도 바꾸는 터닝포인트가 되었다. 다행히 오진으로 밝혀졌지만, 직장을 잃고 죽음의 문턱에 서봤던 그는 이 일을 계기로 자신에게 더 의미 있는 삶을 살기로 결심한다.

이런 일은 우리 주변에서도 일어난다. 결정한 일이 잘 안 되었다. 자, 이제 어떻게 할 것인가? 순간의 실망과 절망은 가슴을 쓰리게 할 것이다. 어떤 일은 비수를 꽂는 듯한 통증을 일으킨다. 이런 감정들은 너무 혹독해서 정상 리듬을 찾는 데 상당한 시간이 걸린다. 되돌리기를 바라는가. 되돌릴 수만 있다면 서두르기 바란다. 쭈뼛하게 선 머리카락들이 전기 통하듯 얼굴 전체에 퍼지는 순간도 놓치지 말자.

기회를 놓치지 않기 위해 셔츠가 땀에 흠뻑 젖을 정도로 온 힘을 다해서 뛰던 날을 기억하는가. 도착해 들어가자마자 문이 닫히는 믿을 수 없는 상황에 가슴을 쓸어내린 적이 있는가. 영화 〈노팅힐〉처럼 헤어진 연인에게 용기 있게 뛰어가 프러포즈를 할 수 있는가. 일촉즉발 운명적인 상황에서 탈출을 강행하는가. 피구처럼 어디에서 공이 날아와 자신을 맞출지 모르는 조마조마한 순간 날렵한 감각으로 피해 마지막까지 남은 경험이 있는가 전쟁에서 화살이 어디에서 날아올지 모르는 상황에서 전력 질주한다면? 이때 머리로 생각을 한 후, 몸을 피한다면 늦을 것이다.

우리의 몸은 뇌가 시키는 대로만 하지 않는다. 2001년 도쿄 신오쿠보新大久保역에서 일본 시민을 구하려다 안타깝게 목숨을 잃은 고故 이수현 씨의 선행과 같은 상황은 뇌가 아닌 몸이 먼저 움직여서 결정한 일이다. 의인義人의 직관이다. 윌리엄 제임스의 유명한 말 가운데 "생각이 바뀌면 행동이 바뀌고, 행동이 바뀌면 습관이 되고, 습관이 바뀌면 인격이 바뀌고, 인격이 바뀌면 운명까지도 바꾼다."라는 말에서 변화의 단계를 바꿀 필요가 있다. 위급한 상황과 생존을 위협하는 순간엔 본능을 넘어 이미 움직인다. 몸이 움직이면 기적 같이 마음도 생각도 동시에 따라간다. 순식간에 일어나는 '제2의 심장'인 직관은 놀라운 용기를 준다. 일생의 경험과 비판적 사고, 윤리성은 그래서 성스러운 '직관의 샘물'과 같다.

고대 그리스의 수학자 아르키메데스는 "내게 충분하게 긴 지렛대와 이를 고정할 받침대를 준다면 지구를 들어 올릴 수 있다."라고 말한 것으로 유명하다. 우리에게 필요한 것은 적절한 기술과 목적의식, 넓은 시야로 얻은 직관과 통찰의 지렛대다. 어떤 목표를 세우기 전에는 직관을 발휘할 기회를 얻지 못한다. 직관과 통찰로 이루고 싶은 일이 있는가? 생애를 통해 가장 하고 싶은 일과 펼쳐질 중대한 사건을 100가지 적어 보자. 버킷 리스트와 비슷하지만 하고 싶은 일만 적는 것이 아니라 미래에 일어나기를 기대하는 사건을 자세하게 서술해 보는 것이다. 복잡한 삶의 과제를 구체적인 과제로 바꾼다. 우리에게는 시작도 못 해 본 수많은 기회가 있다. '직감'이라는 레이더가 느끼고 '직관'이라는 스위치를 누를 수 있도록 감각을 깨운다. 자신의 뇌와 피부와 림프계를 가다듬고 과거의 한계에 도전하며, 모든 사람이 필요 없는 무모한 짓이라고 포기할 때 대담한 아이디어를 내어보자.

152

진실은 깨닫는 것이지만 반은 학습으로, 반은 경험으로 축적해야 알게 된다. 삶 전체가 진리 탐구의 체험 현장이다. 더 많은 것을 성취하려면 실패한 이유를 밖으로 돌려서는 안 된다. 불평만 하지 말고 기회를 직감하여 원하는 세상을 만들어라. 세상은 직관력이 뛰어난 사람들이 이끌어간다. 우리는 자신에게 엄격해질 필요가 있다. 또한 동시에 유연해야 한다. 실패는 대안이 아닌 훈련이다. 같은 실수를 반복하는 것이 아니라면 말이다.

잘 안 되었거나 잘 안 되고 있다고 여긴다면 이리저리 방도를 탐구하고 찾아야 한다. 직관은 수용력이다. 지렛대에 몸의 중심을 잡고자 한다면 우리 안의 수용력(수렴적 사고)을 깨워야 한다. 보다 합리적이고 냉철한 생각을 받아들여야 수용성이라는 것이 생긴다. '전념한다'라는 것은 외부 어떤 여건에서도 실행 의지를 보이는 것이다. 인간의 두뇌는 정해진 사용법이 없다. 에너지를 모으지 않으면 각자 생긴 대로, 마음먹은 대로 기분에 따라 아무렇게나 흘러간다. 이는 잘못되었다.

직관력을 계발하고 현재 뭔가를 감지하면 본능적으로 무엇이 올지 준비할 수 있다. '티핑 포인트tipping point'는 갑자기 뒤집히는 점이란 뜻으로 때로는 엄청난 변화가 작은 일들에서 시작될 수 있고 대단히 급속하게 발생할 수 있다는 의미로 사용되는 개념이다. 티핑 포인트를 만들어 내는 승수효과처럼 어떤 요인의 변화가 다른 요인의 변화를 유발하여 파급 효과를 낳고 최종적으로는 처음의 몇 배로 증가

할 수 있다. 개인적인 어려움에 부딪히면 현 위치에서 상황을 명확하게 파악하고, 어떤 어려움이 생길지 미리 짐작해본 후 내가 지금 무엇을 할 수 있을지 폭넓게 생각한다. 논리와 감성을 아우르면서도 초월하는 새로움을 모색하는 것 바로 그게 직관이다.

직관은 노력과 훈련의 산물이다. 우리는 훈련을 통해 배운다. 중국 무용수들의 깃털 같은 움직임과 곡선은 천국 사람들을 보는 듯하다. 인간은 아름답다. 무엇보다 그들의 고된 훈련의 과정을 보여주는데 글귀가 마음을 울린다. 그들은 통찰로 무용을 하고, 시나리오를 표현한다. "말 한마디 없어도 '말하는 법'을 배운다."라는 표현은 극적이다. 직관은 말없이도 들리는 목소리다. 우리가 가진 재능은 힘든 고비 이후에 값진 가치를 얻는다.

"강철 같은 정신과 유연한 몸. 몸을 극한까지 밀어붙일 때 유일한 한계는 마음에 달려 있음을 깨닫는 것. 같은 동작을 반복하고, 반복하고, 또 반복하는 것. 가장 깊은 두려움에 직면해 그것을 극복하는 것. 백 번도 넘게 넘어지지만 천 번도 넘게 일어서는 것. 그 여정은 길지만 가장 힘겨운 도전은 가장 위대한 보상으로 돌아옵니다.
미래를 밝히기 위해 옛것을 탐구해야 하고, 머리는 확고해야 하고, 가슴은 겸손해야 합니다. 말 한마디 없어도 '말하는 법'을 배워야 합니다. 위대한 힘은 혼자만이 아니라 팀워크로 이루어짐을 알아야 합니다. 진실, 선량, 인내로 내면을 채워야 합니다. 외면의 모습이 바로 내면의 발현이기 때문입니다. 세상을 바꾸기 위해서는 먼저 우리 자신을 바꿔야 합니다. 그 어떤 대가를 치르더라도 그럴만한 가치가 있습니다."_유튜브, 션윈ShenYun 예술단 공연

직관으로
위험의 틀을 깨다

이세돌 9단도 알아가고 싶었던 거예요, 알파고에 대해서.
_김여원 아마 6단(바둑TV 캐스터)

'인튜이션 로보틱스'라는 인공지능AI 스타트업 벤처기업이 있다. 도요타를 비롯해 미국, 이스라엘, 중국의 기업이 투자한 회사로, 실버 계층을 위한 인공지능 동반자 로봇 엘리큐(ElliQ: 스마트 스피커와 노트 북으로 구성, 62~97세 사람들이 테스트에 참여하여 긴밀히 협력)와 자동차 내 디지털 동반자 오토큐AutoQ를 만들었다. 엘리큐는 노인들이 활발 한 활동을 유지할 수 있도록 지원하는 인공지능 봇bot으로, 노인들이 외로움을 이겨낼 수 있도록 돕는다.

인간과 기계 사이의 새로운 관계를 정의하는 데 중점을 둔 직관 로 봇 공학은 기계학습 및 컴퓨터 비전 전문가, 풀 스택Full-Stack 개발자, 상호 작용 디자이너, 로봇 공학자 및 UX 전문가로 구성된 여러 분야의 전문가로 구성된 팀에서 만들어진다. 가족에게 전화를 걸어보라는 말도 건네고, 소파에만 앉아 있는 노인에게 어서 일어나 춤을 추자며 노래를 틀어 주기도 한다. 사용자의 생활 경험을 학습하여 점점 더 그들에게 활발한 활동을 하도록 장려한다.

"엘리큐는 할리우드 로봇이 아니며 사람의 집에 완벽하게 들어맞고 삶의 질을 높일 수 있는 장치다. 인간과 같은 이름이나 얼굴을 위조하는 것은 이 특별한 참여감과 교제감을 불러일으킬 수 없다. 점점 늘어나는 휴머노이드 장치가 가득한 시장에서 디자인의 정직성과 무결성을 찾고 있다고 생각한다. 그렇지 않은 것처럼 보이는 장치가 있으면 장치와 사용자 사이에 즉시 거리가 발생한다."라고 밝힌 이 로봇 공학 기업은 '인공지능'에 대한 핵심과 가치를 정확히 간파했다.

그들의 비즈니스 직관은 충분히 아름답다. 초지능 인공지능에 대해 故 스티븐 호킹 박사와 일론 머스크와 같은 혁신적인 기업가마저 인공지능의 '악惡' 이용에 관해 우려한 적이 있다. 하지만 인튜이션 로보틱스처럼 인간이 올바른 직관을 실현한다면 인공지능은 인간과 세상을 이롭게 돕는 아름다운 EQ 기계 동반자가 될 수 있지 않을까.

직관력의 차이는 연습에서 온다

전략적 직관력이 뛰어난 이세돌 9단에 대해 살펴보자. 그는 전문적 직관을 넘어섰다. 12세에 입단하여 세계대회 우승 횟수가 이창호 다음으로 많고, 공식전에서 유일하게 인공지능 '알파고'를 상대로 승리를 거뒀다. 단 한 수가 아닌 묘수 전후의 진행까지 전부 다 포함되는 '변칙 묘수'들로 엄청난 승수를 쌓을 수 있었던 것은 이세돌이 자신의 수 읽기의 자신감을 통한 직관력과 빠른 결단력이 있기에 가능했다.

2018년 제11회 아사히 오픈 준결승에서 일본 프로장기 9단 후지이 소타는 일본의 살아 있는 전설 하부 요시하루 9단을 꺾었다. 일본의 장기 챔피언 하부 요시하루의 유명한 '묘수' 에피소드로 익히 알고 있는 '제7감각'인 직관력과 더불어 오감과 직감을 더한 고도의 통찰력을 보여주었다. 경험과 직관력의 전설인 그가 당시 14세 프로기사 후지이 소타에게 우승을 넘겨준 것이다.

'나이는 숫자에 불과하다.'는 말이 직관에도 통할까? 직관은 어떻게 훈련되고, 계발될까? 칼 융은 자아를 통일과 개성에 관한 탐구를 대표하는 것으로 생각했으며, 개념으로서의 자아는 인생의 30년까지 아직 성숙하지 않았다고 주장했다.[24] 영국의 추리소설 작가 애거사 크리스티Agatha Mary Clarissa Christie Mallowan는 소설에 "직관은 철자를 쓰지 않고 단어를 읽는 것과 같다. 아이는 경험이 거의 없기에 그렇게 할 수 없다. 어른은 그 단어를 자주 본 적이 있어 그 단어를 알고 있다."라고 쓰며 '경험'을 중요시한다.

하지만 직관 지능 분야에서 최고의 전문가로 알려진 엘프리다 뮐러 카인츠 박사는 "오성(자아)과 이성에 따라 생각하는 법을 배우는 학교 입학 전의 만 6세 아이는 많은 것을 직관한다."라며 그 나이의 아이들은 자연의 법칙과의 연결선을 갖고 있기에 비교적 자유롭게 직관을 발휘할 수 있다는 것이다. 그 특징적 행동으로는 실수를 두려워하지 않으며, 주입된 고정관념이 아직 없다는 점을 들었다. 완전히 어느 한 곳에 집중하는 능력이 있고, 평가하거나 심판하지 않으며, 개방적이고 중립적이다.[25]

2014년 '세월호' 사건이 일어난 후 직관력 훈련은 우리에게 중요 과제로 대두되었다. 학교에서는 생존 수영 수업을 실시했다. 또한 아이들이 자신의 위험을 직감한 후 어떻게 움직일지 행동으로 결단을 내릴 직관력을 훈련할 수 있는지에 대한 사고의 전환을 불러왔다.

미국의 임상심리학자인 바버라 그린버그 박사Dr. Barbara Greenberg는 '십대에게 직관 가르치기Teaching Our Teens about Intuition'[26]에서 미국이 비극적인 총격사건 등과 같은 위험에서 아이들을 구하는 방법을 제안한다. 아이들에게 직관을 계발하고 주의를 기울이는 것의 중요성에 관해 가르쳐야 한다고 강조한다. 그는 아이들에게 직관이 하는 역할의 중요성과 아이들을 더 안전하게 지키는 데 어떻게 기여할 수 있는지 강조한 연구가 거의 없다는 사실을 지적하며, 아이들이 직관을 키우는 다섯 가지 단계를 간략하게 제시했는데 실제 가정이나 학교에서 바로 활용할 수 있도록 구체적으로 내용을 다시 정리하면 다음과 같다.

<직감(gut feeling)인지 교육과 직관 훈련법>

구분	내용
1단계	**불안한 상황에 대한 신체 감정이나 생각에 초점을 맞춘다.** *감정(emotion)과 지감(gut feeling)에 대해 명확하게 느낌을 구분헤 표현헤 준다. 아이들이 반드시 물어온다.
2단계	**그것이 직감인지 묻는다. 상황이 뭔가 잘못되어간다는 것을 알았다면, 그 일과 어떻게 연관되어 있는지 물어본다.** *질문하는 것을 막지 말자. 질문은 직감을 인지하고 직관하는 가장 핵심적인 훈련법이다.
3단계	**감각이나 직감으로 잘못된 것을 느낀다면 직감을 신뢰하고 그 상황에서 벗어난다.** *학교와 가정에서 지진, 태풍, 전염병 대피요령 및 예방수칙을 정기적으로 훈련한다. *신변위험을 직감하면 'No'를 말하는 것을 두려워하지 않고 즉시 도움 요청하거나 탈출한다.
4단계	**직감에 행동요령을 더한 직관에 주의를 기울인 점에 대해 칭찬한다.** *직감을 성공적으로 다룬 것에 대해 성취감을 느끼도록 하며, 스스로 피드백하게 한다.
5단계	**직관력이 부족하다면, 문제가 될 만한 단서로 직관력을 높일 수 있도록 돕는다.** *실제 상황에 있을 법한 일들에 대해 함께 시뮬레이션을 해본다. 비판적 사고력을 키운다.

〈낭만 닥터 김사부〉, 〈굿닥터〉 등 메디컬 드라마는 인간의 생명을 다루면서 다양한 군상을 볼 수 있다는 점에서 깊은 인상을 준다. 소방관이나 의료인들은 시간 압박과 불확실성, 불확실한 목표 및 조직적 제약과 관련된 어려운 상황 속에서 일을 처리한다. 그들은 수많은 이용 가능한 정보와 과거 경험 사이의 규칙성, 반복 및 유사성을 인식하고, 주어진 상황이 어떻게 진행될지를 상상한다. 고도의 집중력이 필요한 수많은 직업인이 현장에서 이 같은 일을 한다. 하루에도 수십억

을 다루는 투자가들 역시 직관과 분석을 함께 다룬다. 우리 또한 날마다 무언가를 결정해야 할 순간을 직면한다.

직관은 의사결정에서 건설적인 역할을 할 수 있는 능력이다. 직관은 비슷한 상황에 대한 과거의 경험과 문제의 복잡성과 같은 다양한 요인에 따라 달려 있다. 많은 인지과학자는 직관적 사고와 분석적 사고는 서로 대립하는 것이 아니라고 주장한다. 연구 결과에 따르면 의사결정은 두 전략을 혼합할 때 가장 효과적이다.

각자가 가진 직관력은 다르다. 어떻게 중요한 순간에 제대로 된 통찰을 발휘할 수 있을까? 먼저, 판단을 흐리게 하는 직관 오류로 '프레이밍 효과'를 든다. 프레이밍 효과framing effect 혹은 구조화 효과는 문제의 표현 방식에 따라 같은 사건이나 상황임에도 불구하고 개인의 판단이나 해석, 선택이 달라지는 현상을 말한다. 프레임(Frame: 인식의 틀, 어떤 조건에 대해서 거의 무조건적으로 반응하는 경향이 있기 때문에 마음의 창으로도 비유하다.)은 정보를 제공받은 사람이 의사결정을 하는 데에 영향을 미친다. 인간은 일생에 걸쳐 효율적인 생각의 처리 방식을 공식화한다. 정신적·감정적 이해를 위한 틀이 형성되는데 이러한 틀은 세상을 이해하고 어떤 결정을 할 때 영향을 미친다.

자연주의 의사결정론을 창시한 인지과학자이자 『인튜이션』의 저자이기도 한 게리 클라인Gary Klein은 두 패턴의 특징을 비교하여 양자가 동일한지 여부를 가늠하는 패턴 매칭에 관해 말했다. 패턴 매칭이 '직관적인 부분'이고, 정신 시뮬레이션은 '의식적이고 계획적이며 분석적인 부분'이라고 말했다. 또한 "패턴 매칭에만 의존하는 직관적인 전략은 때로는 결함이 있는 옵션을 생성하기 때문에 너무 위험할 수 있으며, 완전히 심의적이고 분석적인 전략은 너무 느릴 것이다."라고 보았다. 단, 소방관들의 경우 느리고 체계적인 접근법을 사용한다면, "지휘관들의 심의가 끝날 때쯤이면 화재는 통제 불능이 될 것"이라고 지적했다.[27]

인간의 판단과 의사결정에 관한 연구로 노벨 경제학상을 수상한 행동경제학자 대니얼 카너먼은 역시 빠른 생각인 '시스템 1'과 느린 생각인 '시스템2'을 언급했는데 인간의 인지를 두 개의 '시스템'으로 운영하는 것은 '이중 과정인지' 이론의 근본 원리다. 의사결정, 감정 처리, 기억 형성, 생각 자체의 표현들이 이 뇌의 두 가지 경로 중 하나에서 발생할 수 있으며, 두 가지 과정에서 서로 상대적으로 독립적으로 작동할 수 있다.

직관을 다루는 능력

베를린의 막스플랑크 인간발달연구소의 게르트 기거렌처Gerd Gigerenzer 소장은 직관이 일반적으로 효과적인 의사결정 방법이 될 수 있다고 주장한다. 특히, 사람들은 문제가 복잡해지면 이성만을 근거로 의사결정을 하는 경우는 거의 없다고 말한다. 사랑에 빠질 때, 친구를 사귈 때, 축구할 때, 쇼핑할 때 우리는 직관에 더 많이 의지한다. 그는 직관을 '무의식 지능'의 한 형태로 보았다. 휴리스틱(빠른 결정)이 '실수'로 이어질 수 있지만 신뢰할 수 있는 정보를 기반으로 하고 불필요한 정보를 뇌에 남기지 않을 수도 있다고 말한다.[28]

긴급한 상황을 해결해야 하는 소방관과 의사, 간호사는 '패스트 씽킹'을 해야 함을 앞서 설명했다. 그러면 일상과 일반적인 사무실에서는 어떠한지 몇 가지 조사 사례를 통해 살펴보자.

폴란드의 카밀라 말레우스카Kamila Malewska는 실제 환경에서 직관을 연구했으며 사람들이 종종 전략 조합을 적용한다는 것을 발견했다. 결과에 따르면, 절반 이상이 합리적인 접근 방식에 의존하는 경향을 보였다. 약 4분의 1은 합리적이고 직관적인 요소를 혼합한 전략을 사용했고, 약 5분의 1은 일반적으로 직감에만 의존한다고 답했다. 흥미롭게도 상급 관리자가 많을수록 직관으로 해결하는 경향이 있었다.[29]

국제행정전문가협회는 3,500명의 행정 전문가와 1,300명의 고위 관리자를 대상으로 설문 조사를 실시한 결과 88%가 직감에 따라 결정을 내린다는 사실을 발견했다.[30] 사회가 점점 더 복잡해질수록 직관을 다룰 수 있는 능력은 직장에서 귀중한 특성이 될 수 있다.

2017년 독일 오토베이하임경영대학원의 루츠 카우프만Lutz

Kaufmann과 그의 동료들은 다양한 사고방식이 의사결정에 도움이 될 수 있다는 견해를 밝혔다. 조사 대상자들은 "결정을 내리기 전에 정보를 광범위하게 조사했다."(이론적), "분석적으로 결정할 시간이 없었기 때문에 경험에 의존했다."(경험 기반) 또는 "어떻게 해야 할지 완전히 확신하지 못해서 내 직감에 따라 결정했다."(감정적), 마지막으로 "경험을 토대로 분석해서 직감에 따랐다."(직관적) 라고 말했다.[31]

이러한 연구는 순전히 경험만으로 하는 정서적 접근보다는 직관적이고 합리적인 접근 방식이 유용하다는 점을 보여 준다. 이외에도 바둑이나 체스선수 같은 경우, 어린 시절에는 상대방의 움직임을 모방하고 직관적으로 배우다가 점차 분석적으로 접근하는 경향을 보였다.

의사결정은 특정 문제의 복잡성과 사전 지식과 인지 능력에 따른다는 결론에 도달한다. 합리적인 의사결정은 정확할 확률이 높지만, 직관적인 결정보다 비용이 많이 든다. 예를 들어, 정보 수집 및 분석에 더 많은 노력이 필요하다. 이러한 추가 비용은 시간이 지남에 따라 줄어들 수 있지만 사라지지는 않는다. 문제가 다면적이고 의사 결정자가 많은 유용한 정보를 빨리 얻었을 때 비용이 가치가 있을 수 있다.

하지만 마르코 삼Marco Sahm과 바이츠제커Robert K. Von Weizsäcker 교수는 관련 문제에 대한 충분한 경험이 있으면 과거 학습에 기반한 직관으로 효과적인 의사결정을 내릴 수 있다고 말한다.[32] 통계나 수치만으로 비즈니스에서 성공할 수 없는 것만 봐도 그렇다. 축적된 경험

과 직관적인 패턴 인식에 의존하면 비용이 많이 드는 합리적인 분석
보다 효과적이다.

한 가지는 분명하다. 직관성과 합리성이 반드시 반대되는 개념은
아니며, 직감 인지와 분석 기술을 모두 익히는 것이 유리하다. 과도한
욕망이나 희망 사항과 낙관적 전망과는 구분해야 하며 내면의 음성을
맹목적으로 따르지도 말고, 과소평가하지도 말자.

"판을 엎어라. 네 안에 틀이란 존재하지 않는다! 자유로운 발상과
'수읽기'로 바둑판을 지배하라! 나에게는 판을 지배하는 비장의 한 수
가 있다!" 이세돌 9단의 말을 떠올려 보자.

직관과 통찰을 위한 생각 도구는 다양하다.
하지만 가장 기본적인 근본 질문법과 트리즈 씽킹법은 디자인 씽킹에서 사용하는
대중적인 방법으로 핵심도구다. 이러한 방법을 회사 업무에서는 잘 사용하면서도
일상에서는 사용하지 않는 경향이 있다.

4장

내 안의 직관을 깨우는
9가지 방법

하루 10분의 비밀
-'뇌파 스윙'과 '자기장'

우리의 뇌는 우리가 믿고 기대하는 방향으로 작동한다.
뇌가 작동하기 시작하면 신체는 그 믿음이 사실인 것처럼 반응한다.
-허버트 벤슨

뇌의 깊은 곳, 무의식에 깃든 불안과 두려움을 당장 흔들어 없앨 방법이 있다면 시도하겠는가? 마음이 심란하거나 어떤 일에 대해 결정을 못 하고 씨름할 때 "오만가지 생각이 다 나서 한숨도 못 잤다.", "어젯밤 기와집 짓느라 잠을 못 잤다."라는 말을 하곤 한다. 하나의 생각이 다음 생각으로 생각의 물결을 일으키는 파동을 만든다. 캘리포니아대학교 신경영상연구소에 따르면 사람들은 하루에 최대 7만 가지 생각을 한다고 밝혔다.

그중 다수는 부정적이고 제한적이며 좌절감을 느끼게 만드는 것들이다. 심지어 지금 하는 생각의 대부분은 어제와 유사한 내용이다. 어제와 동일한 불안, 피해 의식, 후회와 미련, 원망과 집착이라면, 이러한 반복된 생각은 문제해결에 전혀 도움이 되지 않는다. 생각이 끊어지면 감정도 사라진다는 것을 모르는 사람은 없지만, 실천하기가 여간 쉽지 않다. 질質 좋은 생각의 씨앗이 직관과 통찰로 이어지도록 하려면 어떻게 해야 하는가.

스티브 잡스는 7개월간 인도 여행을 떠나 깊은 내면 탐구의 시간을 보냈다. 그는 "마음에 평온이 찾아오고, 현재의 순간이 한없이 확장되는 것이 느껴진다."라고 말했다. 가장 인기 있는 명상 앱인 '인사이트 타이머Insight Timer'는 2백만 명 이상의 명상가가 있으며 매일 50,000시간 이상의 명상을 기록한다. 명상에는 목적이나 방법이 다양하고 우리가 시도할 워밍업은 깊은 명상과 빠른 몰입을 돕지만, 매우 손쉽고 간단한 명상이다. 그래서 누구나 할 수 있다. 아침, 저녁, 낮 일상 동안 습관화해서 그저 속도를 늦추고 서두르지 않으면 된다.

직관은 머리, 심장, 배라는 세 가지 뇌가 주는 선물이다. 직감과 직관을 평생 단련하며 우리의 삶을 결정해야 한다. 우리는 평범한 직관이든, 전문적 직관이든 절체절명 순간에 발하는 전략적 직관이든, 이 모든 직관적 지능을 계발하기 위해서는 몸과 정신을 맑게 갈고닦아야 한다는 전제조건이 있다. 직관적 지능은 창의성을 높이기 위한 역동적 기반을 다지도록 돕는다.

이제, 내 안의 직관을 깨우는 9가지 방법에 들어가기에 앞서 주의 집중을 위한 뇌를 활성화하는 명상법을 소개한다. 필자 역시 특효약이라고 말할 만큼 효과를 보고 있는 뇌파와 자기장을 이용한 동작을 실천하고 있다. 논리와 감정의 벼랑에 섰을 때는 곧장 마음 읽기mind reading로 들어가지 말고, 잠시 생각과 감정 스위치를 끄기를 권한다. 새로운 것을 담기 위해 과감히 털어내자. 단, 흥미롭게도 뇌파를 이용한 명상은 부정적인 생각을 긍정적인 생각으로 바꾸는 것이 아니다. 끊어내는 방법이다.

1단계 '뇌파 스윙' 명상: 뇌를 흔들고 울려라.

어릴 적 외가에 가면 외조부께서 새벽에 명상과 체조와 같은 몸동작과 함께 마치 창을 하듯 '아~'라고 하시며 복부에서 끌어내는 울림을 소리 내시고는 했다. 어린 눈에 동작들이 하도 기이해서 깜짝 놀랐다가 신기해서 유심히 보고 따라 하곤 했는데, 지금도 외할아버지를 생각하며 매일 틈틈이 한다. 특히, 일을 시작하기 전 집중이 잘되지 않거나, 생각이 복잡해 머리에 압박감을 느끼면 의자에 앉아 간단하게 해보는데 금세 '찌릿'하는 전율과 함께 머릿속이 환해지는 효과를 얻는다. 사무실 의자에 앉은 채로 머리를 좌우로, 어깨를 상하로 처음에는 천천히 움직이며, 다리와 팔을 앞으로 뻗은 뒤 흔든다. 30초~1분 정도만 흔들어도 점점 더 리듬을 타 자연히 속도가 빨라지며 진동을 느낀다. 가장 큰 효과는 잡념이 사라진다는 것이다. 우리가 흔히 무엇을 잊고자 할 때, 정신을 차리기 위해 머리를 좌우로 빠르게 젓거나 터는 것과 같다. 우리 뇌는 이미 방법을 알고 있다는 것에 놀라지 않을 수 없다.

2002년도에 단전호흡을 배우고, 뇌 과학에 관심을 가지면서 2013년에 '뇌 호흡'이라는 것을 접했다. 호흡과 진동의 원리를 알게 되면서 외조부께서 하셨던 명상의 원리에 관한 숙제가 풀렸다. 한국뇌과학연구원은 2010년 서울대학교병원과 공동으로《뉴로사이언스레터Neuscience Letters》지에 '뇌파진동명상' 효과를 처음 게재한 이후, 국제 신경과학 및 저명학술지에 잇따라 연구 결과를 제시하며 한국식 명상 연구를 주도하고 있다. KAIST 명상과학연구소 역시 명상공학Meditation engineering의 메커니즘 효과성 검증 연구하고 있다.[33] 서울 아산 병원을 비롯해 대학병원에서 수행한 연구에서도 뇌파진동 명상이 불안, 피로의 감소와 전반적 삶의 질 향상에 유용한 결과가 나왔다.[34]

'뇌 호흡'에서 뇌파는 뇌의 목소리, 진동을 말한다. 뇌파 진동은 단순한 동작이지만 몸에 얼마나 집중하느냐에 따라 체험의 깊이가 다르며 생각, 감정, 무의식이 수직적으로 통합을 경험하게 된다. 앞에서 이순신 장군의 직관력을 설명하면서 언급했던, 뇌의 3층 구조(생각:대뇌피질, 감정:변연계, 무의식:뇌간)의 에너지가 통합되는 체험을 돕는 뇌파진동 기본 및 응용 동작이 있다. 뇌파진동 명상법은 한 민족 고유의 선도 수련 원리(기체조, 호흡 행공行功, 명상 단계)에 기반한 훈련법으로 동적 명상과 정적 명상이 혼합하여 체계화한 것이다.

하루 1분에서 10분을 투자한다

반가부좌나 의자에 앉아 허리를 기대지 말고 반듯하게 세운다. 처음에는 한 번 움직일 때 3초간 고개를 천천히 돌린다. 동작이 반복되면 몸이 리듬을 타며 자연히 점점 강해진다. 필자의 경험상, 1분 타이머를 해 놓고 시행해 본 결과, 리듬과 진동을 느끼며, 생각과 감정 차단 효과로 좀 더 빨리 일에 집중할 수 있었다. 일정 이상의 진동과 리듬을 느끼기 위해서는 짧게는 1분에서 길게는 3분 정도 고개 상하 돌리기를 반복한 후 서서히 멈춘다.

뇌파진동명상BWV;Brain Wave Vibration meditation을 시작할 때는 뇌도 뇌척수액에 떠서 살랑살랑 흔들리고 있다고 상상한다. 리듬을 타다가 어지러움을 느낄 수 있는데 이때는 아랫배를 토닥토닥 두드린다. 가슴이 답답한 경우에는 '아~' 하는 소리를 내며 양손으로 가슴을 두드린 후 진동을 시작한다. 입을 꽉 다무는 것보다 살짝 벌린 채로 하면 호흡이 자연스럽다. 장소나 상황에 맞게 방법을 선택해서 습관화하면 효과적이다.[35]

나는 아침 기상하기 전에 누워서 팔과 다리 들어 흔들기, 업무를 시작할 때 머리와 어깨 흔들기를 하며, 오후 나른할 때는 일어나서 어깨와 몸을 상하로 들썩이는 동작을 하고, 잠자리에서는 누워서 양 발끝 부딪히는 방법으로 간단하게 매일 시행한다. 장시간 서서 하는 강의와 기획업무로 뇌의 압박감과 피로를 느끼거나, 책상에서 컴퓨터

작업이 워낙 많아 눈, 손가락, 목, 어깨, 척추에 항상 무리가 많이 간다. 내 몸을 달래고 주요 과제에 집중하는 방법으로 외조부께 배운 호흡법과 '흔들기', '울림'을 이용한 진동법, 정형외과와 재활의학과에서 처방받은 스트레칭, '단전호흡'과 '뇌 호흡' 교육센터에서 훈련하는 '뇌파진동'을 포함해서 실천하고 있는 동작을 다음과 같이 압축했다.

<생각과 감정을 끊는 '뇌파 스윙' 명상법>

순서	종류	내용
1단계	아침 기상 (1~3분)	1단계: 기지개를 천천히 켠다. 2단계: 숨을 짧게 들이마시고, 길게 내쉰다. 3단계: 누운 채로 양팔과 양다리를 위로 들어 흔들어 턴다. 4단계: 몸을 옆으로 돌려 서서히 일어난다. 5단계: 잠시 자리에 앉아 낮고 길게 '아~'소리를 배에서 끌어와 울림을 느낀다. *'울림 시간' : 호흡에 맞춰 편안하게 소리를 길게 내며, 뇌파 울림이 느껴지도록 여러번 반복하면 효과가 배가됨. *5단계를 생략하고 고양이 요가 자세로 마무리해도 좋다.
	낮 일상 업무 시작 (1~3분)	◎한 가지만 선택해도 좋고, 돌아가며 네 가지를 다 하는 것도 좋다. 방법1) 눈을 감고, 고개를 좌우 서서히 돌리다가 점점 속도를 내며 리듬을 타기 시작하면 좌우상하 함께 돌리기 *고개 좌우 돌릴 때 목에서 사각사각 소리가 날 수 있음. *목디스크가 있는 경우 머리를 상하로 끄덕이며 흔드는 동작은 생략할 것. 방법2) 팔을 아래로 내리고 어깨를 상하로 들썩들썩 리듬 타기 *풍물놀이 상모돌리기처럼 일어나서 상하 좌우로 머리, 몸 전체를 흔들면 리듬이 더 강하게 일어남. 방법3) 의자에 앉은 채로 두 팔과 다리를 앞으로 뻗어 흔들기 방법4) 양손을 기도하듯 모아 위아래로 반복적으로 낙하시켜 흔들어 리듬 타기 *재활의학과의 스트레칭 법으로 어깨 회전근 강화됨. *손바닥 사이 느낌에 집중, '뇌파진동, 뇌파진동' 소리 내어 시행하면 생각 끊기 더 효과 있음.(※방법 4: 뇌파 이용한 '뇌 호흡' 교육에서는 말 소리를 내며 시행함.)

173

1단계	잠자기 직전 (1분~ 3분)	누워서 발끝을 부딪치며 미세 전류를 느껴본다. *온몸에 미세한 전류가 느껴진다. 뇌에 자신이 원하는 질문을 던진 후, 잡념을 끊어낸다. *숙면효과가 탁월하다. 다리근육이 힘들어지면 쉬었다 다시 하면 된다. 3회 정도 반복한다.
2단계		서서히 동작을 마무리하며 아랫배 단전에 집중한다. *고요해지면 우리 몸 뇌, 혈관, 심장, 팔과 다리, 손끝과 발끝에 집중하며, 다시 단전(배)에 집중.
3단계		빠르게 들이마시고, 내쉬는 숨을 길게 내쉰다. 3회 반복한다. *흉식호흡: 뇌 환기하고 싶을 때 *복식호흡: 안정감과 깊은 명상에 들어가고 싶을 때
4단계		원하는 모습과 이루고 싶은 것을 상상하며 마무리 명상을 한다. 매일 습관화하면 감각을 깨우고 직감과 직관적 사고에 도움이 된다.

2단계 '자기장' 명상: 에너지를 모아라

"생체전기는 여러 생물학적 과정으로 생겨나는 미세한 에너지로 신경섬유를 통해 우리 몸에 전기신호를 전달한다. 신경 이외에도 피부 점막 또는 망막 등의 상피조직이나 샘腺등에서는 물질의 능동적 또는 수동적인 수송이나 분비 등과 관계있는 전위가 기록된다."

[위키백과, 생체전기]

한국표준과학연구원 박용기 박사에 따르면, 인체의 전기활동은 이온전기 활동으로 뇌신경세포, 심장근육세포, 척수신경세포 등에 흐르는 이온전류에 의해 자기장이 발생한다고 말한다.[36]

우리 몸에서 자기를 가장 많이 띠는 곳은 바로 '뇌'이다. 이러한 뇌와 몸의 자기장에 영향을 주는 것은 마음이다. 우리가 폭 좁은 생각과 시야로 단단히 울타리를 쳐서 고정할 때 직감과 직관은 멀어진다. 창조 단계로 가지 못하고 무기력해진다. 직감과 직관력을 키운다는 것은 의식의 초점을 정확히 목표에 집중하도록 에너지를 모으는 것이다. 뇌는 하던 습관대로 처리하려는 관성이 있기에 이겨내도록 반복 훈련해야 한다.

중학교 과학 시간 후 친구들끼리 한 번쯤 누구나 해보았을 것이다. 바로 손바닥을 이용해 자석처럼 에너지를 느끼며 신기해했던 기억이 있는가? 이제는 생활에서 자주 시도해 보자.

눈을 감고 양 손바닥을 마주 보게 한 후, 손바닥 자기장에 집중한다. 숨을 들이마신 후, 내쉬면 양 손바닥이 서로 끌어 당겨진다. 단전에 중심을 잡고, 메시지나 이미지가 둥둥 떠다니듯 떠오르면 구름 지나가듯 내버려둔다. 자세히 보려하지 않으면 곧 잡념이 사라진다. 들이마시면 다시 양손두 자연히 벌어진다 생각을 비우고 싶거나, 조급해지는 마음이 생기면 호흡을 가다듬고 의자에서 허리를 펴고 바르게 앉아 신기한 몸의 에너지를 느껴본다. 상상하거나 메시지를 떠올리려고 하지 말자. 무념무상의 평온을 느껴 본다.

일을 시작하거나 집중하기 전, 마음과 머리가 무겁거나 잡념으로 분산될 때 하면 명쾌해지고 차분해지는 효과가 있다. 명상은 현존, 즉 과거가 사라진다. 명상이 깊어지면 생각이 사라지고 그저 존재함은 느낀다. 자신이 한 일을 되돌아보는 것은 성찰이지 명상이 아니다. 뇌파를 흔들고 울리는 것은 명상에 좀 더 수월하게 들어가도록 돕는 하나의 동작이고 체조이다. 이성과 감성을 차단한다. 생각이 들어오면 내보내고, 내보내다 무념 상태가 된다. 깊은 상처나 죄책감, 억누른 감정을 자연스럽게 흘려보내고 긍정적 방향으로 나아가게 한다.

'내적 진동'으로 워밍업하기
_슬로 마인드 리딩

우리는 바다 위의 섬들과 같이,
표면에는 떨어져 있지만 깊은 곳에서는 연결되어 있다.
_윌리엄 제임스

1단계 마음 챙김

내면에 귀 기울여 바라보는 직관적 통찰(알파파와 세타파)은 우리가 집중하는 이 순간에도 얻을 수 있지만 많은 사람의 경험에 따르면, 행동과 생각을 잠시 멈춘 사이에 예고 없이 온다. 마치 온천수가 세차게 치솟는 것처럼. 재생에너지 상태, 즉 잠이나 휴식, 이완, 충분한 영양을 취한 상태일수록 직관적 깨달음으로 긴급한 상황에 냉철함을 유지하며 흔들림 없이 결단을 내릴 수 있다. 고정관념이나 인과관계 오류, 고집스러운 태도를 버리고 나선형 사고(혁신이 단선적으로 동일하게 진행되는 것만이 아니라, 때로는 가속을 얻기도, 때로는 이진 단계로 돌아갈 수도 있다고 보는 사고)가 필요하다.

갈수록 '보이는 영역'과 '보이지 않는 영역'을 넘나드는 의식 수준에 대한 필요성이 높아지고 있다. 구글은 2007년 '구글 프로그램'을 실행하여 실무적인 마음 챙김, 감성 지능 및 리더십 도구를 통해 직장과 생활에서 최대한 잠재력을 발휘할 수 있게 돕고 있다. 이후 독립 비영리 단체 SIYLI(Serch Inside Yourself Leadership Institute, 2012)를 설립한 후 신경과학과 더불어 세계 전문가들이 혁신적인 경험을 지원하며 더욱 활성화하고 있다.

이 가운데 '마음 챙김'은 하루 중 5초, 10초 찰나를 통해 세 번의 호흡(숨쉬기>몸과 마음 상태 알아차리기>나의 반응 선택하기)으로 이 순간 나와 주변에서 일어나는 것에 주의를 기울이는 방법이다.

이러한 캠페인들은 제너럴 밀스General Mills, 골드만 삭스Goldman Sachs, 구글, 애플 및 나이키를 포함해《포춘》지 선정 500대 조직에서 직원 개발의 필수 요소로 자리 잡고, 전 세계 다른 기업과 비영리 및 정부 기관으로 확대되었다. 국내 역시 대기업과 스타트업 생태계를 중심으로 관련 행사들이 진행되고 있다.《하버드 비즈니스 리뷰》는 뇌 활동이 변연계(감정)에서 전전두엽 피질(판단)로, 기본적으로 뇌의 반응 부분에서 뇌의 합리적인 부분으로 방향이 전환된다고 보고했다. 이 말은 속도에서 깊이로 전환했다는 것을 의미한다. 이 연습이 오히려 '번뜩' 하는 직감과 직관을 크게 키울 수 있다.

이러한 변화로 인해 우리는 충동적인 '모든 것에 반응하는 방식을 변화'시키고자 한다. 바로 '마인드풀니스mindfulness', 우리말로 '마음 챙김' 명상이다. 옥스퍼드대학교 불교연구센터에 따르면, "사티Sati라는 단어는 수타sutta와 전통 불교 해설 모두에서 사용되는 '기억'의 의미를 포함한다. 기억력이 없으면 마음 챙김의 개념을 제대로 이해하거나 적용할 수 없다."[37] 한국 불교에서는 간화선看話禪, 즉 잘 살펴보기 위해서는 의심하는 상태를 계속 유지하는 것을 정념正念이라고 한다. 의심이 끊어지면 안 되며, 잠을 자며 꿈속에서까지 이어지는 것(몽중일여, 夢中一如)을 말한다. '의심한다'라는 말은 곧 '깨어 있다'라는 뜻과 매우 유사하다.[38] 이것은 아이디어를 떠오르게 하는 방법이지 다음 생각을 내보내는 무념무상의 명상과는 다르다는 점을 구분한다. 그래서 〈내 안의 직관을 깨우는 9가지 방법〉의 워밍업으로 감정과 생각을 차단하는 '뇌파 스윙'과 '자기장' 명상을 말하고, 다음 단계로 본격적인 직관력을 깨우는 '마음 챙김'과 정념正念하는 '슬로우 마인드 리딩'을 단련할 것이다.

2단계 슬로 마인드 리딩: 직관 리딩(Intuition Reading)

소설 속 명탐정 셜록 홈스는 '마음 챙김'으로 단서를 연결해 문제를 해결했다. 쉽게 말하면 바로 '직관 리딩Intuition Reading'이다. 셜록 홈스 TV시리즈를 보았다면 그가 돋보기로 현장 검증 후 사무실로 돌아와 소파에 누워 눈 감고 몰입하는 장면이 기억날 것이다.

이제 씽킹Thinking이 아닌 리딩Reading을 말하고자 한다. 독심술이 영어로 마인드 리딩(Mind Reading, 영어권에서는 Cold Reading:정신의학과 치료기술, Hot Reading:마술공연으로 용어 사용)이지만, 이 책에서는 슬로 마인드 리딩SMR, Slow Mind Reading을 '느릿느릿 마음 읽기(보기)'로 명명하고 해석하기로 한다.

독심술은 원격 감응의 일종이다. 감각기관에 의지하지 않고, 육감 등으로 상대의 생각이나 감정을 알아내는 것으로 정신적인 수련을 통해 얻을 수 있다. 관심법 역시 남의 생각을 읽어내는 능력이지만, 원래 뜻은 자신의 내면을 들여다보고 성찰해 본래 자신의 마음자리로 돌아가는 것이다. 사실 행동과학과 심리학에서는 결국 자신을 읽을 줄 알게 되면, 다른 사람은 자연히 읽히는데 마음의 원리를 터득하게 되면서 가능해지는 일이라는 것이다. 독심술 오류로는 상대가 자신에게 잘해 줄 때 이를 상대가 뭔가 숨기고자 하거나 자신을 조종하려 한다는 증거로 해석하는 경우다. 자신의 마음은 자신이 가장 잘 안다고 하지만 자신에 관해서도 진짜 원하는 것이 무엇인지, 무엇을 무시하고 부인하는지 가리는 현상도 일어난다. 꿰뚫기 위해 관찰하고, 자신의 속마음 읽기를 실천해 보자.

뇌파에는 가장 느린 것부터 가장 빠른 것까지 총 네 가지 종류(감마파 제외함. 감마파는 높은 수준의 인지 처리 작업과 관련이 깊음)가 있다. 명상에 사용되는 연주 도구들은 뇌파를 떨어뜨리는 기능을 한다. 가장 빠른 베타파(13~40Hz), 다음은 알파파(8~13Hz), 세타파(4~8Hz) 순이며, 가장 느린 뇌파는 델타파(1/2~4Hz)이다. 자기중심적 에고에서 탈피되는 순간이 세타파이다. 내적 성찰은 외부 자극이 차단되면서 뇌파가 베타파(분주한 정신 활동과 흥분된 각성 상태)에서 알파파(가벼운 명상, 휴식, 운동, 예술적, 직관적 작업)를 거쳐 세타파(깊은 명상, 영감, 심층 기억, 신비한 직관적 인식, 잠의 첫 단계로 해방감, 황홀감이 느껴짐)로 내려갈 때 나타나는 현상이다. 델타파는 가장 큰 진폭을 가지며 깊이가 있고, 꿈 없는 잠과 관련이 있는 뇌파이다. 흥미롭게도 아기와 어린아이들에게서 매우 일반적으로 발생한다.[39]

잉카 예언자들은 "금속과 같이 차가운 철의 시대가 지나고 황금시대에 우리는 3차원을 넘어 4차원 수준의 의식으로 진입하게 될 것이다."라고 말했다. 현대인들은 과도한 정보로 집중력이 퇴보하고, 단기 기억의 망각은 더 빨라졌으며, 동기가 결여되고, 방향성을 상실해 가고 있다. 이 풍요로운 첨단시대에 피로감을 호소하고, 우울증과 분노 장애, 불면과 공황장애를 겪는 사람들이 증가하는 이유는 무엇일까? 끊임없이 지식을 습득하고 논리 오류에 집착하며, 논쟁이나 대립, 비난이 증가하고, 간접소통의 언택트 사회가 되어가고 있다. 생각이 너무 많아 생각할 수 없는 지경에 와 있다. 우리 몸은 무엇이든 과잉 상태다. 사람들은 자신의 정신과 몸을 정화하길 원한다. 생각하려면 자신을 온전히 느껴야 한다.

'자아^{ego}'는 자기 자신에 대한 의식이나 관념이다. 사람들은 자아라는 적을 없애면 세상이 다 끝난 줄 아는데 그저 뱀 허물 벗기일 뿐이다. 고전을 읽으며 구두점에서 숨을 돌리고, 각각의 구절을 음미하며 읽어보라. 지금 이 순간에 머물면 머릿속이 유연해진다. 문득 아이디어가 떠오르거나 결심이 설지도 모른다. 혹은 깨달음과 활력을 주어, 결정을 내려야 할 일에 답을 줄 수도 있다.

확장된 자기^{self}로 거듭난다. 낡은 습관을 버리고, 자신이 가진 불신과 욕망과 과시, 공허한 이야기, 약점을 감추려 하지 않는다. 자기 합리화와 이기적이고 오만한 자기중심의 에고를 떠나보내며 참된 내면에서 휴식한다. 텔레파시, 투시, 영적 치유 등에 익숙해진다. 자신을 닦달하지 않으며 고요히 사유하고, 묵묵히 일하지만 깨어 있으며 차분해진 자신과 마주한다.

내면을 바라보는 느리게 읽는 내적 진동을 통해 이 순간 필요한 것들을 의식하고 선택하고 결정한다. 인생을 바꿀 수 있는 시점이 있었는가? 앞으로 자신의 인생을 바꿀 시점이 올 거라고 믿는가? 흔히들 기회가 올 때 잡으려면 평소에 준비를 하라고 말하지만 좀처럼 기회가 자주 오지 않는다고 여긴다. 시간 자체가 기회임에도 불구하고 그 사실을 망각한 채 우리는 그렇게 기회를 흘려보낸다. 심지어 어떤 일이 벌어지든 시간이 약이라며 흘러가는 대로 맡겨두자고 결정을 미룬다. 이는 결정에 대해 지나치게 두려움을 가지고 있기 때문이다.

사람들은 일과 일상에서 수시로 생각 정리와 인과 분석을 위한 모니터링, 문제해결 방안을 세워 생각이 항상 많다. 선택을 하고 결단을 내리는 일이 모두 평생 하는 일이지만 늘 쉽지 않은 일이다. 머리는 눌린 듯 두통이 오고, 위는 경련을 일으키곤 한다. '통찰' 유레카 전구가 켜지기 전까지 상당히 괴롭다. 수많은 경험과 경력이 쌓이면서 물론 눈감고도 하는 수월한 부분도 많아지겠지만, 우리가 겸허해야 하는 것은 어떠한 상황이라는 것이 독감 바이러스처럼 돌연변이가 일어나고, 악성 암처럼 전이될 수도 있으며, 진화될 수 있다는 사실이다. 새로운 결과물을 매번 생산해 내는 과정은 고통을 수반한다. 그럴수록 상황과 감정을 인지^{Being Doing}하고, 탁하고 해로운 것은 끊어내는 연습^{Stop Doing}을 하며, 우리 몸과 정신의 균형 에너지를 지속해서 모으는 것^{Continue Doing}이다. 이 세 단계는 직감을 감지하고, 직관이 발휘되도록 돕는다. 시어도어 루스벨트는 다음과 같이 말했다.

"결정을 내릴 때, 당신이 할 수 있는 최선은 옳은 일을 하는 것이다. 그리고 차선으로 할 수 있는 것은 틀린 일을 하는 것이다. 그리고 당신이 할 수 있는 최악의 행동은 아무것도 하지 않는 것이다."

열린 마음으로 자신을 신뢰하고 발견과 창조에 집중한다. 마음 챙김은 우리가 어디에 있고 무엇을 하는지를 인식하고, 우리 주변에서 일어나는 일에 지나치게 반응하거나 압도당하지 않고 온전히 존재하는 기본적인 인간 능력이다.

'명상'은 몸에서 시작하고 몸에서 끝난다. '마음 챙김'은 우리의 현재 위치와 진행 상황에 주의를 기울이는 데 시간이 걸리며, 그것은 우리 몸을 인식하는 것으로 시작된다. 자신이 어릴 적 무엇을 잘했는지, 어떤 일에 진심으로 열정을 느끼는지, 자신의 가치가 발휘될 곳은 어디인지, 무엇을 당장 멈추어야 하는지, 무엇을 지속해야 하는지를 묻는다.

눈을 감고 깊은 호흡을 하며 자신에게 천천히 물어보자. '직관 리딩'은 집광 레이저로 초점을 맞추는 과정이다. 당신 안에 충분한 보기와 읽기가 발생하면 복잡한 사고는 끝나고, 매크로 모드(macro mode:[컴퓨터]여러 개의 명령을 수행하는 반복적인 작업에서 하나의 매크로 명령만으로 효과적인 작업을 수행할 수 있음)인 탁월한 '전략적 직관'의 세계로 진입할 것이다.

방법 1. 나의 직관력은 어느 정도인가
_맥락의 직관법

한때 나를 불안하게 했던 이 풍경의 위대함이
하루하루 내 안으로 스며들어 무엇을 찾았는지도 모른 채
내가 찾고 있던 것을 찾았다는 이해할 수 없는 느낌을 준다.
_미국 자연주의 소설가. 피터 매티슨Peter Matthiessen, 『인간이 태어난 나무』[40]

그간 세상과 자신을 바라볼 때 '맥락 보기'를 충실히 해왔다면 어느 순간은 고도의 직관력을 맞이했을 것이다. 만약 직관 지능을 단순히 본능적인 직감(촉, gut feeling)으로만 평가했다면 이미 직관력을 발휘힐 수 있음에도 불구히고 그냥 께름칙한 느낌 정도로만 여겨 중대한 사안에서 옳은 결정을 외면했을 수 있다. 이제 우리의 삶을 결정하는 직관을 깨우는 방법으로 직시해 보자.

어릴 적 충분히 직감을 발달시키고, 이성과 감성의 조화로운 균형을 배우며, 점차 직관력으로 확장해 왔다면 우리는 자신에게 더욱 유익하고 유쾌하게 올바른 통찰로 결정을 내릴 수 있다. 미련이나 후회

로 최소한 땅을 치는 일은 없어진다. 일부 사람들은 급변하는 지금과 같은 '불확실성' 시대에는 직감이나 직관으로는 부족하다고 말한다. 그 또한 편협하게 직관을 이해한 데서 나온 말이다. 직관은 2, 3장에서 설명했듯이 올바른 이성과 감성의 균형과 쌓아온 경험이 서로 연결되면서 새로운 순간에 발생한다. 맹목적이지 않은 아주 현명한 지혜의 결실이다.

인공지능 시대 '만물의 영장'인 인간에게 직관 지능은 더욱 절실히 요구된다. 직감에 의한 진료는 과잉을 불러일으킬 수 있지만, 직관에 의한 진료는 과잉을 막을 수 있다. 환자의 상태를 직감으로만 파악하는 것이 아닌 정확한 환자 기왕력^{旣往歷}과 정황, 검사와 팩트를 통해 진료한다. 하지만 현장에서는 직감과 검사와 팩트를 한순간에 수행해야 한다. 이것저것 검사를 해보는 대신 직관과 임상 사례(인공지능 의사 왓슨이 전 세계 임상 사례와 논문 정보를 딥 러닝 한다. 의학에 관한 논문은 41초마다 한 편씩 출간된다. IBM 왓슨은 1,200만 쪽이 넘는 의학 논문 300종의 의학저널, 200권의 교재, 수천만 건의 환자 진료를 수집했으며 그 숫자는 갈수록 늘어남)를 통해 검사 시간을 벌 수 있다. 이 세 가지가 역동적으로 진행되면 잘못된 약물 과잉투여와 골든아워 문제를 해결할 수 있다. 그래서 직관력을 갖춘 인간과 광대한 슈퍼컴퓨터 인공지능의 팀워크는 놀라운 결과를 가져온다.

현재 자신의 직관력이 어느 정도인지 알기 위해서는 먼저 자신의 정확한 상태를 파악해야 한다. 특별한 능력이 필요한 것은 아니다. 직관은 사람, 장소, 상황, 일시적인 사건의 옳고 그름에 대해 의식적인 추론 없이도 즉시 이해할 수 있는 능력이다. 직관으로 얻는 통찰력은 문제에 대한 정확한 이해를 얻는 능력이며, 종종 기본 패러다임을 넘어서는 움직임[41]과 관련 있다.

직감과 통찰력 사이에는 중요한 차이점이 있다. 직감은 즉시 발생하며 감정적이다. 통찰에 다다를 의식적·선언적 인식이 없다. 직감을 살피되, 직감에만 의존하지 않고 부지런히 과학적 분석과 논리적이고 비판적인 사고를 통해 직관의 기초를 갈고닦는다.

그 다음이 통찰이다. 오랜 훈련 끝에 얻은 직관과 통찰력은 우리의 감각과 경험의 결실이다. 원자들의 융합으로 혼란을 정리해줄 직관력을 기르고, 통찰의 찰나를 즐기면 된다. 지식과 과거 경험이 풍부한 자신만의 세계관을 가진 사람은 스스로 울타리를 치고 함정에 빠지기도 한다. 그 점에 유의하자.

직관은 지식이나 분석보다 먼저 올바른 답을 안다. 심리상담가이자 인본주의, 자아 초월 심리학 전문가인 프렌시스 보건Frances Vaughan에 따르면, 직관적인 인식은 육체적·정서적·정신적·영적이라는 네 가지 주요 범주에 속하며 서로 독립적으로 사용할 수 있다.

앞서 언급한 바와 같이 대부분 사람은 잠재적으로 위험한 상황에서 벗어날 것을 경고하는 '직감 본능'을 가지고 있으며 어떤 일이 일어날 것 같은 느낌으로 예고해 준다. 일반적으로 이를 직관으로 생각한다. 많은 사람이 자신의 머리에서 드는 두려움의 감정을 직감으로 오인하여 혼동한다. 두려움 속에 사는 것은 우리가 열망하는 직관의 목소리를 듣지 못하게 만든다. 직감을 행동으로 옮기려면 직관intuition이라는 상위단계가 필요하다.

다음은 네 가지 기본적인 직관 지능 계발에 필요한 맥락context 짚는 방법이다. 실험심리학용어사전(2008)에서의 '맥락'은 "주어진 대상 이외에 그 대상과 함께 제시된 모든 정보. 지각, 기억은 맥락의 영향을 받는다. 예컨대 어떤 사건을 회상하거나 재인식할 때, 그 사건이 발생했던 원래 맥락이 많이 제시될수록 기억이 잘된다."라고 정의하고 있다.

첫째, 직감과 직관의 경험을 시각적으로 돌아본다.

어떤 사람들은 다른 사람들보다 직관적인 판단을 더 잘한다. 의식의 세계 꿈(예지몽)이나 직감, 직관을 회피하지 말고, 받아들인 후 정보를 수집할수록 뇌腦와 장腸의 직관적이고 잠재의식적인 부분이 더 많은 작업을 수행한다. 처음부터 바로 분석적 사고를 하지 않고, 직감을 인지한 후 분석적 사고로 검증하여 결정한다. 그렇지 않으면 순식간의 느낌이나 떠오르는 이미지를 기억해 내지 못할 수도 있다.

결정하기 전 조용한 장소로 옮겨라. 그리고 심호흡을 한 후 자신에게 묻는다. "이 거래가 내가 참여하기에 가장 좋은가?" 그 순간의 어떤 섬광Flash이 떠오르는지 지켜본다. 실제 미국의 한 투자가는 침몰하는 타이타닉호의 섬광을 보았고, 자신의 직감에 따라 잠시 멈추고 직관으로 최종 결정을 해서 막대한 손실을 막았다.

직감(제6의 감각: 보이지 않는, 근거 없는, 통제할 수 없는)을 직관(제7의 감각: 보는 순간, 근거 있는)을 수면 위로 끌어내자. 당신은 감각적이거나 직관적인가? 직관적인 사람들은 개념, 아이디어, 패턴을 연결하여 기억하는 것을 선호한다. 그런 다음 해당 개념, 사람, 개체 및 논의 중인 개념과 관련된 특정 정보와 연관된 정보에 접근한다.

다음의 표를 보고 체크하면서, 자신의 과거-현재-미래 경험과 상황을 짚어본다.

과거: 어떻게 기억하는가?

구분	▶ 직관은 연관 기억력에서 시작하여 강화된다.	체크√
잘 기억한다.	중요한 것을 정확하고 세세하게 기억하고, 필요한 기억을 잘 끌어오며, 점을 연결할 줄 안다. 불필요한 것을 식별한다. 망각과 왜곡 없도록 메모하는 습관이 있다.	
기억한다.	사람들이 한 말과 표정, 상황이나 기분, 입고 있던 옷 스타일과 색상, 장신구와 같은 시각 기억, 책이나 영화의 줄거리나 내용, 사건(시간, 장소, 사람, 물건, 분위기, 기분)을 기억한다.	
기억 트리거가 필요하다. Memory Trigger	보통 과거의 기억부터 현재까지 일어난 일을 잘 기억하지는 못하지만 시각, 소리, 촉각, 후각 및 미각의 5가지 감각 중 하나 이상을 통해 활성화되어 당시와 비슷한 감정적 강도로 조각조각 짧게 떠오른다.	
별로 기억하지 못한다.	사물을 기억하지만 직접 참여한 결혼식이나 졸업식과 같은 큰 공식 행사가 아니라면 특정 위치나 장소, 상황을 연결하여 잘 기억하지 못하며 헷갈린다.	

	최근 사람들과 만난 장소와 시간, 집안의 대소사, 가족의 생일 등 가족과의 대화 내용을 기억 못 한다. 기억력과 경청의 부족함을 느낀다.	
기억하지 못한다.		

*외상성 기억(traumatic memories) 트리거 상황은 제외함. 정서 통증을 치료하고, 건강한 기억 트리거 식별이 필요함. 방아쇠 메커니즘(Times, Sunday Times (2011))은 면역계에서 발견된 '도우미' 세포와 관련 있음.

현재: 다른 사람의 감정과 의도를 느끼는가?

구분	▶직관은 공감력과 상황 파악력을 중시한다.	체크√
1	☐ 설명하기 어려운 '촉' 에너지를 선명하게 느낀다.	
2	☐ 다른 사람이 다가와 말하기 전에 무슨 말을 하려는지 느낄 수 있다.	
3	☐ 그 사람의 말하는 의도와 심리 상태를 바로 알 수 있다. (나에게 해가 되는지, 도움이 되는지, 도움을 요청하는지 느낌이 온다.)	
4	☐ 그 사람이 원하는 것을 알아차리고 지혜로운 조언을 한다.	

미래: 직관의 징후(Sign)와 행동은 무엇인가?

구분	▶전문가적, 전략적 직관을 확장해 가고 있다.	체크√
1	☐ 사건 전체 맥락을 숲 보듯이 한눈에 보인다.	
2	☐ 그 일이 일어날 것을 알고 있다.	
3	☐ 사람, 사건, 상황에 긍정적 또는 부정적 에너지를 느낀다.	
4	☐ 사회적 역학관계, 역학적 인과관계를 추론해 낸다.	
5	☐ 심사숙고하지 않아도 바로 즉각 답을 알아내 신속하게 결정한다.	
6	☐ 명확한 비전으로 어려움을 극복할 방법을 알고 있으며, 리더십을 발휘한다.	
7	☐ 분석하지 않아도 가치 있는 것이나 '진짜, 진품'을 단번에 알아본다.	

| 8 | ☐ 새로운 것을 창조해 낸다. | |
| 9 | ☐ 절제력을 갖추고, 극도의 스트레스를 잘 이겨낸다. | |

직감(Gut feeling)과 직관(Intuition) 신호

감정을 억제하는 것이 아니라, 감정과 직감을 식별하고 조절하는 것이 필요하다.

구분	장(腸)이 보내는 신호	체크√
1	☐ 스치는 감정이나 직감과 달리 직관은 미묘한 느낌이 좀 더 오래간다.	
2	☐ 직관은 핵심을 꿰뚫고, 확신이라는 강렬한 느낌을 받는다.	
3	☐ 확신하지 못하는 어려운 결정이나 나쁜 결정을 내리면 장 신경계가 예민해진다.	
4	☐ 욕망, 사랑 등의 열정적인 감정이나 증오, 시기와 질투의 감정은 아니다.	
5	☐ 직관은 논리와 감정의 균형을 이루어 판단력이 뛰어나고 객관적이다.	
6	☐ 피하고 멀리하고 싶거나 화가 난 상태, 우울한 결정을 내릴 때보다 위급한 상황의 결단력이 필요할 때, 긍정적인 기분을 감지할 때 직관적인 선택을 더 잘한다.	

〈유이할 점〉

본능적인 감정과 혼동하거나 착각하지 않도록 직감(gut feeling)을 구분하는 직관력이 요구된다. 감정만 구분해 내면 알 수 없는 힘(직감과 직관)이 알아서 중요한 순간 결단을 내린다.
자신이 해결하고자 하는 이슈나 상황에서 잠시 멀어져 있을 때 엉뚱하리만큼 갑자기 번개처럼 와서 던져 주듯 보여 주기 때문에 그 느낌, 이미지, 아이디어를 바로 시행하거나, 메모해 두면, 일일이 전체를 처음부터 검토하지 않아도 핵심사항을 수정하거나 개선할 수 있다.

직감의 부정적인 느낌	직감의 긍정적인 느낌
기본적으로 속이 불편한 느낌과 의구심	기본적으로 편안한 기분과 확신감
미세한 울렁거림, 속이 답답한, 찜찜한, 절망스러운, 조마조마하고 망설여지는, 이상한, 싱숭생숭한, 조종당하는 듯한 느낌에 감정이 상한, 다른 힘에 밀려 밀어붙이는 듯한, 긴장되고 안절부절못하는, 머뭇거리는, 꺼려지는, 불길한, 머리가 싸한 느낌이 드는, 머리카락이 쭈뼛 서는 듯한, '이건 뭐지?' 하며 귀를 의심하게 되는 듯, 뭔가 냄새나는, 캄캄해지는 듯한, 바꾸고 싶은, 결정을 뒤로 미루고 싶은, 막연하고 불안정한 기대감. 가슴과 위와 장, 몸의 압박감.	차분하고 느긋한, 확신에 차 확고한, 자신감에 찬, 가슴이 벅차오르는, 반가운, 좋은 느낌으로 이끌리는, 신비한, 홀가분한, 긍정적인 이미지가 느껴지는, 마음이 가볍고 상쾌한, 믿을 만한 만족스러움, 충만한 느낌, 속이 편안한, 성공적 실행이 보이는, 밝은 빛을 맞이하는 기분.

둘째, 직관적 통찰intuitive insight을 줄 지각 패턴을 인식한다.

최근 '직관, 통찰력 및 우반구: 더 높은 사회 인지 기능의 출현' 관련 연구에 따르면, 직관은 "지식의 영역과 그 구조에 대한 친숙성에 달려있다."고 지적한다.[42] 이것은 인지 심리적 전문 지식과 일치하는 정의다. 직관 능력은 특정 영역 내에서의 경험과 학습을 통해 획득되며 실제로 지각 패턴 인식 프로세스와 관련이 있다.

고도로 숙련된 직관자intuiters들은 각 정보의 감정적인 돌출에 대한 정보와 함께, 즉각적인 기억에 지식의 패턴을 세트로 유지할 수 있는 것으로 밝혀졌다. 예를 들어 체스 마스터는 장기 기억에 50,000개의 체스 패턴을 저장할 수 있다. 베테랑 강력계 형사가 수사 경험과 기술 컬렉션을 바탕으로 용의자의 진실성에 관한 고유의 직감을 가질 수 있다는 점이다.[43]

직관적인 행동과 전문적인 경험 사이의 관계를 통해 독창적인 능력이 만들어진다. 직관과 전문 지식이 일치하는지를 체계적으로 연구한 결과를 보면 특정 지식 영역의 진정한 전문가가 되기 위해서는 숙련된 팀과 함께 10년 이상의 경험과 헌신적인 연습이 필요하다고 보고하고 있다. 마지막으로 유레카 또는 '아하' 통찰의 순간에 대한 재조명이다. 가장 초기 통찰 이론은 통찰insight이 직관intuition에 선행되기도한다는 것을 직접적으로 언급했다.[44]

결론적으로 확신을 주는 직관적 통찰은 의식적인 논리적 추론 과정이나 섬광과 같은 직관의 직접적인 느낌 사이, 중간 단계에 찾아오기도 한다. 합의점을 이루는 순간에 터진다.

셋째, 정기적으로 저널Journal을 쓰고 메모를 한다.

메모는 맥락적 기억력을 높이고, 글쓰기는 직관력을 발휘하는 훌륭한 방법이다. 더 많은 통찰력이 요구되는 최근 상황에 대해 생각해 본다. 그 사건에 초점을 맞추고 떠오르는 생각에 주의를 기울인다. 문제를 풀고자 할 때 떠오르는 단어와 구절을 A4 하얀 용지에 적어내려가보거나, 연상되는 해결방법의 키워드를 생각나는 대로 가급적 시각적으로 나타내어 본다. 또한, 사람들이 당신에게 말하기 전에 상대가 하려는 말과 마음을 읽어내는 메시지가 떠오르는지 살펴본다. 최근 글로벌 IT기업들이 회의에서 파워포인트 보고서보다 하이퍼링크를 달아 자료를 공유하고, 한 장에서부터 여러 장의 리포트로 출력형식을 선호하는 이유다.

넷째, 창의적 시각화, 즉 상상력을 사용하여 원하는 것을 만든다.

의사결정을 할 때 직관을 사용하여 그 결과가 어떻게 될지 알아보는 데 효과적이고 안전한 방법이 상상 시뮬레이션이다. 샤크티 가웨인Shatki Gawain은 그의 저서 『창의적 시각화Creative Visualization』, 『직관 개발Developing Intuition』에서 창의적인 시각화 실습으로 새로운 창의력을 발휘할 수 있다고 했다. 역시 익숙함에서 벗어나, 남들이 쉽게 보지 못한 점을 파악하는 능력을 갖추도록 함인데 이는 직관intuition과도 연관이 있어서 근육을 단련하듯이 훈련하면 기를 수 있다.

직관력과 통찰력을 발휘하는 사람은 부자데vujàdé를 잘해야 한다. 부자데란 데자뷰(déjàvu:이미 본 듯한 느낌의 기억의 착각)의 반대로, 이미 잘 알고 익숙한 것에서 새로움을 찾아내는 것을 말한다. 이러한 훈련을 통해 평범함 속에서 독특한 아이디어나 누구나 알지만 시도하지 않았던 사업 아이템을 찾기도 한다.

방법 2. 우리 뇌가 가진 미스터리에 대한 이해
_거울 뉴런

다른 사람의 눈으로 보고, 다른 사람의 귀로 듣고, 다른 사람의 마음으로 느끼자.
_알프레드 아들러Alfred W. Adler

우리 안에서 일어나는 미스터리mystery를 적절히 다스리면 놀라운 변화가 일어난다. 직관은 순간적으로 본질을 포착하는 힘이다. 하지만 아쉽게도 평범한 직관을 뛰어넘는 고도의 직관은 일시적으로 경험한다. 오랜 시간 깊징과 논리적 구조의 과정을 거치고 나면 다른 도야이 일어난다. 규칙을 완전히 이해한다는 것은 보이지 않는 '확신'의 연결고리가 보이기 시작함을 말하며, 연결된 퍼즐을 자유롭게 흩트리다가도 이내 올바른 방향으로 맞추는 데 능숙해지는 것을 말한다.

사람들은 생활하면서 자신의 감정이나 생각, 의견을 다른 사람에게 어떻게 전달할까 셀 수 없이 머릿속에서 구성하며 결정한다. 인간의 시각 체계는 눈이 옆에 달린 여타 동물과 달리 초점을 맞춰 집중하는 능력이 있다. 인간의 뇌는 순식간에 주의력을 모아 대상을 관찰하고, 패턴을 인식하고, 일반화하며, 일어날 일을 인과관계로 예측해 낸다. 이러한 시각 체계 말고도 사회적 체계를 이룬다. 긴밀한 대인관계를 만들며 집단 지성을 발휘해 사회적 신호를 해석한다.

직관은 앞으로 무슨 일이 일어날지를 예감하게 하는 감정을 생산하며, 우연에 의지하지 않는다. 아주 짧은 순간에 얻은 인상만으로도 앞으로 일어날 일에 어떻게 대처해야 할지를 전달한다. 이는 무의식적으로 신체감각에서 거울 뉴런을 활성화하기 때문이다.

신경과학의 위대한 발견이라 평가되는 '거울 뉴런mirror neuron'은 1980~1990년대에 이탈리아 파르마Parma에 있는 대학에서 자코모 리촐라티Giacomo Rizzolatti와 그의 팀에 의해 발견되었다. 짧은 꼬리 원숭이 실험에서 원숭이에게 다양한 동작을 보여 줬을 때 따라 하는 것을 관찰했다. 이는 원숭이의 하전두피질(아래이마겉질, inferior frontal cortex)과 하두정피질(아래마루겉질, inferior parietal cortex)에 있는 신경세포의 대략 10% 정도가 '거울'과 같은 특성이 있으며 손으로 어떤 행위를 하거나 다른 대상의 행동을 관찰할 때 반응하기 때문이다.[45]

거울 신경 체계가 인간에게도 존재한다는 주장은 fMRI(기능성 자기 공명영상장치), TMS(두개골 자기 자극), EEG(뇌전도) 같은 장치와 행동 관찰을 통해 확인되었다. 뇌에서 인간이 특정한 행동을 하거나 다른 대상의 행동을 관찰하는 동안 활성화된다. 거울 신경세포는 다른 동물의 행동을 "거울처럼 반영한다mirror." 한마디로 거울처럼 보는 대로 따라 하려는 속성이다. 그것은 관찰자 자신도 상대와 같은 행동을 하는 것처럼 느낀다는 뜻이다.[46]

사람은 주변 사람들과 분리되어 있지 않다. 신경 생리학적 척도 연구에서 여성 참가자가 남성 참가자보다 직접 대면할 때 정서적 관점을 취하는 데 더 강한 운동 공명(반응을 바로 보여 주는 현상으로 다른 사람을 따라서 하품하기 등을 예로 들 수 있다)을 보였지만 최근 연구 결과에 따르면 다른 사람의 감정을 인식할 때는 남녀 모두 매우 유사하며, 중요한 차이가 없었다.[39]

논리 설득이나 의사결정에서도 거울 뉴런과 같은 체계를 이해할 필요가 있다. 자신과 상대의 논증을 평가하기 위해서는 상황을 비추어 봐야 하기 때문이다. 다른 사람이 표하는 의견과 두려움에 휘둘리지 않도록 논리 인식(타당성과 개연성)을 높이도록 공감력을 키우기 바란다. 그런데 공감共感과 동감同感은 다르다. 비판적 사고는 공감이지 동감이 아니다. 논리적 사고는 유연한 사고를 통해 인식을 확장하는 도구인 유추 기능이 필요하다. 인간의 진화된 전두피질에 밀집되어 있는 뇌의 신경화학물질인 옥시토신이 분비될 때 공감 능력이 강화된다. 옥시토신과 더불어 우리가 '거울 뉴런'을 통해 타인을 공감하고 배우는 능력은 자신을 들여다볼 수 있는 성찰의 기회를 준다. 괴테가 말한 "우리 자신을 볼 수 있는 가장 좋은 거울은 다른 사람들이다."처럼 논리와 감성의 균형을 이루고 직관력을 계발하는 데 중요한 인간의 신경 능력이다. 얼마나 많은 사람이 거울에 비치듯 타인의 행동에 영향을 쉽게 받는지 알 수 있다.

머리로 싸우려거나, 가슴으로 울컥하며 억울해하지 말고, 뱃심에서 나오는 여유로 상대를 바라보자. 상대의 '거울 뉴런'에 에너지를 보내는 법이다. 상대를 좌지우지하며 고치려 들려고 하지 말자. 물론 법으로 풀어야 하는 문제가 아닌 일상에서의 상황을 말한다. 일상이든 재판장에서든 비난, 간섭, 고집, 배타적인 태도는 올바른 직관력을 갖추는 데 악순환을 가져온다.

수학, 물리학, 천문학, 전산 과학, 통계학, 계량 생물학 분야의 출판 전 논문을 수집하는 웹사이트 아카이브에서 2018년 9월 말에 흥미로운 실험이 발표됐다. 다른 사람 꿈에 들어가 '생각 심기'를 시도하는 영화 〈인셉션〉까지는 아니어도 두뇌와 두뇌 사이의 인터페이스가 '두뇌 연결 소셜 네트워크'를 구성한다는 것이다.

미국 워싱턴주 시애틀에 있는 워싱턴대학교^{UW}의 안드레아 스토코 Andrea Stocco 연구팀은 세 사람의 두뇌에서 나오는 신호를 연결, 고전 컴퓨터 게임인 테트리스^{Tetris}와 유사한 게임을 하는 데 성공했다. 송신자들은 EEG(뇌전도 검사)를 통해서 서로 다른 신호를 생산해서 수신자에게 보냈다.[48] 테트리스 게임 성공률은 81%를 기록했다.

전문가들은 이 연구가 '사람들의 생각을 공유할 방법을 제시한다는 점'에서 매력적인 발상이라는 평가를 하고 있다.[49] 여러 컴퓨터를 연결해서 공유하는 것처럼 물리학자들과 신경과학자들은 사람의 생각을 다른 사람의 두뇌에 전달하는 방법에 관한 연구를 진행해 왔다. 소위 말하는 두뇌-두뇌 소통을 현실로 구현하려는 노력이다. 말하지 않아도 두뇌 협업을 이룰 수 있다. 시공간을 초월한 원격회의나 원격근무에서도 이를 활용할 수 있다면 아이디어 구상에 시너지를 더욱 폭발적으로 낼 수 있을까?

마지막으로 거울 뉴런의 미스터리를 확대해서 활용하는 방법이다. 거울 뉴런의 작용이 직관력을 키울 수 있을까? 주변 환경의 변화를 감지하는 문제를 말한다. 가정이나 직장, 사회에서 뭔가 큰일이 발생할 것 같은 이상한 느낌이 들 때 어떻게 판단하고 행동해야 할까? 직관지능 전문가들은 불행을 감지하고 방지하는 훈련을 하라고 말한다. 그 가운데 올바른 직관을 가져올 인성을 계발하라고 강조한다. 또한 평소 인과관계를 질문하며 사고하면 감각이 더욱 예리해지며 직관 지능도 더욱 발달한다.

우리는 자연과 동물과 생명체들의 초감각과 움직임을 알아 둘 필요가 있다. 수많은 연구와 실제 발생 사례를 보면, 결코 우연이 아니다. 일본의 고베 지진, 중국 쓰촨성 지진, 페루산맥 지진, 이탈리아 아킬라 지진 모두 일어나기 수일 전에 동물의 이상행동이 발견되었다. 수십 초 전 초단기 동물 반응은 너무 짧아 지진경보로 쓰기 어렵지만, 지진 수 시간 혹은 수일 전에 동물들이 이상행동을 보이는 것은 미리

경보가 가능하다. 철새들은 뇌의 자기장을 감지해서 방향을 잃지 않는다. 독수리는 4킬로미터 거리의 먹이를 찾을 정도로 후각이 발달해 있다. 개구리는 습도를 감지해 비가 오기 전 울음으로 신호를 보내며, 개미의 더듬이는 후각과 진동 감지 능력이 인간보다 500~1,000배 민감하다.

본능은 반응이다. 반응은 두려움에서 발생한다. 알려지지 않은 것은 즉시 위협으로 간주한다. 동물들은 수억 년 동안 지진에서 살아남기 위한 감각을 진화시켰다. 생존에 관련한 행동을 기억 등록하여 자손에게 전달한다. 본능은 처음에는 생리적 수준에서만 작동하지만, 진화하면서 상황은 극적으로 바뀌었다. 국가와 사회의 움직임, 경쟁 기업의 움직임, 조직의 움직임, 가정, 개인도 마찬가지다. 조짐이라는 것은 좋거나 나쁜 일이 생길 기미가 보이는 현상이다. 전체 흐름 속 뛰어난 공감력으로 징조를 직관하고 조명해 봐야 한다.

높은 지적 사고력을 가졌다고 해서 정상을 케이블카 타고 손쉽게 다다를 수 있는 것은 아니다. 논리와 창의에 필요한 유추는 자신이 알고 있는 지식에 새로운 정보를 대응시키는 과정에서 발생한다. 창의적 인물들이 만들어낸 결과물은 위대하지만 그것을 도출한 사고의 원리는 비교적 단순하다. 인간이라면 누구나 본질적으로 비슷한 두뇌를 지녔다. 그렇다면 자신의 미스터리한 뇌를 활성화하기 위한 가장 근간이 되는 것은 무엇일까? 바로 특정한 분야에 대한 강한 호기심과 관찰, 논리적 사고의 깊이에 따라 그 결과가 달라진다. 탁월한 성과를 내기 위해 가장 근간이 될 탐구 체계 원리를 알려주는 것은 논리이며, 직관은 나아가야 할 길을 알려준다.

　인공지능 시대 인간은 더욱 기술 의존적 성향을 보인다. 풍요로운 기술이 있으니 개인들은 힘들게 연구하고 탐구하는 자세를 갖기 어렵다. 점차 소극적으로 변하고, 사회적 규범이나 관습을 평가 없이 그대로 받아들인다. 그러니 자신의 삶에서 탁월함은 요원해지고 그로 인해 정서에까지 영향을 미친다. 논리적·비판적·창의적 사고로 삶을 주도하기 위해서는 다음 두 가지가 중요하다.

　첫째, '미스터리'한 뇌의 사고 구조를 이해하자. 우리 신체 생리 해부학적 연결체 원리와 신경과학을 앎으로써 객관성을 얻을 수 있다. 평정심을 갖는 게 훨씬 수월해진다. 수많은 과학자와 예술가는 뇌의 사고 과정을 결정하는 내면의 목소리에 귀를 기울였다. 둘째, 지극히 평범한 일상에서 세상사까지 풀어야 할 과제들을 찾아 논증하고 해결한다. 지성은 논리에서 시작해 직관력이 상상력과 창의력으로 이어져 갈무리된다.

　이러한 정신적 능력을 통해 삶의 다양한 패턴을 만들어내는 즐거움을 창조한다. 일상생활에서 우연의 일치, 놀라운 연결 및 즉각적인 직관이 얼마나 자주 발생하는지에 대한 예리한 감각을 얻게 된다. 다시 말하면 숨겨진 직관을 시작하게 된다.

방법 3 '새의 눈'으로 사고하기
-크리티컬 씽킹

디지털 정보화 시대로 정보를 간단히 얻을 수 있게 된 이상
'박식함'의 가치는 급속도로 떨어진다.
'개미의 눈'으로 부분을 파악하기보다 '새의 눈'으로 전체부터 파악하는 것이
공부의 제2원칙이다. 제1원칙은 흥미이다.
_노구치 유키오, 『초스피드 학습법』

직관은 우리의 머리에 켜지는 전구가 아니다. 내면에 깜빡거리는 느린 촛불이다. 우리가 직관력을 위한 논리와 비판적 사고와 경험을 단련하는 동안 찾아오는 통찰을 지속적으로 찾지 않는다면 촛불은 희미해지고 꺼져버린다. '비판적 사고와 질문 전략'에는 주제에 대한 흥미가 제1원칙이며, 제2원칙으로는 노구치 유키오의 말처럼 '새의 눈'이 필요하다. 앞만 겨우 흐릿하게 볼 수 있는 '개미의 눈'이 아닌 항행과 사냥을 목적으로 뒤쪽 사물까지 볼 수 있는 '새의 눈'으로 전체 맥락을 잘 짚어야 한다.

우리가 질문을 던지고 직관의 답을 얻으려면 오랜 시간이 걸릴 것 같지만 좋은 질문은 순간적으로 직관을 불러일으킨다. 현대인의 공부

는 팩트fact를 기반으로 하는 논리적·비판적 사고에서 출발한다. 고대 철학자와 근대 과학자의 열악한 연구 환경과 달리 엄청난 양의 정보와 역사적 연구들이 넘쳐나고, 디지털 인공지능 로봇을 통해 즉각적으로 새로운 논문과 근거 자료를 찾을 수 있다. 비판적 사고는 서로 연관된 비판적 질문을 제기하며, 적절한 시점에 질문에 답하는 능력과 의지로 만들어진다.

유대인의 모든 방식이 답이라고 볼 수는 없을 테지만, 우리가 눈여겨볼 '하브루타havruta'는 서로에게 묻고 답하며 대화하고 토론하고 논쟁한다. 질문을 통해 다양한 견해와 시각을 갖는다. 『절망이 아닌 선택』의 저자인 미국인 정신분석 의사이자 소설가인 테오도르 이삭 루빈Theodore Isaac Rubin 의 다음의 말이 인상 깊다.

"1온스의 금속도 열쇠를 만들면 10톤이나 되는 문도 열 수가 있다. 마찬가지로 적은 양의 생각, 노력, 시간도 올바르게 사용하면, 당신이 바라는 물질적·정신적 보물을 가리고 있는 문을 열 수가 있는 것이다."

통찰의 문을 여는 데 논리적인 비판적 사고의 질문법은 '열쇠'가 된다. 직관력에 한 단계 더 가까워지려면 수준 높은 이해력(성찰)을 갖추어야 한다. 직관력은 과거와 새로운 정보에 대한 해석 수준을 높일 분석력과 비판적 사고 기술이 필수다. 비판적 사고는 관찰, 경험 및 의사소통을 통해 수집된 정보를 적극적으로 능숙하게 인식, 분석, 종합 평가하는 정신적 과정이다. 이 과정을 통해 우리는 행동을 결정한다.

비판적 사고를 갖기 위해 연습해야 할 기술은 비판적 분석, 타당한 결론, 사실과 의견의 구별, 정보 출처의 신뢰성 평가, 개념의 명확성 및 조건의 인식이다. 이러한 기술을 향상하기 위해서는 사고의 독립성, 공정성, 겸손, 용기, 인내, 자신감, 호기심을 갖는 행동이 필요하다.

다음은 비판적 사고는 우리의 일상과 업무를 수행하는 데 안전하고 효율적이며, 숙련된 실무를 위한 필수 과정이다. 질문과 답변을 찾는 소크라테스 방법을 적극적으로 연습하라. 상황을 인식하고 여러 정보와 데이터를 조사하여 결과를 추론하다 보면, 자신이 알고 있던 것과 새로운 것을 구별할 수 있는 기술을 습득할 수 있다. 주변에 휘둘리지 않고 중심을 잡기 위한 필수적인 도구다.

비판적 사고방식의 문제해결 프로세스 5단계 법을 살펴보자.

<비판적 사고방식의 문제해결 프로세스 5단계>

비판적 사고방식의 문제해결 프로세스 5단계 A 5-Step Critical Thinking General Problem Solving Process
I=문제 식별 및 우선순위 설정(1단계) I=Identify the problem and set Priorities (Step 1)
D=관련 정보 확인 및 이해 심화(2단계) D=Determine Relevant Information and Deepen Understanding (Step 2)
E=옵션 열거 및 결과 예측(3단계) E=Enumerate Options and Anticipate Consequence (Step 3)
A=상황 평가 및 사전 결정(4단계) A=Assess the Situation and Make a preliminary Decision (Step 4)
S=프로세스 정밀화 및 니즈 자체 수정(5단계) S=Scrutinize the process and Self-Correct as Needes (Step 5)

출처: Facione, Peter A & Gittens 『Thinking Critically』, Perason Education, Facione, 2011. ch. Academic Success.

204

그러면 우리가 비판적 사고의 질문 기술을 익히기 전에 일상 현장에서 비판적 사고방식을 얼마나 적용하고 주의를 기울이는지 다음 표에서 자가 평가를 해보자. 평가 대상 기간은 과거 이틀간 자신의 비판적 사고를 체크해 본다. 질문을 던지고 답하는 것을 습관처럼 즐기면 직관력을 더욱 연마할 수 있다.

<비판적 사고방식 자가 평가>

	질문	Y	N
1	가장 오래 간직하고 소중히 여기는 신념에 대해 어려운 질문을 던질 만큼 용기를 내었는가?	5	
2	가장 오래 간직하고 소중히 여기는 믿음 가운데 일부를 깎아내릴 수 있는 질문들로부터 피하고자 하였는가?		5
3	내가 동의하지 않는 사람의 신념, 아이디어 또는 의견에 대한 관용을 보여주었는가?	5	
4	내가 주장의 논거를 제시하는 동안 상대측은 그러지 못했는가?		5
5	미리 생각하고 다양한 선택의 결과를 예측하려고 노력했는가?	5	
6	다른 사람들이 말하는 것을 비웃고 그들의 신념, 가치관, 의견, 혹은 관점을 과소평가했는가?		5
7	내 결정의 예측 가능한 결과를 분석하기 위해 진지한 노력을 기울였는가?	5	
8	내 목적에 맞게 정보를 조작하였는가?		5
9	다른 사람이 제시한 의견과 아이디어를 즉각적으로 무시하지 않도록 동료들을 격려했는가?	5	
10	내 선택에 따른 부정적 결과를 무시한 채 행동했는가?		5
11	어떤 질문이나 이슈에 대한 사려 깊고 체계적인 접근법을 스스로 구성해 보았는가?	5	

12	먼저 어떻게 접근해야 좋을지 생각하지 않고 급히 뛰어들어 문제를 해결하려고 했는가?		5
13	내가 끝까지 생각할 수 있다는 자신감을 가지고 도전적인 문제에 접근했는가?	5	
14	스스로 문제를 해결하는 대신 다른 사람에게 답을 달라고 요청했는가?		5
15	보고서, 신문, 책을 읽거나 단지 무언가를 배우기 위해 세계 뉴스나 다큐멘터리를 보았다면, 새로운 정보가 있었는가?	5	
16	새로운 것을 배우는 데 전혀 노력을 기울이지 않았는가?		5
17	결정을 정직하게 재고할 용의가 있다는 것을 보여주었는가?	5	
18	자신의 마음을 바꾸지 않기로 함으로써 내가 얼마나 강한지 보여 주었는가?		5
19	결정을 내릴 때 상황 및 상황의 변화에 주의를 기울였는가?	5	
20	문맥, 상황 또는 상황의 차이 때문에 어떤 문제에 대한 자신의 입장을 재고하는 것을 거부했는가?		5
		총점:	/100

출처: Peter A. Facione, 'Critical Thinking: What It Is and Why It Counts' Report. January 2011, p.13

홀수 문항에 대한 모든 '예'와 짝수 문항에 대한 모든 '아니오'에 대해 5점을 준다. 총계를 보고 지난 이틀 동안 비판적 사고에 대한 자신의 기질을 전반적으로 평가한다. 점수 50점 이하는 지난 이틀 동안 비판적 사고에 대해 혐오스럽거나 적대적인 자기 평가를 의미한다. 50점에서 70점 사이 점수는 전체적인 기질이 양면적이거나 혼합되어 있는 것으로 평가한다.

비판적 사고능력 향상을 위한 질문법

자, 이제 비판적 사고능력을 향상하기 위한 질문법을 알아보자. 인문, 과학, 사회과학 분야 전문가들이 2년간 델파이 연구 방법을 통해 협의한 비판적 사고 핵심(캘리포니아 학술지, Millbrae, CA, 1990)인 해석, 분석, 추론, 평가, 설명, 자기규정 6개 기술을 토대로 실질적인 비판적 사고 직관 개발을 돕는 인지역량 질문을 다음과 같이 정리했다.

구분	비판적 사고능력 향상 위한 질문법
해석	**의미, 상황, 전개, 독해, 도구 활용, 의도, 이해** · 이것은 무엇을 의미하는가? · 무슨 일이 일어나고 있는가? · 방금 말한 내용을 어떻게 이해해야 하는가? · 가장 좋은 분류 방법과 도구는 무엇인가? · 전후 맥락에서 무엇을 의도하며 말하고 행동하였는가? · 어떻게 이해시킬 수 있는가(경험, 느낌 또는 진술)? ▶ 경험, 상황, 데이터, 사건, 판단, 관습, 신념, 규칙, 절차 또는 기준
분석	**결론, 주장, 원인, 논쟁, 가정, 근거** · 결론은 무엇인가/주장하는 것은 무엇인가? · 왜 그렇게 생각하는가? · 진빈 논젱은 무잇인기? · 그러한 결론을 수용하기 위해 어떤 가정을 해야 하는가? · 그것을 말하는 근거는 무엇인가? ▶ 아이디어 검토, 이유 식별
추론	**결과도출, 배제, 증거, 정보, 방식, 대안, 옵션, 예측 결과** · 지금까지 알고 있는 내용을 고려할 때 어떤 결론을 도출할 수 있는가? · 지금까지의 내용 가운데 배제할 수 있는 것은 무엇인가? · 이 증거가 의미하는 바는 무엇인가? · 이 문제를 해결하려면 어떤 추가 정보가 필요한가? · 그런 식으로 일을 처리하면 어떤 결과가 초래되는가? · 아직 조사하지 않은 대안은 무엇인가? · 각 옵션에 따라 결과가 어떻게 달라지는가? · 예측할 수 있거나 예측해야 할 바람직하지 않은 결과가 있는가? ▶ 증거 조회, 추측대안, 논리 타당성

평가	**신뢰도, 파급력, 재평가, 확신** · 그 주장이 얼마나 신빙성이 있는가? · 왜 이 주장을 믿을 수 있다고 생각하는가? · 이러한 주장은 얼마나 강력한가? · 사실을 제대로 알고 있는가? · 현재 우리가 알고 있는 것을 고려할 때, 결론에 얼마니 확신할 수 있는가? ▶ 신뢰도, 품질 평가(연역적, 귀납적 추리)
설명	**분석 방법, 도출과정, 검토** · 결과는 구체적으로 무엇이었는가? · 어떻게 분석을 수행했는가? · 어떻게 그런 해석을 하게 되었는가? · 추론을 다시 살펴보았는가? · 결정이 내려진 이유를 어떻게 설명하겠는가? ▶ 상태 결과, 절차 정당화, 주장 제시
자기규정	**근거 수집력, 체계성, 협상력** · 이 문제에 관한 입장을 좀 더 정확하게 말할 수 있는가? · 올바른 방법론으로 잘 수행했는가? · 명백히 상반되는 결론을 조정할 방법이 있는가? ▶ 셀프 모니터, 자가 수정

출처: User Manual for the California Critical Skill Test, Published by Insight Assessment. 2014.
Source: APA Report: Expert Consensus Statement on Critical Thinking. (ERIC ED 315 423)

직관의 기초없이는 직관의 적용 방법이나 시기, 이유에 대한 통찰력이 부족하게 된다. 비판적 사고를 직관적 사고로 발전시키기위 위해 위와 같은 질문을 스스로 던지거나 회의 또는 토론에서 객관적 사고를 유지하며 인터뷰하는 자세로 질문해 보자. 브레인스토밍 방식처럼 진행해도 좋고, 공식적인 분위기로 회의를 진행해도 좋다. 예리한 질문법은 논리적·비판적 생각법에 도움이 되며 업무에서 유능함을 한층 더 끌어올린다.

5W1H 육하원칙과 직관적 질문법

다음은 익히 잘 알고 있는 5W1H^{Who/What/When/Where/Why/How} '육하원칙'에 따라 상황을 직시하고, 비판적 사고로 질문하는 법이다. 단순히 사건 조사를 위한 육하원칙이 아닌 한 단계 깊은 질문의 핵심 요지다. 비판적 사고는 무엇인가를 이해하는 것 이상이다. 의문을 갖는 의지와 능력이다. 평가, 비판 및 주제 자체를 능가하고 외부로 확장되는 깊은 지식이 필요하다. 직관을 통해 문제해결, 창의하면서 수용 또는 거부가 필요하기 때문이다.

적극적으로 질문을 하되, 상황 전후 맥락을 이해하고, 핵심 질문을 던질 줄 알아야 한다. 회의나 토론에 집중해서 무의미한 질문을 던지거나, 이미 나온 질문을 하는 일이 없도록 하자. 로지컬 씽킹^{Logical Thinking}의 기본인 빠지거나 중복되는 부분이 없는^{MECE; Mutually Exclusive and Collectively Exhaustive} 상태를 말한다.

경영진 회의에서 '허'를 찌르는 질문을 가장 잘하는 사람은 누구라 생각하는가? 최고경영자이다. 가장 절실하기 때문이다. 위기의식, 호기심, 절실함, 치밀함, 상황 공감력, 시나리오로 예측하는 확장사고를 하는 게 중요하다.

무엇이 가장 중요하고 필요하며, 시급한지 아는 것이다. 최고경영자들은 대부분 직관력이 뛰어나다. 나아가야 할 비전과 기회, 전체를 보며, 기회와 위협을 찾아내는 역량이다. 최고 의사결정을 위해서는 우리가 일상과 업무 가운데 처음부터 비판적·논리적 사고로 스스로 질문하면서 사고해야 한다. 그런 의미에서 '5W1H'를 활용한 질문법은 기억하기 쉬우며, 유용하고 효율적인 질문법이다. 상황별 적합한 질문을 준비해 토론과 회의에 참석하기를 권한다. 직관력을 계발하기 위한 5W1H를 활용한 비판적 사고를 통한 질문은 다음의 핵심 개념을 명확히 인지하고 질문을 개발하도록 하자.

Who: 인적 요소, 영향력 평가

What: 궁극적 목적과 필요한 행동

When: 시기 결정, 과거-현재-미래 연결점

Where: 분위기, 환경 판단

Why: 근본적인 이유와 근거

How: 방법 및 대안, 파급력 판단, 상황 결정

구분	5W1H 직관적 사고 질문법
누가 WHO	**· 사람의 성격, 배경, 관계 직관하기** 나는 그 사람과 사건에 영향을 줄 수 있는가? 그 사람은 나에게 영향을 끼칠 수 있는가? 어느 누가 도움을 주는가? 누구를 위한 일인가? 누구를 염두해야 하는가?
무엇 WHAT	**· 궁극적 목적과 필요한 행동 직관하기** 무엇을 위해 결정을 하려 하는가? 무엇을 해결하고자 하는가? 무엇이 당신과 사회(가족, 조직, 회사)를 위한 길인가? 무엇을 물어야 문제가 해결되는가?

어디서 WHERE	• 장소에 따른 분위기 영향 직관하기 장소의 분위기에 압도되어 결정하려 하는가? 적정 환경을 갖추었는가? 이전에 비슷한 상황이나 사례가 있었는가?
언제 WHEN	• 시기를 직관하기 지금 이 시기가 주는 기회는 무엇인가? 그 시기가 오고 있는가? 아니면 이미 지나쳤는가? 시기를 뒤로 미뤄야 하는가?
왜 WHY	• 근본적 이유와 근거 직관하기 이 자리에 와 있는 이유는 무엇인가? 꼭 그 사람/장소/시기에 그것을 하려고 하는 이유는 무엇인가? 이것이 왜 문제이며, 해결해야 하는 이유와 근거는 무엇인가? 왜 그런 일이 일어났는가? 이것이 왜 중요한가? 왜 바꾸기 어려운가? 왜 시작하지 않는 건가? 왜 그러한 질문을 했다고 생각하는가?
어떻게 HOW	• 결정에 대한 직관하기 어떻게 해결/결정하려 하는가? 다른 방법은 없는가? 다른 상황과 어떻게 다른가? ~과 어떻게 유사한가? 나에게 어떤 영향을 주는가? 이것은 어떻게 해로울 수 있는가?

논리적 사고 구조를 올바르게 이해하고, 나아가야 할 단계를 숙지하며, 비판적 사고 질문으로 의사결정과 문제해결을 함으로써 우리는 집중과 몰입을 경험한다. 자신뿐만 아니라 팀원들과 참석자들의 만족도가 올라가며, 체계적이고 효율적으로 진행되고 있다는 안정감으로 상호 신뢰를 높일 수 있다.

비판적 사고 질문은 긍정적인 중독, 즉 몰입이라고도 볼 수 있다. 몰입은 최적의 심리 상태를 말한다. 심리학자이자 『몰입의 즐거움』, 『몰

211

입의 경영』을 쓴 미하이 칙센트미하이Mihaly Csikszentmihalyi는 '어떻게 하면 아이와 같은 호기심을 어른이 되어서도 유지할 수 있을까?'를 평생 연구하여 '몰입'이라는 개념flow theory을 확립했다.

또한 비판적 사고의 직관적 질문법은 어른의 호기심을 표출하기에도 적합한 도구다. 궁금증이 해결된 이후 우리의 뇌는 특정 분야와 주제에 몰입을 경험하게 된다. '다이내믹 명상'으로 유명한 오쇼 라즈니쉬Rajneesh Chandra Mohan Jain가 말하는 몰입 상태인 '우주적인 오르가슴'에 이른다. 우리가 어떠한 환경이나 주제에 친숙해지고 능숙해진다면 뇌는 매너리즘에 빠져 지루함을 느낀다. 그래서 설레고 짜릿한 더 어려운 과제에 도전하게 되는데 이때 비판적 사고 질문은 다음 단계의 상상과 창의성으로 나아가는 힘이 되어주는 것이다. 앞서 말했듯이 직관력을 중심으로 논리와 상상과 창의는 순환 연결고리를 가지고 있다.

방법 4. 뉴턴에게 배우는 직관력 키우는 법
_인식보다 발견

가설을 세워 그럴듯하게 설명하지 않겠다.
자연현상을 볼 때 중력이 작용하는 것은 분명하고,
이를 통해 하늘과 바다의 모든 운동을 잘 설명하고 있으니 그것으로 충분하지 않은가?
_아이작 뉴턴, 『프린키피아』

뉴턴의 "가설을 세우지 않는다."라는 말은 프랑스 철학자 데카르트를 겨냥한 것이다. 데카르트는 직관이나 사유만으로 얻은 명제는 가설(현상으로부터 도출되지 않은 명제)에 불과하며 이는 실험과학에서는 옳은 진리 탐구의 출발점이 될 수 없다고 했다. 데카르트주의자들은 힘이 물질의 직접적인 접촉으로만 전달된다는 근접 작용action through medium을 주장했다. 그들은 중력 같은 원격 작용action at a distance이 마술이나 신비주의의 망령이라며 비웃었다. 소설가 아서 케스틀러Arthur Koestler는 과학적 가설과 농담 사이에는 유사한 구조가 있다고 말했다. 너무 터무니없어서 농담처럼 보이는 가설이 적지 않다는 것을 뜻한다.

"언어와 생각, 개념을 갖고 노는 건 시인 못지않게 과학자에게도 중요한 일이라는 거지. 이런 놀이가 내놓는 결과는 혼란이나 진부함을 피하는 엄밀하고 놀라운 결과야"_로버트 루트번스타인,『과학자의 생각법』[50]

우리가 과학자에게 배울 수 있는 직관력 계발법이다. 뉴턴은 고대부터 근대까지의 과학자들이 펼쳐 온 '천체 운동' 자체가 아닌 자연현상 이면에 숨어 있는 운동의 원인을 탐구했다. 인류는 아이작 뉴턴에 이르러 진정한 과학의 시대를 맞는다. 우주가 수학 법칙에 따라 움직인다는 사실을 최초로 공식화했다. 우주가 탐구의 대상으로 인간에게 온 것이다. 21세기인 오늘날에도 우리가 '눈으로 확인할 수 있는 수준의 크기를 지니고 빛에 비해 속도가 그다지 빠르지 않은' 거의 모든 역학적 현상은 굳이 상대성이론이나 양자역학을 동원하지 않고도 이 공식을 적용하여 풀이할 수 있다.[51]

"……'세상의 모든 것들은 자기 나름의 신비한 본성을 가지고 있다. 밖으로 드러나는 각자의 고유한 행동 양식은 바로 그 본성에서 비롯하는 것이다.'라고 누가 나에게 이야기한다면, 세상에 관한 설명이 전혀 되지 못한다고 말할 것이다. 온갖 현상에서 두세 가지의 일반 원리를 먼저 찾아내고, 모든 물체의 성질과 그들의 상호 작용이 앞에서 알아낸 원리들에서 어떻게 비롯되는지를 설명할 수 있을 때, 우리는 비로소 세상을 향한 위대한 이해의 첫발을 내디뎠다고 할 수 있다."-아이작 뉴턴, 『광학』[52]

뉴턴에게 배우는 직관력 하나, 현상을 관찰하여 법칙을 찾아내라

현상을 관찰해 인과관계를 생각하고 법칙을 찾아내는 물리적 세계관이 필요하다. 서구사회는 자연의 법칙(공리)에서 원리를 추론해 내며 이성의 시대를 열었다. 칼 세이건은 우리가 사는 세상은 절대불변과 지극히 무작위적 복잡성 두 극단의 중간 어디쯤엔가 있다고 말했다. 우주 만물의 변화는 어떤 패턴이나 규칙을 따른다. 자연의 법칙과 같이 우리가 사는 세상에는 알아낼 수 있는 일들이 많다. 그렇기에 그의 말처럼 과학이 가능하고, 인간에게는 과학이 밝혀낸 지식을 이용해 세상을 파악하는 지혜가 생겼다.

자연과학은 자연의 인과관계를 확인하는 학문이다. 뉴턴의 운동방정식은 어떤 물체의 현재 상태를 알면 그 과거와 미래를 알 수 있다는 철학적 의미를 내포한다. 특정 지점의 시간 흐름에 따라 과거와 미래의 정보가 있다는 것은 위대한 자연 철학적 발견이다. 뉴턴은 이 변화를 수학적으로 파악해서 미분 법칙을 발견하고 운동 법칙에 적용되는 공식을 만들었다. 그리고 '신'을 자연현상과 중력의 최종 원인으로 생각하면서 '자연철학의 수학적 원리'는 '자연철학의 신학적 원리' 우주론으로 완성된다고 보았다.

뉴턴에게 배우는 직관력 둘, 물리적 끈기와 성찰을 통한 논리를 배워라

뉴턴은 '비판적 평가 능력'을 극대화한 인물로 평가받는데, 그가 소유한 책들에는 메모가 빼곡하다. 책을 읽을 때 단순히 그 책에 대한 지식을 의심 없이 받아들이는 게 아니라 이게 정말 맞는지 끝까지 파고들었다. 아인슈타인 역시 자기비판 능력이 뛰어났다. 대부분 사람이 오랜 기간 연구한 이론이나 공들인 일에 허점이 발견되면 이를 방어 또는 합리화하려고 무리수를 두는 경향이 있는데, 이와는 사뭇 차이가 난다.

뉴턴은 24시간 열중했다. 뉴턴이 인생의 평범한 위안거리에는 전혀 흥미가 없었다고 올더스 헉슬리Aldous Huxley는 회상한다. 그는 뉴턴을 "인간으로서는 실격, 괴물로서는 위대했다."라고 평하기도 했다. 뉴턴은 온 정신을 집중했고, 핵심을 간파할 때까지 연구 주제에서 마음을 떼어 놓는 법이 없었다. 한 곳에 깊은 몰입을 하다 보니 밥 먹는 것을 잊거나 메모한 것을 잊는 등 일상의 다른 일에 대해선 건망증을 보였다. 아인슈타인은 뉴턴의 열렬한 팬이었다. 심지어 뉴턴 얼굴 그림을 벽에 붙여놓았다고 한다.

그들은 단순히 타고난 천재라기보다 자기 성찰이 뛰어났고, 후천적 노력으로 논리력과 비판력, 인내력, 집중력, 직관력을 단련하여 천재적인 업적을 이룬 인물들이다.

뉴턴에게 배우는 직관력 셋, 신의 영역과 결론을 열어두다

후대 뉴턴 역학자들이 갖는 인과론적 결정론은 뉴턴의 믿음과 달리 우주를 기계론적 자연법칙으로 바라봤다. 오늘날 위계질서와 확실성, 인과관계에서 기계적인 세계관이 300년 동안 지배적으로 인식되어 왔다. 뉴턴 역학의 핵심은 자연에 존재하는 모든 것은 이미 결정되어 있다는 결정론을 견지한다. 그런데 시공간을 깨트리는 아인슈타인의 상대성이론부터 20세기 초에 새로이 등장한 양자이론은 이러한 믿음을 근본부터 뒤흔들어 놓았다.

오늘날 양자(量子, quantum) 역학적 사고는 '둘 중의 하나'가 아닌 '양쪽 모두'로의 전환을 가져왔다. 이 세계가 '확률'로 이루어져 있다는 새로운 20세기 과학철학이다. 원자를 구성하는 전자 같은 아원자 입자(亞元子 粒子, subatomic particle)들은 한순간에 여기 있다가도 다음 순간에는 저기에서 발견되는 등 정해진 자리가 없다.

세상에 눈감고 귀를 막으며 자신의 성을 쌓는 사람은 진정한 세상을 알 수 없을 뿐만 아니라 파멸한다. 뉴턴은 우주 운동량의 총량을 계산해 보니 데카르트의 상상처럼 일정한 것이 아니라 점차 감소한다는 결과를 얻었다. 우주는 한 번 태엽을 감아 주면 영원히 가는 '시계'가 아니며, 행성이나 혜성 등이 운동량을 잃고 서로의 궤도를 침범함으로써 야기되는 혼란을 바로잡아 주는 일을 '신'이 한다는 생각에 이르렀다.

뉴턴에게 배우는 직관력 넷, 현상을 읽는 수나 기호, 언어를 가지고 상상하고, 꾸준히 낙서하라

2017년 내셔널 트러스트(National Trust: 영국의 저택과 유적지 보존연구기관)가 빛을 사용하는 기술인 RTI^Reflectance Transformation Imaging를 사용하여 발견한 젊은 아이작 뉴턴이 그린 것으로 보이는 약 350년 전(1667년 추정, 1665년 과학 연구의 절정에 다시 돌아온 Woolsthorpe에서의 Newton의 삶)에 벽에 그려진 풍차 그림 낙서(그래피티, graffiti)를 소개했다. 1752년, 뉴턴의 친구이자 전기 작가인 윌리엄 스터클레이 William Stukeley는 "뉴턴의 집의 벽과 천장은 뉴턴이 숯으로 그린 그림들로 가득했다. 새, 짐승, 남자, 배, 식물, 수학적 인물, 원, 삼각형 등 이었다."라고 말했다.(National Trust, 08 Dec 2017)[53]

이러한 낙서 그림과 메모들은 소년 뉴턴이 바람의 속도나 힘을 분석하며 시간을 보내고, 렌즈 같은 광학기구를 만드는 등 과학적 잠재력을 키워왔음을 보여 준다. 인류는 낙서를 통해 사실을 그리고, 기록하며 상상을 표현해 왔다. 과학자들은 언제 어디서든 상상하며, 브레인 드로잉을 하고, 수와 기호, 그림과 문자로 낙서했다. 종이를 구하지 못하면 벽에 땅바닥에 그리면서 논리 추론하고, 자연을 보고 통찰을 가졌다.

19세기 대수학자 앙리 푸앵카레도 말했듯이 추론을 통해 문제의 전체적인 체계를 파악하고 증명하는 길을 찾아내는 힘이 직관력이다.

무한 공리(자연의 법칙)에 상상력이 보태지면서 수학적 귀납법이라는 증명 방법이 만들어진다. 뉴턴의 혁명 역시 수많은 수학적 낙서를 통한 직관에서 나왔음을 알 수 있다.

현대 사회는 기본적으로 과학과 동떨어져 생각할 수 없다. 뉴턴은 수학을 자연을 읽는 언어로 보았다. 그는 완전하게 물질의 운동을 역학과 수학으로 설명했다는 점, 이런 이유로 뉴턴 과학이 현대 과학의 출발로 평가받는다. 현상을 읽는 수와 기호로 패턴을 꾸준히 찾고, 그것을 그림이나 언어로 표현하도록 메모하고 아이디어를 낙서하는 습관이 필요하다.

뉴턴에게 배우는 직관력 다섯, 단순히 현상을 믿지 말고, 관찰 후 실험으로 검증하라

뉴턴의 업적은 단순한 직감만이 아닌 오랜 과학적 실험과 추론으로 얻어진 산물이다. 과학은 엄격한 관문을 통과할 자기 검증을 요구한다. 누구나 열린 마음으로 자기 검증을 철저히 해야 한다. 뉴턴은 보편적 원리를 연역적 방법이 아닌 귀납적으로 끌어낸 역사상 첫 사례다.

갈릴레이의 지상 운동에 관한 실험과 케플러의 태양계 운동에 관한 관측을 통한 결과를 사용하여 관성의 법칙과 만유인력의 법칙을 추론했기 때문이다. 경험적 데이터를 수집해서 결론을 끌어내는 귀납적 방법과 이를 바탕으로 한 합리적 추론을 적용해서 일반화하는 연역이 같이 적용된 산물로 본다.

어떤 현상의 관측으로부터 가설을 세우고, 이 가설이 예측하는 현상들이 실험으로 관측됨으로써 정설로 받아들여진 결과다. 이를 가설 연역법이라 부르기도 한다. 연역법은 전제되는 가설을 참으로 가정하고 출발하는 데 반하여, 가설연역적 추론은 전제로 삼은 가설이 참 또는 거짓인지를 알아내는 것에 큰 비중을 둔다.

뉴턴에게 배우는 다섯 가지 직관력과 논리력은 일련의 과정을 통해 점차 발전한다. 논리적 사고는 스스로 기회를 찾아내고, 관련된 지식과 정보를 모으며, 실험을 시도하고, 올바른 방식으로 최종분석해서 결론을 내리도록 돕는다.

논리력과 비판적 사고로 단련된 사람들은 과정을 중요하게 여기지만 좁은 사고로 인식된 것만을 분석하고 논증 거리를 찾느라 '직관'의 타이밍을 놓치는 일은 없다. 뉴턴, 아인슈타인, 호킹은 서로 관련이 없는 별개로 간주되거나 모순되는 것처럼 보이는 이론들을 부분적으로 결합해서 발견하는 즐거움으로 충만한 사람들이다.

방법 5. 오류 트리거를 찾는다
_페어플레이

문젯거리는 그것을 다루는 능력을 만들어 낸다.
_ 올리버 웬델 홈즈Oliver Wendell Holmes

'실수투성이 인간'인 우리가 가지고 있는 오류는 알고 보면 실체가 없는 정보에 지나지 않는다. 가치를 평가하는 일은 주도적인 삶을 가져온다.『오류의 인문학』을 쓴 캐서린 슐츠의 서문 맨 앞장에는 그녀가 그랜드센트럴역에서 엿들은 대화가 나온다. 짤막한 그 글을 보는 순간 웃음이 터져 나왔다. 예전에 친구와 대화한 내용과 상황이 비슷했기 때문이다. 지금 생각해 보면 아무것도 아닌 일이었는데, 서로 억울해했던 그 표정을 잊을 수가 없다. 절대 서로 이길 수 없는 상황을 읽어보자.

남자: 카페 아메리카노라고 말했잖아.

여자: 난 카페 아메리카노라고 말하지 않았어. 카페 모카라고 했지.

남자: 카페 아메리카노라고 했어.

여자: 난 카페 모카라고 했다니까.

남자: 글쎄, 난 카페 아메리카노라고 들었다니까. 네가 그렇게 말했어.

여자: 그렇다면 네가 제대로 안 듣고 있었거나, 듣고는 그렇게 알아들었다는 거네. 카페 모카는 카페 아메리카노와 발음이 비슷하지도 않아. 아니면 앞글자만 듣고 생각했겠지.

남자: 음, 아마 네가 실수로 카페 아메리카노라고 말했을 거야.

여자: 난 카페 모카라고 분명 말했다니까! 됐다. 그만하자!

인간은 1초 정도 찰나의 단기적 기억은 망각한다. 인간의 뇌는 상당히 자기중심적이다. 주의하지 않으면 심리적으로 언어적으로 생기는 오류를 깨닫지도 못한다. 무의식중에 한 실수를 경험한 사례는 많다. "항상 깨어 있어야 한다."라고 성경에도 나와 있고, 어른들은 젊은이들에게 찰나의 순간도 자각하라고 가르친다. 하지만 직관을 요구하는 찰나를 잡아 영감으로 발휘하기란 실제로는 그리 쉬운 일이 아니다.

우리는 매번 오류를 범하면서도 항상 자신이 옳다고 가정하면서 생활한다. 나는 위와 같은 언쟁 후, 반복해서 묻는 방법으로 오해를 줄였다. 상대 역시 오류 없이 무슨 말을 하고 있는지 자각하도록 하고, 나 역시 상대의 말을 집중해서 경청하고 확인하는 습관을 들였다. 대인 관계에서 매번 '맞다, 틀리다'를 따지느라 서로 고성까진 아니더라도 언성이 오간다는 것은 유쾌하지 않은 일이다. 각자 확신하는 데 녹음 증빙이나 그 상황을 제대로 지켜보고 가름할 제3의 사람이 있지 않은 한 결론이 나기 어렵기 때문이다.

직관력은 무엇이 잘못된 것인지 알아내는 능력이 뛰어나다. 그 안에는 기억력과 판단력, 공감력, 그리고 공정한 의식을 필요로 한다. 문제를 다루는 능력을 확장하기 위해 페어플레이Fair Play와 오류 트리거 Trigger를 통해 일상과 업무에서 오류를 발견하고 올바른 방향의 판단력을 키울 수 있다.

페어플레이

철학자 존 롤스John Rawls[54]는 그의 1971년 저서 『정의의 이론Theory of Justice』에서 '무지의 베일(the Veil of Ignorance: 이슈의 도덕성을 결정하는 방법, ignoramus는 '무식한 사람, 무지한 사람'을 뜻한다. 라틴어인 ignoramus는 영어로 'we do not know'란 뜻이다. 원래는 정당성이 의심되는 것을 나타내는 법률 용어였다)[55]로 알려진 사고 실험thought experiment에서 물었다. 롤스에 따르면, 공정한 사회에서 모든 개인은 다음을 소유해야 한다.

첫째, 권리와 자유(투표권, 공직권 보유, 언론의 자유, 자유로운 사고, 공정한 법적 대우 등), 둘째, 힘과 기회, 셋째, 양질의 삶을 살기에 충분한 소득과 부(모든 사람이 부자가 될 필요는 없지만, 편안한 삶을 살 수 있는 충분한 돈이 있어야 함), 넷째, 자존심에 필요한 조건이다. 이러한 조건을 마련하기 위해서는 무지의 베일 뒤에 있는 사람들이 롤스가 정의한 두 가지 핵심 요소로 간주하는 것을 달성하는 다음의 방법을 알아내야 한다.

하나, 모든 사람은 다른 사람에게 해를 끼치지 않는 최고의 삶을 살아야 한다. 둘, 모든 사람은 자신의 지위를 향상할 수 있어야 하며, 모든 사람에게 이익이 되는 경우에만 불평등이 존재해야 한다. 예컨대, 독감 바이러스 백신을 안 맞겠다고 하는 사람들은 "백신은 부작용이 있으며, 자신과 자신의 아이들이 자연적 치유를 선택할 권리가 있다"라고 주장한다. 하지만 남과 남의 아이를 위험에 빠트릴 권리는 없는 것이다. 세계보건기구[WHO]에서는 백신 접종 거부는 거대한 사회의 위협으로 규정하고 있다.

로니 리틀[Ronnie Littlejohn][56]은 『윤리학』에서 다음과 같이 말했다. "우리는 '인생 상황'의 임의성 및 편견을 제거하고 모든 사람이 공통적으로 공유하는 한 가지 이유에 의해 도덕 표준이 정당화될 수 있는 메커니즘을 가져야 한다. 그러한 편견을 없애는 것이 '무지의 베일'의 기능이다."

오류 트리거

트리거[trigger]의 사전적 의미는 '방아쇠가 발사되다', '폭발하다' 등인데, 트라우마 경험을 일회성 경험이 아닌 날마다 다시 경험하도록 만드는 자극을 의미한다. IT 용어로는 데이터베이스가 미리 정해 놓은 조건을 만족하거나 어떤 동작이 수행되면 자동으로 수행되는 동작을 뜻한다. 마케팅에서는 '연쇄반응을 유인하는 촉매제', '아이디어와 이야기를 전파하는 사람들'의 뜻으로 확대되었다.

트리거를 지속적으로 관리하지 않으면 긍정적 변화는 어려워진다. 부정적 트리거는 신체적·정신적으로 여러 형태의 후유증인 불면과 악몽, 식욕부진, 불안, 공포, 우울, 기억상실, 집중력 감퇴, 무기력감, 대인기피증 등 다양하고 반복적인 증상을 야기하기도 한다.

이 책에서는 일상에서 흔히 저지르는 논리적 오류와 인지 편견을 트리거(도화선, 촉발 장치)로 본다. 논리적이고 타당한 것처럼 보이지만 옳지 않은 것으로 증명되는 논증의 유형이 일으키는 바로 '오류 트리거'이다.

잘못된 생각이나 믿음에 비롯한 오류와 편견을 파악하는 비판적 사고를 갖는 것은 상대가 하는 말의 옳고 그름, 올바른 추론을 구별하는 데 도움이 되지만, 무엇보다도 자신의 말과 글의 논증을 검토하는 유용한 방법이다. 논리학의 응용 분야라 할 수 있는 오류론誤謬論은 논리학에서 '사유의 혼란', '감정적인 동기' 때문에 논리적 규칙을 소홀히 함으로써 저지르는 바르지 못한 추리에 관한 이론들이다. 오류는 결론을 받아들이도록 설득하며 사용하는 추론상의 '속임수'다. 오류와 편견에 대한 인식을 높임으로써 올바른 추론을 위한 비판적 능력이 더욱 나아질 수 있다.

우리가 일상에서 논리적으로 살아간다는 것은 통제된 실험실에서 이루어지는 과학 실험은 아니다. 얼핏 보기에 훤히 보이는 '오류'와 '인지 편향'이 가져오는 불신과 혼란은 생각만큼 그리 간단하지 않을뿐더러 사람과의 관계에서 발생하는 심리적 갈등은 복잡다단해서 논리 구조의 과정처럼 순서에 맞게 뚝딱 해결되지 않는다. 그럼에도 우리가 논리적으로 살아간다는 것은 상당 부분을 절차에 따라 명확하게 처리함을 말한다. 일단 알아두면 불필요한 감정 소모를 줄일 수 있다. 오류 트리거 평가는 간편하고, 잡음이 덜하다. '논리에 맞다'라는 사회적 약속이 암묵적으로도 논증이 되기 때문이다. 또한 우리가 세상을 보는 프레임을 인지 편향cognitive bias이라고 한다. 이는 본질적으로 정보가 긍정적이든 부정적이든 정보에 따라 다르게 반응하며, 어떤 방식으로든 결정에 직접적인 영향을 미친다. 직관적 사고를 방해하는 논리적 오류와 인지 편향을 찾기 위해서는 먼저 다섯 가지 태도가 요구된다.

첫째, 직관의 눈을 가리는 인지 편향과 논리적 오류를 점검한다.
둘째, 얕은 정보나 최초 정보, 최신 정보에 과신하지 않고 탐색한다.
셋째, 최악의 상황이 올 것이라는 막연한 두려움이나 지나친 환상의 낙관을 검토한다.
넷째, 자신이나 다른 사람의 성격이나 사건, 사물의 성질이 아닌 상황을 분석하고 객관화한다.
다섯째, 합리화로 과장하거나 조작하지 않고, 원인을 꼭 하나로만 단정 짓지 않는다.

수백 가지의 논리적 오류가 있지만, 이 장에서는 직관적 비판적 사고에 도움이 되는 심리적·자료적 두 가지 적합성 측면의 비형식적(informal fallacy, 논증의 내용에서 빚어지는 오류, 관련성과 언어의 애매성으로 발생) 31개 오류[57]와 24개 인지 편향을 질문표로 점검(자신이나 타인을 통한 경험)한다. 오류와 편견을 발견하고 식별하는 방법을 아는 것은 직관에 있어서 귀중한 기술이다.

<심리적 오류 >

어떤 논지를 객관적으로(논리적으로) 설득되어서가 아니라 주관적으로(심리적으로) 영향을 받아 수용할 경우 심리적 오류를 범한다. 여러 갈등과 실수, 사고(Accident)는 일차적으로 부주의, 기억 실패 등의 심리 과정에 기인하는 오류로 일상과 실험실, 작업실, 통제실 등에서 내적·외적 요인들이 만나 복합적으로 발생할 수 있다.

	심리적 오류	Y	N
1	◆인신공격 인신공격을 당했거나 한 적 있는가? *주장과 관련이 없는 기타 특징에 근거하여 다른 사람의 견해를 거부하거나 비판하는 관련성의 오류, 단순한 모욕보다 마치 결론을 뒷받침하는 주장이나 증거인 것처럼 사용된 모욕임. 역량에 영향을 미치지 않는 기타 것들에 중점. 피장파장과 특수 환경 오류. 감정을 통제하지 않고 개인의 특성, 배경, 신체적 외모, 인품, 직업, 비도덕성, 과거 이력, 정황, 동기, 자격증명을 공격한다.		
2	◆감정에 호소 감정에 호소하여 상대를 설득하려 한 적 있는가? *아무런 논거 없이 공포심이나 증오, 동정심 하나만으로 상대를 설득한다. *자연주의의 호소: 어떤 것이 '자연적'이기 때문에 그것은 타당하고, 정당화되고, 피할 수 없거나, 좋거나 이상적이라는 주장을 한다. "백신은 매우 부자연스럽습니다. 사람들이 자신의 몸에 그런 것을 기꺼이 넣는 것은 매우 위험한 일입니다." 감정에의 호소와 함께 시너지 효과를 낸다.		
3	◆감정을 쓸데없이 쌓는 오류/연민에 의한 오류/인신공격 오류 불필요한 감정적 수식어를 장황하게 늘어놓으며 미화 또는 악화해서 연민에 의거한 궤변으로 선동하고 있는가?		
4	◆로맨스/아첨/유머에 호소 로맨스, 아첨, 유머로 이성적 판단을 흐리게 하고 있는가? *광고 홍보, 농담이나 유머로 넘겨버리거나 알랑거리며 칭찬으로 우쭐하게 한다.		
5	◆군중에 호소하는 오류/다수의 호소/주류의 호소 군중심리와 주류의 의견으로 어떤 전제를 참이라고 결론짓는가? *다수결이 아닌 대규모 집단이 정서적으로 믿고 있는 참이라고 하는 것대로 결론지음.		
6	◆사적 관계에 호소 사적 관계가 있는 사람의 주장을 무조건 받아들이고 있는가? *개인적 친분이나 어떤 모임의 관계로 정당한 이유나 논지, 주장을 받아들인다.		

		Y	N
7	◆위력에의 호소(힘에 호소하기) 지위, 관직, 학위 등의 위력(힘)을 이용해서 상대방에게 공포감을 주거나 무력감을 느끼게 해서 주장을 관철하려 하는가? -해당 주제에 대해 충분한 지식, 자격증명, 교육이 부족하다고 비평을 기각하는가?		
8	◆그릇된 권위에 호소하는 오류 일반화되지 않은 특정 분야의 이론을 논지와 직접적인 관련이 없는 권위자의 견해를 근거로 신뢰한 적이 있는가?		
9	◆원천봉쇄의 오류/우물(원천)에 독 뿌리기(비판하기) 원천봉쇄해서 반론 제기를 불가능하게 하는가?		
	개수		

<h2 style="text-align:center"><자료적 오류></h2>

자료에 대한 그릇된 판단에 근거를 두어 결론을 도출해 내는 오류를 '자료적 오류'라고 한다. 주어진 자료를 과대평가 또는 과소평가하는 데서 비롯된다.

	자료적 오류	Y	N
1	◆성급한 일반화(귀납적 오류, 표본 수 적은 오류) 제한된 정보, 부적합한 증거, 대표성 없는 특수한 사례로 성급하게 일반화하는가? *기성세대가 젊은 세대를 '버릇없다." "아는 게 없다.' 무시하는 경향의 '요즘 애들 효과'(kids these days effect) 역시 성급한 일반화의 오류.		
2	◆무지에의 호소 개인적으로 의문을 느낀 것을 이유로 들어 거짓 또는 참이라고 표명하는가? *"외계인이 존재하지 않는다는 걸 증명하지 못한다면, 외계인이 존재할 수 있다고 봐야 한다." 주장이 허위로 입증되지 않은 것이나 입증될 수 없기에 입증 조사 불충분을 배제한다는 점에서 거짓 이분법의 한 유형을 나타냄. 일화적 증거, 미신, 상관 원인 오류에서 종종 볼 수 있음.		
3	◆논점 일탈(무관한 결론) 동문서답, 삼천포로 빠지기, 주의 돌리기를 하며 고도로 계산된 논점 흩트리기를 하는가?		

4	◆잘못된 유추 서로 다른 일회성 사건이나 특수한 대상 가운데 일부분이 비슷하다고 해서 나머지도 역시 비슷할 것으로 생각하며 일반화하는 추리를 하는가? •"휴머노이드 로봇과 사람은 유사한 점이 많다. 그러므로 로봇도 사람처럼 사랑의 본연적인 자연스러운 감정을 느낄 수 있을 것이다."		
5	◆의도 확대 의도하지 않은 결과를 의도 있다고 혼자 결론지으며 판단하는가? •"독신주의자인가요? / 제가 독신주의자냐고요? / 일만 하고 연애를 안 하잖아요? /그렇다고 내가 독신주의자는 아니죠."		
6	◆잘못된 인과관계(원인 오판, 귀납적 오류) 공교롭게 먼저 또는 나중에 일어난 사건과 어떤 인과관계가 있는 것으로 생각하는가? •"까마귀 날자 배 떨어진다."		
7	◆우연(원칙혼동) 실제로 전혀 다른 상황에 적용할 법칙인데 혼동하여 규칙을 적용하는가? •"전쟁터에서 사람을 죽여도 된다. 그러므로 살인은 옳다."		
8	◆복합질문 어떻게 대답하든 대답하는 사람이 수긍할 수 없거나 하고 싶지 않은 점을 유도 질문하여 수긍의 결과를 가지려 하는가? •"당신, 훔친 기밀정보 모두 넘겼죠? / 아니요. / 그러니까 당신은 그 기밀정보를 넘겼다는 것을 인정하는군요. / 넘긴 기밀정보 모두 몇 개죠?" 묻기 전에 먼저 넘겼는지 확인해야 함에도 넘긴 것을 당연하게 전제하는 복합질문이다. 유죄를 인정하지 않고는 대답할 수 없도록 숨겨진 함정이나 함의가 포함된 추정질문을 한다.		
9	◆흑백논리 중간 항이 허용되는데도 모호하고 터무니없는 이분법적 흑백논리로 둘로 한정해서 극단적으로 추론하는가? •"엄마가 좋아, 아빠가 좋아?/ 아빠! /그럼 엄마나 싫다는 거네." 반대관계를 모순 관계로 여기는 데서 오는 오류. "물이 너무 차요. / 그럼 뜨거운 물로 주라는 말이네."		
10	◆거짓 딜레마 제3의 상황이나 선택지가 있으나 묵살하고 두 개의 선택지만 있는 것처럼 상황을 조장해서 양자택일의 대답을 강요하는가?		

11	◆미끄럼 논증(미끄러운 경사면의 오류, 귀납적 오류) 나비효과처럼 원인과 결과 사이의 거리가 너무 멀어, 사이에 수 많은 요인이 개입할 여지가 있는가? *"브라질에서 나비가 날갯짓하면 텍사스에서 토네이도가 일어날 것이다." A가 발생하도록 허용하면 Z도 결과적으로 발생하므로 A는 발생하지 않아야 한다. 누군가 하나의 주요 사건으로 이어지는 일련의 사건 (보통 나쁜 사건)에 대해 주장할 때 발생한다. 끔찍한 결론에 도달할 때까지 한 사건이 다른 사건으로 이어진다고 주장한다. 어떤 사소한 일을 허용하기 시작하면 심각한 일까지 허용하게 된다는 논증. 미래의 과장된 염려(문맥에서 오류인지 논증인지 판단)		
12	◆합성/결합/구성 부분적 속성으로부터 전체 속성을 잘못 추리하거나 부분 또는 개별적 성질을 전체(집합)도 같은 성질을 가지고 있다고 합성(결합/구성)으로 추론하는가? *"정부의 '지역균형발전' 정책으로 지역의 토지수용 보상 혜택을 받은 사람들이 서울의 아파트를 사는 바람에 아파트 가격이 폭등했다." "모래알은 매우 가벼우니 한 트럭에 담긴 모래더미도 가벼울 것이다."무언가의 한 부분에 대한 진실이 전부 또는 다른 부분에 적용되어야 한다고 가정한다.		
13	◆분할(분해) 전체 또는 집합의 성질이 부분(원소)도 가지고 있다고 추론하는가? *"내 외국인 친구 중에 브라질 국적의 친구가 있어. 브라질은 축구 강국이니 그 친구도 축구를 엄청나게 잘하겠지?", "소금은 먹을 수 있으니 소듐(나트륨)과 염소도 먹을 수 있겠지?"		
14	◆특별 변론 일관성과 부편성 없이 '이중 잣대'로 정당한 근거 없이 특정한 사례에 예외적인 기준을 적용하는가? *"닥터헬기는 응급환자를 위해 반드시 필요하다. 하지만 소음이 너무 커서 우리 동네에 이착륙은 안 된다."		
15	◆특별 변론 자신에 불리한 증거를 의도적으로 무시하는 방법으로 주장에 대한 반박을 특수한 상황으로 치부하는가? *'남이 하면 불륜, 내가 하면 로맨스', 규칙과 표준을 다른 사람에게 적용하면서 논리적으로 제시하지 않고 면제한다. (이중표준)		

16	◆허수아비 공격 자신의 주장이 상대방의 주장에 밀릴 때 어떻게든 트집을 잡는가? 상대가 주장한 전체가 아닌 일부만을 끄집어내어 과장, 왜곡, 반박하여 상대의 본래 주장 전부를 반박하는가? *자신의 생각에 맞지 않는 글에 인터넷이나 SNS 악성 댓글로 험한 분위기로 몰아가는 형태. "대기오염을 막기 위해 자동차 운행을 줄여야 한다. / 왜? 아예 걸어 다니자고 하지 그러나?"		
17	◆가설과 사실을 혼동(반사실적 오류, 자료적 오류) 가설은 가설일 뿐인데 이것을 사실로 여기는가?		
18	◆실용주의적 오류(성급한 일반화) 실용성이 있다는 이유만으로 어떤 주장을 참으로 받아들이는가?		
개수			

	기타 오류	Y	N
1	◆수레를 말 앞에 놓는 오류(본말전도, 인과추리 관련 오류) 모든 일에는 선후 관계가 있다. 그 순서를 혼동하는가?		
2	◆근시안적 귀납(귀납적 관련 오류, 표본 대표성 부족) 사실을 외면하거나 다양한 자료를 찾지 않은 채 결론을 내렸는가?		
3	◆도박사(귀납적 관련 오류) 모든 사건은 앞에서 일어난 사건과 독립되어 있다는 확률이론의 가정을 받아들이지 않고, 아홉 번 동전 앞면이 나왔으니 열 번째는 뒷면이 나올 것이라고 확률적으로 추리하고 있는가?		
4	◆발생학적 오류(인과 추리 관련 오류) 어떤 이념이나 이론의 기원이 갖는 속성을 다른 어떤 이념이나 이론도 가지고 있다고 추리하는 하는가?		

'논리적'이라고 평가하는 척도는 '확실성'과 '정합(整合)성'이다. 주장을 담은 생각은 그 주장을 뒷받침해 줄 충분한 근거가 있을 때 논리적이라 할 수 있다(백종현, 『철학의 개념과 주요문제』). 반면에 명료하지 못한 생각, 근거가 충분하지 못한 생각, 모순을 포함한 생각 등은 비논리적이다.

<24가지 개인 인지 편향(Bias) 점검표>

	개인 인지 편향(Bias)	Y	N
1	**◆기준점 편향 (anchoring bias)** 처음 접한 정보와 가장 먼저 내린 판단이 다음에 오는 판단에 지나치게 영향을 미친다. *인간의 마음은 본질적으로 연관성이 있으므로, 정보를 받는 순서가 판단과 인식의 과정을 결정한다.		
2	**◆침몰 비용(고정비용) 오류 (the sunk cost fallacy)** 이미 무언가 비용, 시간, 노력이 든 것들에 비이성적으로 집착한다. *침몰 비용은 복구할 수 없음을 의미하므로 평가할 때 비용을 무시하는 것이 합리적이다.		
3	**◆가용성 휴리스틱 (the availability heuristic)** 쉽게 떠오르는 알고 있는 중요 정보(예제, 사례)를 과대평가하는 경향이 있다. *처음 판단과 감정적인 영향에 전적으로 의존하기보다는 다른 관점과 관련 통계를 얻어야 한다.		
4	**◆지식의 저주 (the curse of knowledge)** 전문가의 저주라고도 한다. 알고 있는 지식이 오히려 소통에 저주를 내려 소통을 방해한다. 다른 개인과 의사소통을 할 때 다른 사람들이 이해해야 할 배경이 있다고 무의식적으로 가정할 때 발생하는 인지편향이다. 이 편견은 사건이 발생하면 모든 것을 예측할 수 있다고 믿는 경향이 있다. 명확한 지식이 있으면 혼동과 무지의 이전 정신 상태를 재구성하는 데 어려움이 있다.		
5	**◆확증 편향 (confirmation bias)** 자신의 기존 신념을 확인하는 것들을 선호하는가! 사신의 관짐을 확인하는 정보를 받아들이며, 자신의 선입견에 맞는 생각에만 동의하며, 그것과 충돌하는 정보를 무시하거나 거부한다.		
6	**◆던닝 크루거 효과 (the dunning-kruger effect)** 개인이 인지 능력을 실제보다 크게 평가하는 경향이 있는 인지 편향. 자신의 실수와 오류를 인식할 능력이 없어서 매우 자신감 있고 편견 된 자기 평가자가 된다. 또한 다른 사람들의 성과를 공정하게 판단할 수 없다. 지식수준이 높아질수록 더 유능한 사람들은 지식의 격차를 더 잘 인식하고 과소평가를 하고, 자신감이 오히려 떨어진다.		

7	◆신념 편견 (belief bias) 결론을 평가할 때 세상에 대한 지식에 영향을 받고 논리적으로 타당하기보다는 믿을 만하기 때문에 사실로 받아들이는 경향. 결론이 당신의 기존 신념을 뒷받침한다면, 그것을 뒷받침하는 모든 것을 합리화한다.		
8	◆자기 배려 편향 (self-serving bias) 자신의 실패가 외부 요인에 의한 것으로 생각하지만 자신에게 책임이 있다. 나쁜 일이 발생할 때 외부 세력을 비난하고 좋은 일이 일어날 때 자신을 들어 올리는 경향으로 좋게 묘사하는 방법. 행동에 대한 개인적인 책임을 회피하는 것을 의미할 수 있지만, 자립 편견은 당신의 자존감을 보호하는 방어 메커니즘이다.		
9	◆역효과 (the backfire effect) 자신의 핵심 신념의 일부 측면이 도전을 받으면, 그 신념이 더 강해진다. 신념을 뒷받침하지 않는 데이터는 기각되며 아마도 자신이 틀렸다는 것을 어느 정도 알고 있지만, 데이터를 통계 노이즈로 기각하고 초기보다 문제에 대해 더 극단적인 입장을 취한다.		
10	◆바넘 효과 (the barnum effect) 모호한 예측이나 일반적인 성격 묘사를 자신에게 특정하게 적용한다고 믿는 것으로 희망적인 사고와 조합으로 인한 일반화된 진술을 믿는 경향. 사람들이 아첨에 대한 감수성과 겉보기에 권위 있는 출처를 믿는 경향에 뿌리를 두어, 직접적으로 관련된 것으로 받아들이게 된다.		
11	◆집단사고 (groupthink bias) 반대는 불편하고 위험할 수 있으며, 그래서 종종 가장 자신감 있는 혹은 첫 번째 목소리가 집단의 결정을 결정한다. 더닝 크루거 효과 때문에 가장 자신감 있는 목소리가 가장 무지한 경우가 많다. 반대 의견이 장려될 때, 그룹 사고는 일어날 가능성이 적어진다.		
12	◆부정성 편견 (negativity bias) 긍정적인 것보다 부정적인 자극과 사건, 뉴스에 의해 훨씬 더 많은 영향을 받는 경향이 있다. 이러한 부정적 편견은 우리가 느끼고 생각하고 행동하는 방식에 영향을 줄 수 있으며 심리적 상태에 대한 바람직한 영향보다 적을 수 있다.		

13	◆쇠퇴/추락론 (declinism bias) 좋았던 옛 시절과 과거를 더 잘 기억하고, 나쁜 미래나 최악의 상황이 올 것이라고 믿는 경향이 있다. 과거에 대한 긍정적인 견해를 가지고 사람들의 사회 미래를 부정적으로 바라봐 부정적인 영향을 미치는 편견이다.
14	◆프레이밍 효과 (the framing effect) 상황과 전달에 의해 지나치게 영향을 받을 수 있다. 객관적인 정보가 긍정적이거나 부정적인 용어로 제시될 때 발생하는 의사결정 편향. 예) 물이 반 담긴 물컵을 바라보는 것. '반 밖에', '반이나'.
15	◆기본적 귀인 오류 (fundamental attribution error) 근본적인 귀인 오류로 당신은 다른 사람의 성격에 따라 판단하지만 당신 자신은 상황에 따라 판단한다. 상황적 요인으로 인해 행동이 부인될 수 없는 경우에도. 다른 사람들의 행동을 판단할 때 그들의 성격에 너무 많은 인과적 무게를 주는 경향이 있고 그들이 행동하는 상황에 충분하지 않은 방법을 설명한다.
16	◆후광 효과 (the halo effect) 누군가를 얼마나 좋아하는지 또는 얼마나 매력적이냐는 당신의 다른 판단에 영향을 미친다. 후광 효과는 긍정적 방향과 부정적 방향 모두에서 작동한다. 우리는 적은 양의 데이터에서 일반화를 기반으로 (과도하게) 빠른 판단을 하는 경향을 물려받았다.
17	◆낙관적 편견 (optimism bias) 긍정적인 결과의 가능성을 과대평가한다. 인간의 뇌가 때때로 자신의 이익을 위해 너무 낙관적이다. 이혼, 질병, 직업 상실 또는 사고를 경험할 가능성을 추정하도록 요청받은 경우, 그러한 사건이 자신의 삶에 영향을 미칠 가능성을 과소평가한다.
18	◆비관적 편견 (pessimism bias) 부정적인 결과의 가능성을 과대평가한다. 비관론은 회의론과는 매우 다르다. 후자는 공정성을 유지하려는 합리적 접근법이며, 전자는 나쁜 결과를 기대한다.
19	◆정당한 세상 가설 (just-world hypothesis) 외부인은 토네이도에 의해 집이 파괴된 사람들을 무시하면서 재난이 발생하기 쉬운 지역에 사는 것과 더 강한 집을 짓지 않은 것에 대해 비난한다. 피해자가 그럴 자격이 있는 것들을 명명함으로써 설명할 수 없는 불의를 합리화해서 피해자를 비난하는 것, 정당한 오류라고도 한다.

20	◆그룹 내 편견 (in-group bias) 자신의 그룹에 속한 사람들을 부당하게 선호한다. 그룹 내 편애, 그룹 내 그룹 간 편향이다. 우리는 공정하고 공평하다고 가정하 지만 진실은 우리와 가장 비슷하거나 우리 그룹에 속한 사람들 을 자동으로 선호한다. 그룹 내 편애와 그룹 외 무관심 / 적대감 의 근본 요인은 사회심리학에 의해 광범위하게 연구되는데, 편 견과 민족 중심주의와 같은 현상을 이해하는 데 도움이 된다.		
21	◆위약 효과 (the placebo effect) 약을 복용하고 있다고 생각되면 가짜 일지라도 때때로 '작동'할 수 있다. 자신에게 효과가 있을 것이라고 생각하는 것만으로도 실제 그 믿음과 유사한 효과가 나타난다.		
22	◆방관자 효과 (the bystander effect) 긴급 상황에서 다른 사람이 무언가를 하려고 한다고 가정한다. 공공장소에서 끔찍한 일이 일어나면 우리는 개인적인 책임감에 서 우리를 방해하는 일종의 충격과 정신 마비를 경험할 수 있다. 문제는 모든 사람들이 군중 속에서 이러한 탈퇴 실감을 느낄 수 있다는 것. 방관자의 수가 많을수록 조난중인 사람에게 도움을 줄 가능성이 줄어든다. '누군가가 하겠지', '했을 거야', '했겠지.'		
23	◆유도 저항 (reactance) 자유와 선택이 제약받고 있다고 느낄 때, 제안, 사람, 규칙에 심 리적으로 저항함으로써 불쾌한 동기부여를 한다. 사람들이 누 군가가 요청한 것과 반대되는 것을 선택하도록 영향을 미친다. 관대한 문화가 아닌 금지된 환경에서 과도하게 행동한다. '못하 게 하면 더한다.'		
24	◆스포트라이트 효과 (the spotlight effect) 사람들이 자신의 모습과 행동을 얼마나 많이 인지하는지 과대 평가한다. 기본적으로 자기중심주의의 결과이다. 모두가 당신을 보고 있는 것 같은 느낌을 받는다.		
		개수	

234

방법 6. 추론을 통해 진실을 가려내라
_논증 규칙

특별한 주장에 대한 증거의 무게는 그 이상한 정도에 비례해야 합니다.
_피에르 시몽 라플라스Pierre Simon Laplace

정보와 뉴스 토네이도 시대에 무엇이 진실인지, 자신의 비전(상상, 직감, 통찰)을 어떻게 가려낼 수 있을까. 귀납적 및 연역적 추론을 통해 이를 해결할 수 있다. 추론의 본질은 진실을 찾는 것이다. 그러나 진실은 항상 우리가 믿고 싶은 것처럼 단순하지 않다. 일반적으로 증거가 입증되면 사실이라고 생각할 수 있다. 뒷받침하는 증거가 많을수록 결론을 더욱 신뢰할 수 있다. 어떤 곳에서는 진리가 상당히 주관적이다. 어떤 것이 옳은지 그른지 절대적 진리를 확립하는 일은 어렵다. 추론을 통해 올바르게 표현된 진술은 객관적 진실이 있는 것으로 간주한다. 연역적 추론과 귀납적 추론은 모두 증거에 근거한다.

첫째, 직접 또는 실험적 증거나. 이것은 관찰 및 실험에 의존하며,

결과가 일관되게 나와야 한다. 둘째, 일화(에피소드) 또는 상황 증거다. 일화 증거에 과도하게 의존하는 것은 대안적인 설명이 탐구되지 않았음에도 두 개의 요소가 서로 연결되어 있다는 가정에 근거하기 때문에 논리적 오류일 수 있다. 일화 증거의 주된 용도는 가설을 세우고 실험적 증거로 테스트할 수 있다. 셋째, 논증적 증거다. 때때로 사실에 근거하여 결론을 도출한다. 그러나 사실이 가설을 직접 테스트하지 않는 경우 증거를 신뢰할 수 없다. 예를 들어 하늘에서 비행접시 모양의 빛을 보고 외계인 비행접시UFO라는 결론을 내리는 것은 논쟁의 여지가 있는 증거다. 넷째, 개인이 의견을 제시하는 증언 증거다. 증언을 뒷받침할 직접적인 증거가 없기에 이것은 신뢰할 수 없다.

이처럼 추론에 사용되는 여러 유형의 증거가 있다. 하지만 "증명될 수 있는 것보다 훨씬 더 많은 진실이 알려질 수 있다."라는 천재 물리학자 리처드 파인만Richard Phillips Feynman의 말을 기억하자. 귀납적 추론은 논리를 활용하여 사실에서 결론을 도출하는 것이다. 우리는 이런 종류의 결론을 항상 이끌어낸다. 귀납적 주장이 강력하다면, 전제로 삼은 진실에서 결론일 가능성이 있음을 의미한다. 귀납적 주장이 약한 경우 진제와 결론을 연결하는 논리가 올바르지 않다. 귀납적 추론에는 몇 가지 주요 유형이 있다. 귀납적 과정이 약한 태만하거나 경솔한 오류, 잘못된 추론인지를 검토하면 된다.

- **약한 일반화** – 성급한 일반화다. 너무 적은 사례나 상태에서 귀납적 일반화에 이르려고 하는 논리적 오류로 예를 들어, "내가 본 백조는 모두 흰색이다. 따라서 모든 백조는 아마도 흰색일 것이다."

- **약한 통계** – 다른 가능성 있는 통계해석을 다른 모든 영역에 같은 통계를 적용하여 결론을 도출한다. 예를 들어, "백조의 95%가 흰색이다"(임의의 숫자). "따라서 무작위로 선택된 백조는 아마도 흰 백조일 것이다." 영원불변의 진리라는 확증은 어렵기 때문이다.

- **약한 샘플** – 다른 샘플 그룹을 기반으로 한 그룹에 대한 결론을 도출한다. 예를 들어, "이 연못에는 백조가 10마리가 있으며 모두 흰색이다. 그러므로 이웃 연못의 백조도 아마 흰색일 것이다." 인공지능이 샘플을 무한정 갖기 시작한다면 모를까 쉽지 않은 일이다.

- **약한 유사** – 두 그룹의 공유 속성을 기반으로 결론을 도출한다. 예를 들어, "모든 에일즈버리 오리(Aylesbury duck)는 흰색이다. 백조는 에일즈버리 오리와 비슷하다. 따라서 모든 백조는 아마도 흰색일 것이다." 유사성은 시공간 지각대상 사이에 형태적 유사성이 발견되기도 한다. 전체는 부분의 합이라는 것에 도달한다.

- **약한 예측** – 과거 표본을 사용한 예측을 기반으로 결론을 도출한다. 예를

들어, "작년에 이 연못을 방문했는데 백조가 모두 흰색이었다. 따라서 다시 방문하면 백조가 모두 흰색일 것이다." 하지만 1697년 네덜란드 탐험가에 의해 서부 오스트레일리아에서 실제 돌연변이가 아닌 검은색 백조가 발견되었다. 과거의 경험에 의존한 평균값의 판단에만 근거하는 것이 성급한 일반화와 예측이었음을 알게 된 사건이었다.

- **약한 인과추론** - "동일한 조건 아래 동일한 현상이 생긴다."라는 식의 인과관계를 기반으로 결론을 도출한다. 존재법칙이 아닌 과학의 이론을 만들기 위한 통제원리로 봐야 한다. 뭔가 다른 조건이 숨어 있었다는 것을 발견한 경우는 수없이 많다. 예를 들어, "이 연못의 모든 백조는 흰색이다. 나는 연못에서 흰 새를 보았다. 그 새는 아마도 백조였을 것이다." 하지만 그 안에 다른 흰색의 새가 숨어 있을 수 있다는 것이다.

어떤 의견에 반대할 때 평화적인 무기가 바로 논증이다. 논증은 공동의 문제를 가지고 논리의 기본 단위인 주장과 근거를 교환하며 검증하는 것을 뜻한다. 전쟁의 기술과 연관이 없음에도 불구하고 논쟁이 아닌 감정 실린 언쟁으로 번져 반격의 태세를 하기도 한다. 아무래도 논증이 상대의 의견을 반박하기 위해 주로 사용되기 때문이다.

이렇듯 논증은 혼자 하는 것이 아니라 토론을 통해 이루어져야 제대로 된 논증 훈련을 할 수 있다. 직관력이 세상을 통해 단련되는 것처럼 말이다.

사전적 의미로 논증(demonstration 또는 to clearly show)은 증명 또는 입증이라고도 하며, 어떤 판단이 참[眞]이란 것의 이유를 부여하거나 명확하게 보여 줄 때 논증한다고 말한다. 수학계의 중요한 난제 중 하나인 푸앵카레 추측을 증명한 러시아 수학자 그리고리 페렐만 Григóрий Перельмáн은 발견적 대화인 논의discussion와 대결적 대화인 논쟁debate을 구분했다. 논의는 보편 청중을 염두에 두고 그들을 설득하려 하는 것이고, 논쟁은 특정 청중을 염두에 두고 그들을 설득하려는 것이라고 말한다. 에머렌Frand H. van Emeren과 그루텐도르스트Rob Grootendorst가 말하는 논증 행위란 "의견의 차이를 해소하기 위한 언어의 사용을 특징으로 하는 담화의 특정한 양식"[58]이다. 물론 의견 차이 해소는 일방적, 강제적 조정이 아니라 대화 당사자 간의 의견 일치를 통해 이루어져야 한다.

의견의 차이를 해소하는 과정을 네 단계, 즉 의견 상충이 확인되는 맞대면confrontation 단계, 양쪽의 입장 차와 토론의 공통 지반을 확인하는 개시opening 단계, 한쪽이 논증을 제시하고 다른 쪽이 그에 반응하는 논증 행위argumentation 단계, 마지막으로 찬성자의 의견 유지나 철회가 결정되는 결론concluding 단계로 나뉘고 각 단계에서 요구되는 규범들을 찾아 이를 행동 강령code of conduct으로 제시한다.[59]

유리한 조건을 쟁취하기 위한 술수와 비합리적 결정에 무방비로 당하거나, 논리가 없는 말장난과 심리적 공격에 말문이 막힌 적이 있었는가? 논쟁의 최종 목표는 논증을 통해 옳고 그름을 바로잡아 상호 간 현실적이고 합리적인 의사결정과 문제해결을 하는 것이다. 생生과 사死, 승勝과 패敗를 가르는 '적'을 겨냥한 싸움이 아님에도 오가는 언쟁은 전쟁을 방불케 한다. 행간에서는 비즈니스 협상이 논리가 아닌 감성이라고 하지만 반은 맞고 반은 틀리다. 첫째도, 둘째도 단단한 논리가 있어야 한다. 감정은 상대와의 심리전일 뿐이다. 잘못 해석해서 논증하는 것에 지나치게 안일하거나 수동적으로 대처하다가는 비논리적인 상대에게 어처구니없이 기회를 넘기고 후회하는 일이 생길 수 있다.

'강을 등지고 진을 치다.背水之陣', '다리를 불태워라.Burn the bridge' '돌아갈 배를 불태워라.' 싸우느냐 물에 빠져 죽느냐 단 하나의 선택만 남겨 군대에 절박하고 긴박함으로 위기감을 불러일으켜 힘을 발휘하는 전술이다. 동서양의 공통된 전쟁의 기술 가운데 하나다. 하지만 배수진은 적합한 상황이라는 게 있다. 심리전인 배수진이 승리의 핵심은 아니라는 것이다. 단순히 절실한 상황으로 내몬다고 성공하지 않는다. 물론, 우리가 어떤 목표에 도달하기 위해서는 절박해질 필요가 있다. 모든 일이 그렇다. 무기력하게 'A 못하면, B 하면 되지' 하는 식의 안일한 생각은 앞으로 나아가는 추동력에 치명적이다.

자기 결정과 수많은 선택과 의사결정에서 논리의 필요성을 알면 제대로 된 만족할 만한 논증을 기대할 수 있다. 무엇이 오류인지 인식하고 적극적으로 발견하는 자세는 휘둘리지 않는 하나의 방어기제임과 동시에 적극적인 삶의 처세다. 균형을 이루지 못하는 감정이나 감성으로 잘못된 판단을 할 가능성을 최소화한다.

논리의 오류를 다 증명하기 위해 완벽성을 추구하며 닦달하는 신경쇠약이 아니라 최소한 인생에 필요한 협의 능력을 배양하고 오류를 제거하는 연습을 한다. 논리만 따지다가는 골병이 들고, 감정만 따지다가는 속병 나는 법이다. 상대보다 먼저 움직여 감정적으로 논리적 오류를 가지고 공격하는 것은 오히려 상황을 불리하게 만들 수 있다. 한발 물러나 상대의 주장을 파악해 모든 각도에서 검토해 보는 전체를 볼 줄 아는 유연성이 더 나은 결과를 가져다준다. 논증은 논쟁, 토론, 주장의 근거로 어떤 판단의 이유를 들고 이를 분명히 입증한다. 논리는 사고·추리의 원리이며, 논증은 어떤 명제가 참이라는 것의 이유를 제시하는 논리적 절차를 말한다. '직관 지능' 계발에 도움이 될 만한 논증 규칙과 기술을 다음 여덟 가지로 정리해 볼 수 있다.

첫째, 전제와 결론을 구별한다.

증명하려는 것이 무엇인지, 무엇이 결론인지 구별하자. 근거를 대는 진술을 '전제(근거:Premise)'라 한다. 결론을 먼저 쓴 후 근거를 보여주는 방법과 전제를 먼저 밝히고 마지막에 결론을 말하는 식이다. 이슈를 탐구하고 반대 견해를 샅샅이 살핀다. 가장 설득력 있고, 보편적인 것들을 확인하고, 논증을 재평가한다. 전제를 옹호하고 신뢰할 수 있도록 믿을 만한 출처를 제시하며 시작한다. 인과관계를 중심으로 정리해 보자.

둘째, 정통하고 공정한 정보 출처를 찾는다.

특정 사람의 권위에 의존한다든지 이해가 얽힌 집단의 정보에만 기대는 것을 피한다. 자신의 논쟁에 이로운 정보만 살피고 진실을 의도적으로 멀리하려는 경향이 있으니 유의해서 자료를 살핀다. 이슈에 이해관계가 없는 전문가와 조직의 정보는 공정한 정보 출처가 될 수 있다. 정보를 수집하면 대조 점검한다. 훌륭한 다른 권위자들도 동의하는지 확인해 보고, 다른 견해가 있다고 해서 어떤 정보가 정보 출처로서의 자격을 잃는 것은 아니다. 웹과 블로그는 신중하게 이용하며, 최신 공식적인 백과사전이나 전자 연구논문, 기관 보고서, 전문잡지를 참고하고, 트렌드는 각종 뉴스와 매체를 통해 무겁지 않게 훑어보는 정도가 적당하다.

좋은 자료를 찾아냈으면 비교 분석하여 의문을 해결하도록 한다. 생각지도 못한 오류와 보물을 발견하게 된다. 공정한 정보 찾기는 공정한 태도를 가진 자신에게 달렸다.

셋째, 통계는 비판적 시각으로 본다.

숫자가 가리키는 사실만을 가지고 논증하는 것이 아니라 비교분석과 추이, 변수 등 근거 제시가 중요하다. 통계분석을 통해 직관력과 통찰을 얻는 경험을 하면 선견력을 기를 수 있다. 단, 통계는 통계일 뿐 세상에 변수는 많다. 그래서 데이터와 확률통계의 연관성에 비판적 시각이 중요하다. 직관력은 그래서 비판적 시각에서 더 계발된다고 본다. 특히 의학에서 통계학은 과학과 거리가 멀다고 하며 실험실 연구를 중시한 클로드 베르나르Claude Bernard의 주장 가운데 평균은 현상을 왜곡할 수 있기에 이러한 통계는 개개인에 대해서는 아무런 도움이 되지 않는다고 했다. 오늘날 빅데이터 시대를 맞이해서 개개인 상황에 맞는 직관력을 계발해야 하는 이유를 베르나르의 주장에서 찾아본다.

넷째, 예시를 들 때는 두 개 이상, 대표성이 있는 예를 든다.

반례를 들어 자신의 지나친 일반화를 스스로 바로잡는다. 예컨대, 모든 패스트푸드는 건강에 좋지 않다는 것은 일반화의 오류다. 고기를 식물성 단백질, 세포배양Finless이나 공기Air Protein 성분의 다른 패티로 대체한 햄버거, 신선한 채소를 넣어 만든 샌드위치가 건강에 좋지 않은 것은 아니다.

다섯째, 유추(유비 논증)한다.

하나의 특정한 예에서 또 하나의 다른 특정한 예로 나아가며 논증한다. 같은 종류나 비슷한 것(유사성)에 토대를 두고 다른 사물을 미루어 추측하여 같음을 강조한다. 연관성 있는 유사 사례가 필요하다.

여섯째, 인과 논증은 상관관계에서 시작한다.

원인과 추세 역시 상관관계를 설명한다. 두 개 이상의 통계적 변량

사이에 존재하는 상호 관계로서, 서로 다른 사상 사이에 존재하는 확률적인 함수 관계다. 상관관계는 두 변량이 서로 비례하는 정상관관계, 반비례하는 역상관관계, 아무 관계가 없는 무상관계, 그리고 완전히 일치하는 완전 상관 등의 관계가 있다. 단, 어떤 상관관계는 우연히 동시 발생한 경우와 다양한 원인이나 복잡한 원인이 작용해서 동시에 여러 방향으로 움직일 수 있으니 유의한다.

일곱째, 연역 논증이다.

'만일 전제(근거)들이 참이라면 결론 또한 참일 수밖에 없다'라는 형식 논증이다. 하지만 수많은 참인 전제들이 결론의 참을 보장해 주지 못한다. 논증의 이유로 제시된 것을 논거論據라고 한다. 논거는 이미 증명된 다른 명제 또는 증명을 요구하지 않는 공리公理, 공준公準 및 확실한 사실이다.

여덟째, 반증법反證法이다.

적극적인 논리를 제시해 명제가 '참되다' 또는 '맞다'라고 명확히 논증하는 것은 직접적 논증이며, 간접적 논증인 반증법(귀류법, 배리법)은 명제의 결론을 부정하며 증명을 시작하기 때문에, 증명의 출발점이 비교적 분명하다. 자신의 결정이 맞았음을 논증하고자 할 때 활용하면 확신에 도움이 된다. 결론을 부정하고, 그 부정한 내용이 참이 아님을 차례로 증명해 가며 모순된다는 것을 보여, 원래의 명제나 결론과 결정이 맞다고 증명하는 측면으로 사용한다.

논리는 필수 기술이며, 일상생활과 업무에서 자주 사용하기 때문에 결론을 도출하는 데 사용하는 방법을 명확히 알면 유용하다. 논증 Argument이 무엇인지 아는 것은 세상이 어떻게 작동하는지 이해하는 데 도움이 된다. 말도 안 되는 이야기로 의도적으로 우리를 오도하는 사람들을 발견할 때나 오류를 피해 협상을 할 때 도움이 된다.

방법 7. 내 안의 탐정 DNA 깨우는 법
_단서의 연결

불가능한 것들을 제거하고 나면,
남아 있는 것들이 아무리 있을 것 같지 않더라도, 그것은 진실임에 틀림이 없다.
_소설 속, 셜록 홈스Sherlock Holmes

일상과 비즈니스에서 단서(정보)를 가지고 점Dot들을 연결하는 데
얼마나 능숙한가? 영국의 작가이자 내과의사인 아서 코난 도일(Arthur
Conan Doyle:1859~1930)은 추리소설 역사상 가장 매력적인 명탐정 인
물 '셜록 홈스'를 창조해 전 세계 독자를 열광시켰다. 수많은 버전으로
현재까지 75명의 배우가 연기해 리메이크되어 왔다. 무엇이 이토록
사람들을 열광하게 했을까? 영국 사람들 절반 이상이 실제 인물이라
고 믿고 사건을 의뢰하는 편지를 보낼 정도였다고 하니 놀랍다. 셜록
홈스는 사소한 단서도 놓치지 않고 연결하여 사건을 해결해 나간다.
소설과 영화의 명탐정들이 논리적으로 사건을 푸는 방법에서 힌트를
얻어 보자.

탐정은 단서를 연결하는 능력이 뛰어나다. 직관적 지능은 지능적, 감정적, 직관적으로 사물이나 사건의 연관성을 찾아 파악하고 이해하는 것이다. 이러한 현명함으로 사람들의 행동과 이유를 더 잘 관찰한다. 수 심리학자이자 언론인인 마리아 코니코바^{Maria Konnikova}는 〈Mastermind:How Like Think Sherlock Holmes〉에서 신경과학과 심리학을 바탕으로 MasterMind(마음챙김)으로 확실한 관찰 및 논리적 추론의 홈스의 독특한 방법을 연구했다. 코니코바는 "영국의 탐정은 단지 보는 것이 아니라 관찰한다."라며 셜록 홈스의 예를 두며 명탐정의 일명 '영업비밀'이라 표현했다. 판단 없이 사실을 잘 살펴보기 위해서 의심하는 상태를 계속 유지하는 것을 정념^{正念}이라고 한다. '기억의 궁전'을 만들고 장소에 기억할 무언가를 놓는다는 것은 '단서가 되는 무언가를 언제 어디서나 순서대로 기억'할 수 있도록 함에 있다.

세상에는 우연을 가장한 필연적인 일이 일어난다. 설사 정말 우연인지라도 그 우연은 발생하는 순간 1초 후의 일과 인과관계가 만들어진다. 작용·반작용의 법칙이다. 탐정의 관찰력과 추론력은 인과율을 통해 사건의 본질을 찾아낸다. 직관이 발달한 사람은 잘못된 인과관계에 부딪히면 뭔가 특별한 느낌을 받는다. 그러한 '사인^{Sign}'을 무시하지 않을 때 반전이 일어난다. '모든 접촉은 흔적을 남긴다.'라는 말을 남긴 프랑스 범죄학자 에드몽 로카르의 교환법칙이다. 접촉한 두 물체 사이에는 반드시 물질 교환이 일어나 흔적이 남는다는 것이다

베이지안 추론

통계적 추론 방법 중 하나인 베이지안 추론^{Bayesian inference}은 예측에 얼마나 확신이 있는가를 자문自問하게 한다. 어떤 정보가 이 확신에 영향을 미칠까? 베이즈 정리(18세기의 영국 장관 토마스 베이즈로 시작해서(1763년 왕립 학회에서 주목받기 시작) 프랑스 학자인 Pierre-Simon Laplace를 비롯한 다른 학자들에 의해 체계적이고 유용한 사고 도구로 발전함)는 우리의 삶에 확률적 사고를 통합하는 접근법이다. 추론 대상의 사전 확률과 추가적인 정보를 통해, 해당 대상의 사후 확률을 추론한다. 예를 들어 용의자 4명이 있는데 각각 알리바이가 입증되면서 마지막 한 사람이 남았을 경우 그 사람이 범인일 가능성이 크다는 것이다. 셜록 홈스의 명언이 이를 잘 설명하고 있다.

베이지안 사고를 이해하기 위해 확률 계산을 위한 수학을 아는 것이 필요하지는 않다. 더 중요한 것은 자신이 알고 있다고 생각하는 것과 진실과 정확성의 확률을 할당하고 새로운 정보가 들어올 때 그 확률을 기꺼이 업데이트하려는 능력과 욕구다.

귀납적 추론에는 베이지안 추론도 포함된다. 추가적인 증거가 나오고 가설을 조정해야 할 때까지 한 시점에서 결론이 참으로 보일 수 있다. 베이지안 추론은 새로운 증거가 제공될 때 가설이 사실일 가능성을 수정하는 데 사용되는 기술이다. 베이지안 접근 방식으로 모든 것을 예측할 수는 없다. 법적인 상황에서 귀납적 추론이 사용될 때, 베이지안 사고는 증거가 수집될 시기에 피의자가 유죄 판결을 받을 가능성이 합리적 의심을 넘어서도록 업데이트하는 데 사용된다. 단순하고 가정적인 형사 사건을 상상한다면, 베이지안 추론의 유용성이 귀납적 추론과 결합될 수 있다. 연역적 추론과 귀납적 추론의 한 가지 주요 차이점은 귀납적 추론은 결론이 불확실하고 미래에 바뀔 수 있다는 점을 인정한다는 것이다. 결론은 옳고 그른 것이 아니라 '강하거나 약하다'라고 말한다.[60]

우리는 일상생활에서 이러한 유형의 추론을 사용하여 경험에서 결론을 도출한 다음 신념을 강화하는 경향이 있다. 귀납적 추론이 항상 올바른 것은 아니지만 종종 유용하다. 예를 들어, 미신적인 신념은 종종 귀납적 추론에서 비롯된다. 빨강 양말을 신은 날에 운동선수가 잘 뛰었다면, 양말은 행운을 가져왔다고 결론을 내릴 수 있다. 양말을 다시 착용했을 때 계속된 성공으로 믿음이 강화될 수 있다. 그렇지 않은 경우, 그들은 자신의 신념을 버리고 그것이 잘못되었음을 인식할 수 있다.

영국 철학자 버트런드 러셀이 '칠면조의 역설'을 들어 귀납적 오류를 우화했듯이, 농부는 매일 칠면조에게 먹이를 준다. 칠면조는 농부가 자신의 복지를 돌보는 것으로 가정한다. 추수감사절이 돌아올 때만 그 가정이 틀린 것으로 판명된다. 이처럼 귀납적 추론을 과도하게 사용할 경우 발생하는 문제는 인지적 지름길과 편견이 우리가 내리는 결론을 왜곡할 수 있다는 점이다. 우리의 세계가 귀납적 추론이 제시하듯 과거의 경험으로 미래를 항상 예측 가능한 것은 아니며, 신념을 확인하기 위해 우리는 과거 경험을 취사선택한다. 유감스럽게도 운이 나쁜 것으로 추론하는 사람은 그 가설을 뒷받침하는 불운의 경험만을 기억하고 행운의 사례를 무시한다.

탐정의 단서 연결법

우리가 의사결정을 할 때 먼저 가설을 세우는 것이 정석이라고 알지만 이를 증명하기에 유리한 방법만을 설계할 수 있어 오류를 범할 수 있다. 직관은 하고 싶은 것이 아닌 더 나은 방법을 찾는 데 도움을 준다. 자신의 내면을 읽거나, 비즈니스 기획이나 개개인의 비전과 진로를 정할 때도 마찬가지다. 다음은 우리가 '답'을 얻기 위해 활용할 수 있는 소설과 영화 속 탐정들의 다섯 가지 단서 연결법이다.

하나, 시공간적 감각을 활용한 관찰 사고를 한다.

디지털 첨단시대, 우리는 여전히 정신 논리 전략을 활용하여 무엇보다 관찰하는 방식을 선명하게 머리에 그려야 한다. 기억, 창의성과 추리 과학에 대한 통찰 훈련은 더 요구된다. 무의식적 편견이나 습관적인 산만함을 의식적으로 다스리려 조금만 마음을 써도 효과는 나타난다. 주어진 상황에서 가장 가능성 있는 결론에 도달하기 위해 자신이 본 것을 주의 깊게 관찰한다.

둘, 스토리의 힘을 이용해 문제를 해결한다.

각자 가진 자신의 관점을 모두 이야기식으로 말하기를 권장한다. 비록 하고자 하는 말이 모순과 환상이 섞여 있더라도 말이다. 일어난 일과 일어난 이유에 대한 다양한 의견을 정리해 보고, 설명해 보자. 좌뇌와 우뇌를 종합적으로 사용해서 진실을 밝혀낸다. 인간의 요구와 요구를 감지함으로써 스토리의 풍요로움 속에서 진실을 얻는다.

셋, 새로운 가설 세우기를 두려워 않는다.
스폰지처럼 모든 세세한 상황을 흡수해 항상 새로운 가설을 세운다. 의문이 가는 질문들을 계속해서 한다. 가정(가설)을 세워, 너무 빨리 결론을 내리지 않는다. 냉철한 자세를 유지한다. 고정관념을 깨는 것을 두려워하지 않는다.

넷, 진실을 밝힐 독특한 각도로 바라본다.
'왜? 어떻게'라는 질문에 대답하는 것을 목표로 해결하고자 하는 일과 관련된 수수께끼를 풀 듯 퍼즐 작업을 한다. 먼저 왜 그 일을 하고자 하는지 자신에게 설명한다. 그런 다음, 가장 가능성 적어 보이는 것을 하나씩 제거한다. 결국, 마지막 남은 것을 선택하는 방법이다. 전혀 관련 없어 보이는 의외의 원인이나 진정으로 하고자 하는 일에 대한 해답을 발견할 수도 있다.

다섯, '자기 고백'으로 통찰한다.
외부에서의 원인을 찾는 것이 아닌 '자기 고백'의 세련된 심리적 경험을 사용하여 직관을 사용한다. 문제해결을 위해 전문 지식보다 직관적인 인간 행동 전문가로 삶을 읽어내는 방법이다.

방법 8. 직관은 일상의 매 순간에 있다
_5Y에서 Triz 다이어리

어떤 일이든 가장 좋은 부분에 주목하는 습관을 지니면,
1년 후엔 거기에 천 파운드 이상의 가치가 붙는다.
_사무엘 존슨Samuel Johnson

"이것이 나를 깨웠다. 모든 것이 거의 제자리로 돌아왔다. 안도감이 찾아왔고 지난 몇 달간의 긴장이 사라졌다. 엄청난 흥분이 밀려왔다! 구스타프가 뭔가를 말하고 있었지만 들리지 않았다. 온전히 자신에게, 앎이라는 따뜻한 붉은 빛에 집중했다. 이것이다!"

로버트 루트번스타인의 『과학자의 생각법』에 나온 글귀다. 우리는 각자 자신과 세상을 보는 방식을 연습하느라 무던히 많은 시간을 보내왔다. 내면에 논리, 경험, 무의식이 축적되어 미래의 기회를 감지하는 나침반 같은 능력, 직관을 말한다. 끊임없는 훈련으로 이 특별한 기술, 직관력을 획득하지 못하는 것이야말로 이상하지 않은가. 직관을

활용하면 할수록 직관적 통찰이 생기며 내면의 흐름이 원활해진다. 이를 위해서는 폭넓은 연습이 필요하다. 우리의 뇌와 몸을 알아가는 것, 보고, 듣고, 쓰고, 만지고, 냄새의 감각을 기억해서 직감을 살리고, 논리와 분석의 비판적 사고로 오차를 줄여가는 연습 말이다.

예술가는 어떠한가. 고흐, 고갱, 세잔, 르누아르 등의 인상파 화가들의 붓질은 분명 확연한 차별성이 있다. '영원'이 아닌 '순간'을, 자연의 이상적인 모습보다 변화무쌍한 자연에 대한 인상과 느낌을 포착해 표현하려고 했다. 위대한 화가들은 공통적으로 "이상이 아닌 사실과 진실을 그린다."라고 말한다. 과학자가 말하는 발견 역시 예술가들과 다름없다. 놀라운 발견이지만 우연적 발견이 아니다.

직관력을 계발하기 위해 우리는 있는 그대로의 사실을 볼 줄 알아야 한다. 오만과 편견과 오류를 걷어내고, 삶의 발견을 이루는 다양한 방법을 인식할수록 새로운 발견이나 창조를 해낼 가능성이 커진다.

과거의 위대한 인물들이 이룬 발견을 재창조하며 그들처럼 생각하는 법을 배우는 방식은 훌륭한 자기 훈련법이다. 하지만 이상적으로 들리는 것도 사실이다. 천재들과 고난을 이겨낸 위대한 위인들이 겪은 사건이나 시대적 상황이 평범하지 않기 때문이기도 하다. 단지 특별해서가 아니라 그 시대에 가장 필요한 것들을 발견에 발견을 거듭해 이룬 업적이라는 것을 잊어서는 안 된다. 우리는 수많은 타인의 삶을 통해 다양한 세상을 볼 수 있다는 것이 그저 놀라울 따름이다.

중요한 결정에서부터 일상적인 결정을 내릴 때 이치에 맞는지(과도한 희망이나 욕망이 아닌), 내면의 목소리를 듣도록 묻는 습관을 지니면 직관력이 좋아진다. 솔직한 '자기 대화'를 통해 객관적으로 자신을 바라보는 것이 중요하다. 각자의 삶에서 질문은 원하는 삶을 그려내는 동기가 된다. 위인(偉人)과 같을 수도 없지만, 똑같은 삶을 살 필요도 없다. 이 시대 우리가 직관력을 기르고자 하는 것도 물고기가 아닌 물고기를 낚는 더욱 다양한 방법을 알아 각자의 삶을 풍요롭게 하고자 함이다. 적용하고 응용하면 삶이 매 순간 새로워진다.

직관력 훈련에 필요한 생각단계가 있다. 생각을 단순하게 정리해줄 것이며, 본질을 파악하게 한다. 직관과 통찰을 위한 생각 도구는 다양하다. 하지만 가장 기본적인 근본 질문법과 트리즈 씽킹법은 디자인 씽킹에서 사용하는 대중적인 방법으로 핵심도구다. 이러한 방법을 회사 업무에서는 잘 사용하면서도 일상에서는 사용하지 않는 경향이 있다.

우리가 비판적 사고를 통해 감정이 얽혀 있는 문제를 해결하고, 각 단계에서 직관력을 계발해 보자. 충분한 연습을 통해 점점 사고의 속도가 빨라지며 창의력까지도 기대할 수 있다. 직관은 분석과 결단을 같은 순간에 한다. 훈련이 잘 될수록 감각은 깨어나고 무의식에서 섬광처럼 일어나는 순간적인 판단이 폭발한다.

1단계 스트레스 일기

비판적 사고 질문에서 가장 기본적이면서도 중요한 것은 'Why, 왜?', 'Why Not, 왜 안 되는데?'이다.

HBO TV 시트콤 시리즈 〈럭키 루이series of Lucky Louie〉에서 아빠와 딸이 나눈 대화 장면이다. 새벽으로 추정되는 시간에 주방에서 시리 얼을 먹으며 아이가 아빠에게 묻는다.

"아빠 나가 놀아도 돼요?"

"안 돼."

"왜요?"

"아직 해도 안 떴어."

"왜요?"

"왜냐하면, 해는 좀 더 나중에 떠."

"왜요?"

"지구가 자전해서 얼마간 돌면 해가 지평선에서 뜰 거야."

"왜요?"

"아빠도 몰라."

"왜 모르는데요? 아빠?"

"학교에서 제대로 공부 안 해서 그래. 수업 시간에 잘 안 들었어."

"왜요?"

"항상 몽롱한 상태로 있었거든."

"왜요?"

"마약을 너무 많이 마셔서."

"왜요?"

"별 상관없을 줄 알았거든."

"왜요?"

"내 인생 어떻게든 되겠지, 라고 생각해서. 그러다 네 엄마를 만났고, 네가 태어났고, 지금은 차 수리 센터에서 일하고 있고,"

"왜요?"

"직업을 가지기엔 너무 늦었고, 거기다 네 엄마가 더 돈을 잘 버니까, 아빠가 집에서 널 챙겨주는 거야, 아빠가 버는 돈은 쥐꼬리도 안 되거든."

"왜요?"

"그게 공장의 사정이라는 게 말이야. 미국 땅엔 제대로 된 일자리가 더 이상 없어,

"왜요?"

"한동안은 일자리가 있었지, 예전엔 운이 좋았던 거고, 지금은 운이 나쁜 거야."

"왜요?"

"세상 물정이란 그런 거야"

"왜요?"

"하느님이 돌아가셔서 그래."

"오케이!!"

아이는 정확히 열네 번 "왜요?"를 한다. 아빠는 딸아이가 "오케이" 할 때까지 정확히 열네 번의 답변을 하는데 점점 더 구체적인 답변이 나온다. 시트콤인 관계로 자신이 아닌 신의 탓으로 돌리고 있는 모양새로 대본이 돌아가지만, 실제 많은 사람들이 근본 원인이 자신에게 있다는 것을 알게 되면 적지 않은 충격을 받는다.

사람들은 첫 번째 이유를 물을 때는 모호하게 답한다. "why?" 세 번만 '꼬리 물기'식으로 물어봐라. 놀라운 일이 일어난다. 자신에게 질문할 때도 이렇게 하다 보면 웬만한 자신의 속마음을 알게 된다. 핑계와 변명으로 복잡하게 깔린 속마음을 용기 있게 드러내고 자신과 주변을 돌아보는 기회로 삼는다.

"왜?"라는 질문을 계속 반복하는 것이 특징인 5WHYs[5Y] 기법이 있다. "왜?"라는 질문을 단계적으로 반복하면 근본적인 원인을 찾을 수 있다. 이를 활용하여 문제를 해결한 유명한 일화가 있다.

다음의 다섯 번의 "왜?"라는 질문을 통해 미국의 제퍼슨 기념관과 링컨 기념관, 워싱턴 기념탑의 대리석이 심하게 부식되는 근본 원인이 기념비와 기념관에 설치된 외부 경관 조명이라는 것을 밝혀냈다. 그로 인해 보수공사에 막대한 비용을 지출하지 않게 되었다. 지극히 간단한 질문법으로 문제의 근원에 빨리 도달하는 방법이다.

문제: 워싱턴 D.C.의 기념비의 부식이 악화되고 있다.

Why? #1 - 왜 기념비가 심하게 부식되는가?

왜냐하면, 그 기념비를 청소하는 데 강한 화학물질이 자주 사용되기 때문이다.

Why? #2 - 왜 강한 화학물질이 필요한가?

왜냐하면, 새들의 배설물을 치우기 위해서이다.

Why? #3 - 왜 기념비에 배설물이 많은가?

왜냐하면, 새들의 먹이인 거미가 많이 살고 있기 때문이다.

Why? #4 - 왜 기념비에 거미가 많은가?

왜냐하면, 거미의 먹이인 거대한 곤충 떼가 해질녘에 그 기념비에 몰려들기 때문이다.

Why? #5 - 왜 해질녘에 곤충 떼가 기념비에 몰려드는가?

왜냐하면, 저녁에 기념비의 조명은 그 지역의 곤충들을 끌어당기기 때문이다.

해결책: 벌레 떼가 몰려드는 것을 막기 위해 조명 비추는 방법을 바꾼다.

-변경 전: 조명은 일반적으로 일몰 2시간 전에 켜지고 일출 2시간 후에 꺼졌다.

-변경 후: 조명을 일몰 30분 지난 후에 켜고, 일출 30분 전에 꺼서 전기를 크게 절약하고 벌레의 양을 90% 줄일 수 있었다

도요타의 설립자인 발명가 도요타 사키치豊田佐吉는 1930년대에 '다섯 가지 이유' 기술을 개발했다. 1970년대에 인기를 얻었으며 도요타는 여전히 오늘날 문제를 해결하는 데 사용한다. 다섯 가지 이유 기술은 문제의 프로세스나 문제에 대한 실무 경험이 있는 사람들이 답변을 얻을 때 가장 효과적이다.

이 방법은 매우 간단하다. 문제가 발생하면 "왜?"라는 질문을 하여 근본 원인을 찾는다. 다섯 번. 그런 다음 대책이 명확해지면 문제가 되풀이되지 않도록 조치한다. 적절한 대책 또는 프로세스 변경이 분명해져야 한다. 앞서 언급했듯이 실제 근본 원인을 알지 못했다면 원인 및 결과 분석과 같은 보다 심층적인 문제해결 기술을 사용해야 한다.

직장에서 이미 잘 활용하고 있다면 일상의 문제에도 적극 적용해 보자. 솔직하게 노트나 일기장에 'Why'를 다섯 번 위에서 아래로 흐름표를 만들어 의미 있는 근본 원인을 탐색해 본다. 2단계에서 근본 원인 분석법에 따라 상황 질문으로 구체화해 보자. 대부분 사람은 "왜?"를

두 번 이상 시도하려 하지 않는다. 그러니 근본 원인이 해결될 리 없다.

우리가 '섬광'의 직관적 의사결정을 위해서는 평소 주요 문제에 대한 근본 원인을 파악하기 위한 자신의 욕구(본능)를 살피고, 논리적 비판적 사고로 바라보는 연습이 필요하다. 5 Why를 물으며, 자신의 Needs(필요), Wants(욕구), Demands(수요, 시장의 요구, 전망, 능력), Seeds(잠재적인 근원적 욕망)을 솔직하게 정리해 본다. 개방된 태도로 틀을 깨고, 일상과 일과 전체 인생에 즐겁게 몰입하기 위한 훈련이며, 존재와 지속해야 할 이유 5가지 단계로 깊이 들어가 본다. 과정 안에서 비전 수립과 '자기 확신'을 갖게 되며, 무엇보다도 일관성, 적시성, 명확성 있는 의사결정을 스스로 하도록 돕는다.

<직관 5Why>

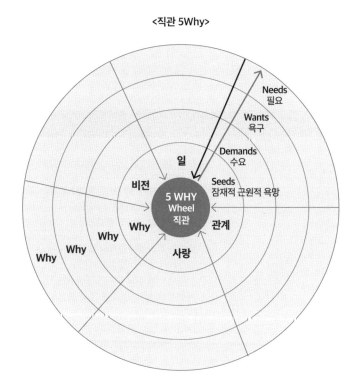

2단계 RCA 다이어리

의학에서의 증상 치료와 상태 치료의 차이점으로 쉽게 이해할 수 있다. 예를 들어 손목이 부러졌다. 진통제는 현재의 증상을 제거할 뿐이다. 뼈가 제대로 치유되도록 하려면 다른 치료법이 필요하다. 표면에 나타나는 증상만 고치면 문제는 다시 나타나고 계속해서 수정하는 수고가 따른다.

RCA^{Root Cause Analysis}는 시스템과 이벤트가 서로 연관되어 있다고 가정한다. 한 영역의 동작은 다른 영역의 동작을 트리거^{trigger}한다. 이러한 조치를 추적하여 문제점이 시작된 위치와 현재 직면한 증상으로 어떻게 발전했는지를 알 수 있다. 일반적으로 물리적 원인(문제 발생, 고장), 인적 원인(물리적 원인으로 이어짐), 조직적 원인(의사결정, 시스템, 프로세스, 정책 결함), 이 세 가지 유형을 모두 살펴본다.

단계	과제	내용
1단계	최근 문제를 정의한다.	무슨 일인가? 구체적인 상황이나 증상은 무엇인가?
2단계	정보를 수집한다.	무엇을 보고 문제가 있다는 것을 알았는가? 문제가 얼마나 오랫동안 지속되었는가? 문제로 인해 발생한 일은 무엇인가?
3단계	가능성 있는 모든 원인을 식별한다.	어떤 일련의 사건들이 문제를 일으키는가? 어떤 조건에서 문제가 발생하는가? 다른 문제로 인해 주요 문제가 발생하는가? 이 단계에서 가능한 한 많은 인과 요인을 식별해 보았는가?

4단계	근본적인 원인을 식별한다.	원인이 존재하는 이유는 무엇인가? 문제가 발생한 실제 이유는 무엇인가?
5단계	문제를 해결할 방법을 구체화한다.	문제가 다시 발생하지 않도록 하려면 어떻게 해야 하는 가? 문제해결은 어떻게 실행할 수 있는가? 누가 그것을 책임질 것인가? 문제를 해결할 때 위험 요소가 있다면 무엇인가?

3단계 '3' 분류 사고법

실리콘밸리 스타트업계를 비롯해 글로벌 기업들은 이제 연초에 1년 단위의 전략을 세우지 않는다. 기하급수적으로 빠르게 진행되는 디지털 시대에 의미가 없기 때문이다. 구글과 아마존의 목표수행법으로 유명한 OKRObjective Key Results은 3개월 단위로 점검하며, 모든 부서와 구성원의 핵심 결과를 연결하며 진행한다. 사실 어렵거나 새로운 기법은 아니다.

이제 새로운 일을 시작하기 전에 물어야 할 것이 있다. "앞으로 3개월(혹은 6개월, 9개월, 12개월) 동안 나에게 가장 중요한 일은 무엇인가?" 이 중요성에 대한 측정을 통해 집중과 헌신을 각오하며, 진행하는 동안 결과가 생각에 미치지 못할 때 수정하며 간다는 것을 뜻한다. 다시 말해 시간과 에너지를 투자해서 중요한 것을 결정하는 직관과 통찰력을 기르는 최소단위다. 이 '3'이라는 숫자는 완벽한 수다. 역사적으로 종교적으로 3은 의미가 깊다. 그리스도교의 삼위일체나 불교에서 쓰는 삼세인과 三世因果라는 심오한 관념을 보더라도 3이란 숫자가 얼마나 중요한지 알 수 있다. 구체적 효과가 무엇이든지 삼중 반복 형식은 모든 문화를 초월해서 민속 문학 속에서 자주 등장한다. '3'은 일련의 사건이 이뤄지는 데 필요한 최소 숫자다. 어떤 사건이 한 번이나 두 번 발생하는 것은 우연의 일치라고 할 수 있다. 그러나 세 번 연속으로 한 사건이 발생하는 것은 특별히 중요한 의미를 지닌다. 성경에서도 '3'이란 숫자는 완성과 완전함을 상징한다.

우리는 사회구조나 현상을 3분할 또는 3단계, 세 가지로 나누어 이해한다. 물리학에서는 세계를 시간-공간-물질로 나누고, 과거-현재-미래, 상급-중급-하급, 상층부-중층부-하층부, 전후-좌우-상하, 고체-액체-기체, 삼단논법, 생리적 욕구-심리적 욕구-정신적 욕구, 미개발국-발전도상국-선진국, 초년-중년-노년 등으로 파악한다.

'3 분류 사고법思考法'은 좁게는 심상이나 지식을 사용하는 마음의 작용으로 문제를 해결하는 것을 뜻한다. 직관적 사고, 분석적 사고, 집중적 사고, 확산적 사고가 있다. 사유와 같은 뜻으로 개념, 구성, 판단, 추리 따위를 행하는 인간의 이성 작용이다. 사고(사유)와 생각은 다소 차이가 있다. 넓은 의미의 사고는 앞으로 일어날 일에 대하여 상상해 보는 것, 사물을 헤아리고 판단하는 작용, 어떤 사람이나 일 따위에 대한 기억을 뜻한다. 명쾌한 분류는 효율적인 기억 저장에 도움을 줄 뿐만 아니라 순식간에 사고의 틀을 준비해 분석하고 창조하는 연장을 지니게 된다. 중요한 것은 사고의 틀 속에 넣을 지표나 요소를 선택해 생각하는가이다. 인간의 뇌는 논리적이지 않아 사건의 현상에 대해서만 임시 대응하는 경향이 강하다. 규칙을 거부하지 마라. 직관의 기술은 규칙에서 시작해서 결국 꽃을 피운다. 성장은 단계가 있는 법이다. 미래를 예측하는 '앞을 보는 힘' 직관의 기술은 규칙과 패턴을 보는 습관에서 시작된다.

다음은 인간과학연구소 미래예측연구회 소장인 일본의 항공공학자 도비오카 켄이 소개한 〈3의 사고법〉[61]의 핵심이다.

구분	내용
Three (세 개로 나누기)	◆차례, 순서, 흐름을 3등분으로 나누어 분류한다. ◆계층(1단계, 2단계, 3단계)으로 나눈다. ◆구역(패턴: 1구역, 2구역, 3구역)으로 나눈다.
Trio (세 개를 하나로)	◆기둥 세 개를 모아 세운다. ◆셋을 하나로 벤 다이어그램으로 묶는다. ◆상호 삼각관계를 만들어 생각한다.
Third (제 3의 눈)	◆더하기, 빼기, 곱하기, 나누기로부터 세 번째를 도출한다 (하이브리드 사고법). ◆세 번째를 투입하거나 뺀다(Ⅰ+Ⅱ±Ⅲ). ◆제3의 눈으로 본다.

출처: 飛岡 健, <日本の箍 の緩みの考察>, 『月刊公論』10월호, 2018.10. p.23

직장에서 업무뿐만 아니라 개인적인 비전과 행동 전략을 3개월 단위로 계획하고 실천하면 실행력과 추진력의 동력을 얻는다. 3개월이라는 시간은 어떤 프로젝트가 최소 완성될 시간이며, 이미 논증 연구와 경험이 충분한 베테랑 저자들은 책 한 권에서 두 권(연간 2~3권)까지도 써내는 시간이다. 서구뿐만 아니라 일본에서 다작 작가는 어렵지 않게 찾아볼 수 있다. 그들의 성실함과 재능은 몰입에서 오며, 몰입을 통한 깊은 직관력과 통찰의 힘으로 점점 탄력을 얻어 상상력과 창조 시너지를 낸다.

심리학자인 딘 사이먼튼Dean Keith Simonton은 『천재의 기원The Origins of Genius』에서 "혁신가는 성공했기 때문에 많은 아이디어를 낸 것이 아니라, 아이디어를 많이 냈기 때문에 성공했다."라고 말한다. 아인슈타인은 240편이 넘는 논문을 작성했고, 에디슨은 1,000건 이상의 발명 특허를 신청했으며, 바흐는 매주 칸타타를 작곡했고, 피카소는 45,000점이 넘는 작품을 남겼다. 고흐의 초상화를 그린 친구이자 후기 인상주의 천재화가 툴루즈 로트렉은 37세에 생을 마치며 5,000여 점의 작품을 남겼다.

과학자나 예술가들은 기계적이라고 할 만큼 연구와 작품을 대량 생산했다. 다작多作이 걸작傑作을 탄생시킨 것이다. 시대적 예술가나 과학자들이 귀족이어서 일을 안 해도 되어 시간이 많았든, 생계의 어려움 속에서 창조했든 중요하지 않다. 핵심은 연구나 작품의 수가 아니라, 다작하는 동안 얼마나 고뇌하며 얼마나 자주 영감이 떠올리는 순간을 맞이했겠는가 하는 점에서 감탄스럽다.

99%의 노력과 1% 영감을 받아 끊임없이 노력하는 자세는 우열을

가리기에는 무의미해 보인다. 직관과 통찰로 얻은 결실 1%의 영감이 없었다면 99% 노력도 소용없다는 것에 동의한다. 99%의 노력 속에 1%의 영감이 나타나지 않을 수도 있다. 그래서 다들 불만이지 않은가. 인풋Input인 시간의 '양'도 필요하지만 아웃풋Output이라는 홈런을 내는 영감이라는 결정적인 '질質'의 스펙트럼은 절대적으로 중요하다.

직관력을 계발하는 올바른 방법을 알고, 단련하면 '통찰'로써 '영감'이란 선물을 얻는다. 가슴이 벅차오르고 의욕을 샘솟게 한다. 영감과 노력은 비율로 따질 수 없는 가치다. 번뜩임을 발하는 찰나의 영감과 동시에 서서히 광채를 내뿜는 기계적 성실함이 조화를 이뤄야 한다. 그 시작에 마법의 숫자 직관의 '3'을 잊지 말기 바란다.

4단계 모순의 시각화_Triz

프랑스 작가 마르셀 프루스트Marcel Proust는 "진정한 발견은 새로운 것을 찾는 것이 아니라, 새로운 눈으로 보는 것이다."라고 말했다. 우리는 선택과 결정을 할 때 여러 모순에 부딪치게 되고, 마치 수렁으로 빠지는 듯한 기분을 갖게 된다. 이제 직관력을 깨우기 위한 창의적 문제해결 도구인 트리즈 사고를 해보자.

트리즈(러시아어)는 러시아의 천재적인 발명가 겐리히 알트슐러 Genrich s. Altshuller 빅사기 개발한 창의적 문제해결 이론이다. 일정한 패턴이 있어 누구나 배울 수 있다. 알트슐러는 수많은 특허 문제해결 과정을 분석하면서 표준 문제의 문제해결 절차를 발견했는데 모순 극복이 핵심이다. 직관 지능 계발을 위해 심리적 관성의 모순을 탐색함과 동시에 문제해결이라는 것에 의미를 두고자 한다.

주어진 문제에 대하여 가장 이상적인 결과를 정의하고, 그 결과를 얻는 데 관건이 되는 모순을 찾아낸다. 모순은 관리적, 기술적, 물리적 모순 세 가지가 있다. 우리는 선택과 결정을 하기 전에 무언가에 불편함을 느끼며 문제와 필요성을 제기하는데 이것이 바로 관리적 모순이다.

기술적 모순(서로 다른 2가지 요구 특성/변수 충돌)을 극복할 수 있는 해결안을 얻을 수 있도록 Triz이론의 생각하는 40가지 방법 가운데 우리가 실생활에서 손쉽게 사고할 수 있는 것은 분할, 추출, 국소적 성질, 통찰, 다용도, 포개기, 사전예방, 높이 맞추기, 반대로 하기, 차원 바꾸기, 고속처리, 셀프서비스, 기계 시스템 대체, 복합재료를 손꼽을 수 있다. [62]

물리적 모순은 어떤 하나의 기술적 변수가 서로 다른 값을 동시에 가지는데 이것은 기술적 모순으로 이어진다. 다시 말하자면, 플러스 효과와 마이너스 효과를 동시에 가진다는 의미다. 예를 들어 비행기 바퀴는 이착륙을 위해서는 반드시 있어야 하지만 공기저항을 최소화하기 위해서는 없어야 한다. 결과도출은 이륙한 뒤에는 바퀴를 비행기 몸체로 들어가게 해서 공기저항을 최소화하는 것으로 개발한 사례다.

트리즈 도구를 활용한 직관 사고 모순 모델링을 다음과 같이 표현해 볼 수 있다. 반복 훈련을 통해 '찰나'의 직관적 사고를 높일 수 있다. 생활 속에서 진로, 기획과 의사결정 업무, 발명, 여행 등 인생에 관한 어떤 주제나 안건도 가능하다.

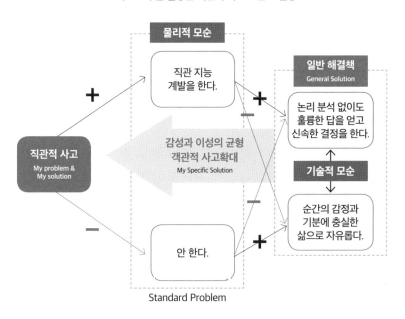

<트리즈 도구를 활용한 직관적 사고 모순 모델링>

'직관적 사고'라는 이슈에서 '직관적 지능 계발을 한다.'와 '안 한다.'의 물리적 충돌 모순이다. '직관적 사고'를 많이 하면 플러스 효과로 '논리 분석 없이도 훌륭한 답을 얻고 신속한 결정을 한다.'로 개선되고, 마이너스 효과로 '순간의 감정과 기분에 충실한 삶으로 자유롭다.'

가 어렵다. '직관적 사고'를 안 하면 플러스 효과로 '순간의 감정과 기분에 충실한 삶으로 자유롭다'이지만, 마이너스 효과로 '논리 분석 없이도 훌륭한 답을 얻고 신속한 결정을 한다.'의 경우는 하락한다.

이러한 모순을 대상과 대상 사이의 관계를 시각화해서 문제해결을 찾는다. 궁극적인 목표는 두 가지 기대 특성(일반 해결책)을 모두 개선할 방법을 찾는 것이다. 핵심은 단순한 흑백논리로 '모' 아니면 '도'가 아닌 '직관력'으로 미래를 앞서 보고 '모'와 '도'를 동시에 충족할 방법을 통찰하는 것이다. 그런 이유로 직관적 사고가 묘하게 느껴지는 것이다. 문제해결에 있어 '찰나'에 해내는 일이 많아진다면 우리는 좀 더 여유 있고 풍요로운 삶을 만들어갈 수 있다.

직관적 사고를 하면서 감정과 기분도 살펴 충동적인 잘못된 선택과 후회되는 결정도 줄일 수 있는 방향으로 이상적인 해결책을 찾는다. 감정은 마음, 기분은 육체의 영향을 더 받는 경향이 있다. 감정에 따라 기분이 변화된다. 휘둘리지 않기 위해 직관적 사고는 필수다.

숙련되면 브레인 라이팅brain writing이나 상상하며 시뮬레이션을 하는 능력을 키울 수 있다. 목적의식을 분명히 하며, 흐름에 따른 직감과 직관적 통찰로 프로세스를 만든다. 생각의 패턴을 찾는 창의적인 과정을 통해 새로운 탄생, 뿌듯하고 만족스러운 '창조적 삶'이라는 결과를 얻는다.

방법 9. 작품 속 주인공들의 삶의 결정법
_시나리오의 가치

… 죽음은 우리 모두가 공유하는 목적지입니다. 아무도 탈출하지 못했습니다.
그리고 죽음은 삶의 가장 위대한 발명품일 가능성이 크기 때문입니다.
그것은 인생의 변화 주체입니다.
새로운 것을 위한 길을 열어 주기 위해 낡은 것을 지웁니다…
당신의 시간은 제한되어 있기에 다른 사람의 삶을 사는 데 낭비하지 마십시오.
_스티브 잡스

우리가 소설과 영화 속 주인공들의 삶에 매료되는 이유는 역사적 위대한 인물보다 더 역동적이고 사실적으로 다가오기 때문이다. 전지적 작가 시점에서 극적으로 표현하기에 사람들은 실제 있을 법한 허구인 소설과 영화에 더 공감한다. 우리가 쉽게 경험하거나 시험해 볼 수 없는 다양한 삶을 대신 살아 주는 허구의 주인공들에게 카타르시스를 느낀다. 그리고 즉각적이고 직접적인 교훈을 얻는다. 주인공이 처한 상황에서 어떤 결정을 내릴 것인가? 삶에서 중요한 '야망', '사랑', '죽음', 이 세 가지 주제를 두고 알아보자.

야망의 맹목적 직관

첫 번째 '야망의 맹목적 직관'의 주인공은 프랑스 TV 드라마 〈베르사유〉에 나오는 프랑스 루이 14세 태양왕이다. 영화는 루이 14세의 꿈속 이야기로 시작된다. 베르사유 궁전이라는 배경이 보이고, 어머니의 '왕권의 힘'이 중요하다는 메시지를 받는다. 예지몽을 꾼 루이 14세는 아버지 루이 13세의 여름 별장 베르사유로 가서 거대한 궁전을 지으며, 절대왕정의 확립을 꿈꾼다.

'베르사유 궁전', '왕의 춤', '성과 없는 전쟁 집착', '태양중심설', '엄격한 궁 예절' 등은 모두 전략적 연출이었다. 이득도 없는 오랜 전쟁으로 국가의 빚이 1683년에서 1715년 사이에만 열 배가 늘었다. 파리를 비롯한 모든 도시에는 사람들이 굶어 죽거나 전염병에 걸려 시체가 즐비했다. 그는 프랑스를 영토 확장과 왕권 확립, 과학과 문화의 강국, '위대한 국가'로 만들고 싶어 했으나 귀족들은 갈수록 타락했고, 루이 14세는 백성의 복지에는 관심이 없었다. 비록 죽음 앞에서 후회했지만, 루이 14세 절대 권력은 이미 백성들에게 외면당했고, 프랑스 혁명의 씨앗이 되었다.

다음은 드라마 속의 인상적인 장면으로 루이 14세와 베르사유 궁전의 정원을 담당하는 군인 출신 정원사와의 대화 내용이다.

"튼튼한 뿌리는 어떻게 확인하는가?"

"소인이 책임지고 폐하께 진상한 모든 묘목의 기원을 확인합니다."

"뿌리의 튼튼함의 척도는 무엇인가?"

"씨앗을 아는 것은 뿌리를 아는 것이지요. 뿌리를 알게 되면 나무와 열매를 알게 됩니다.

병든 나무를 태워 순수한 나무를 지키면 폐하께 오렌지 꽃을 바칠 수 있지요."

"군인치고 능변이로군."

"말이 곧 무기입니다, 폐하. 소싯적에 많이 써먹었지요. 하지만 이제 정원사입니다."

루이 14세는 나중에 정원사가 네덜란드 스파이에게 피살당하자 무척 슬퍼했다. 귀족들의 막강한 힘을 제압하고 왕권을 확고히 다지기 위한 여정은 지독히도 외로운 길이었다. 정원사와의 대화를 통해 영감을 얻었던 루이 14세는 베르사유에 머물면서 독살과 타락에 빠진 귀족들을 말살하는 방법으로 적용한다. 오렌지(강력하고 화려한 절대왕정과 왕권)를 얻기 위한 왕실 입장에서 잘못된 씨앗(타락한 귀족, 왕권을 도전하는 영주, 가톨릭(구교)에 도전하는 개신교도)을 뿌리 뽑기 위해 맹목적으로 집착을 보이기 시작한다.

루이 14세는 꿈을 통한 예지로 직관을 하고자 했다. 오로지 목표는 절대왕정이었다. 17세기 유럽에서 힘없는 왕으로서 살아가기란 죽음보다 두려운 것이었다. 그의 근시안적인 맹목적 집착이 직관은 백성과 역사의 냉정한 평가를 받았다. 욕망과 불안으로 마음과 눈을 가리면 제대로 된 전략적 직관을 할 수 없다.

시대를 초월한 사랑의 직관

두 번째 '시대를 초월한 사랑의 직관'의 주인공은 〈아웃랜더 Outlander〉 속 인물이다. 〈아웃랜더〉는 '역사 시간여행' 소설을 기반으로 한 TV 드라마 시리즈(2014~2020)다. 제2차 세계대전이 막 끝난 1945년 여주인공 클레어가 알 수 없는 힘에 의해 200년 전 혼란스러운 스코틀랜드로 타임 슬립하면서 일어나는 일을 그렸다.

역사적 현장으로 들어가 스코틀랜드 고원 전사 제이미 프레이저를 만나 결혼하고 극도로 치열한 전쟁 중에 아기(200년 된 아기)를 가진다. 아이를 지키기 위해 힘든 이별을 하고 1960년대 시간으로 다시 돌아온다. 20년이 지난 뒤 역사기록물을 통해 제이미가 살아 있다는 것을 알고 다시 18세기 스코틀랜드 인네버스로 떠나 새로운 모험을 시작한다. 수많은 절체절명 위기의 순간이 찾아오는데 이때 여주인공이 내린 결단은 대단했다.

우리가 만약 뜻하지 않은 시간여행을 하게 되어 한 사람을 사랑하게 되고, 그 시대 사람들을 사랑하고, 가정을 이루고, 역사적 사건에 휘말린다면 어떤 결정을 하겠는가? 18세기는 매우 잔인하고 가난하며, 위험하고, 역동적인 사회였다. 현대의 모든 것을 버리고 역사 속에서 살아갈 것인가? 현실이라면 결코 쉬운 일이 아니다. 주인공 클레어는 간호사이고, 첫 번째 시간여행 후 현대 시간으로 돌아와 영국에서 미국 뉴욕으로 건너가 의과대학에 들어가 의사가 되었다. 제이미를 찾아 두 번째 시간여행을 갔을 때 그녀는 치료사로서 외과 의사로서 18세기의 사람들을 도왔다. 정열적이고, 친절하고, 의협심 많은 클레어는 수많은 선택과 극적인 결정을 한다.

강인한 정신과 결단력은 그녀만의 직관력에서 비롯된 것이 아닐까. 그녀의 직관을 도운 것은 자신의 명확한 논리와 감성의 인지였다. 사랑과 믿음, 사명이다. 그녀는 성공과 명예, 안락함 대신 불확실한 시대를 선택했다. 주목할 만 한 점은 순간의 맹목적 사랑의 감정이 아닌 오랫동안(영화에서는 20년) 생각해온 것을 행동으로 결단 내린 것이다. 소설 속 인물이지만 강인한 사람이다.

가치 있는 죽음의 직관

세 번째, '가치 있는 죽음의 직관'의 주인공은 프랑스 소설 〈살아 있는 자를 수선하기Mend the Living〉에서 찾았다. 친구들과 바다 서핑을 마치고 돌아오던 중 교통사고를 당한 열아홉 살 청년 시몽 랭브르가 뇌사 판정을 받는다. 여전히 심장은 뛰고 있고 시몽의 육체는 젊고 아름답고 생기 넘친다. 그의 절망적인 상태를 마주한 시몽의 부모는, 죽어가는 다른 생명을 살리기 위한 아들의 장기 기증 여부를 결정해야 하는 상황에 봉착한다. 시몽 랭브르의 심장이 다른 환자에게 기증되고 이식되는 24시간의 과정을 담은 이야기다.

"한 인간의 심장, 한 인간의 생生, 20여 년간의 삶의 격정과 율동의 기록이 고스란히 담겨 있는 육신의 블랙박스", "내가 더 이상 사고思考하지 못한다면, 나는 더 이상 존재하지 않는다."를 말해주듯 다른 생으로 옮겨 가는 과정은 애절했다. 길게 이어지는 문장들과 짧은 호흡으로 숨이 가쁠 정도로 끊어지는 문장들이 어지럽게 쏟아졌다. 무엇이 연상이고, 현실인지 혼란스러울 정도로 긴박성 있게 휘몰아친다. 우리는 가끔 뻔히 내다보이는 미래를 외면한 채 젊음의 무모한 혈기나 안일한 생각으로 자신에 대한 무책임한 행동을 서슴지 않는다. 생존본능인 직감조차도 느낄 감각을 깨우지 않는다는 점에서 매우 위험하다. 막을 수 있는 사고 뒤의 무모함과 휩쓸림은 부모와 형제, 가까운 이들에게 세상 무너지듯 절망감을 안긴다.

"두 사람은 시몽의 죽음을 통고받은 뒤로 시몽의 겉모습이 손상되었을 거라고 생각했을 수도 있다. 혹은 적어도 겉모습에 저번과는 뭔가 다른 변화(피부의 색깔, 피부의 결, 윤기, 체온)가 있을 거라는 생각을 했을지도 모른다. 하지만 천만에, 아무것도 변하지 않았다. 시몽이 저기, 전혀 변하지 않은 모습으로 누워 있다……"[63]

부모는 시몽의 20년을 되돌아보며 그의 죽음을 믿을 수 없었다. 아들이 평안하게 다음 생으로 가도록 그가 좋아했던 음악을 들려주고, 파노라마처럼 함께한 추억을 나누며, 그가 세상에 남기고 갈 가치에 대해 서서히 마음의 준비를 한다. 정신을 잃을만한 슬픔과 고독, 혼란 속에서 마음을 굳게 먹고 결정을 내리는 순간에 직관이 작용한다. 곧, 사랑하는 아들을 다시는 볼 수 없으며, 보송한 피부 속 장기를 모두 빼낸다는 사실은 상상하기 힘들 정도로 부모로서는 비참한 일이다. 부모는 '죽음'이라는 냉혹한 현실을 인정하고, 다른 생명을 살리도록 허락하는데, 이 순간이 통찰이고 창조다.

한 인간의 삶은 한 편의 영화다. 어느 한때는 잔잔했을 테고, 역동적일 테고, 슬픔에 가득 차 있을 테다. 마치 영화와 소설 속의 주인공이 된 자신을 관찰한다. 편안히 소파에 앉아 인생 파노라마가 펼쳐지는 스크린을 보는 시간을 갖는다. 깜빡거림이 선명한 직관으로 무엇이 느껴지는가? 말로 표현하지 말고 느낀다. 직감이나 직관은 말(언어)로 표현되지 않는다. 우리 몸속의 오케스트라가 연주되고, 감각이 살아난다. 직관의 위대함은 침묵 속에서 조용히, 때로는 강렬하게 움직인다는 점이다. 그 안의 드라마는 감동의 물결이다. 환각이 아닌 '나'를 포함한 세상과 소통하고 연결하는 '숨소리'를 듣는다. 각자의 삶은 어떠한 이야기를 품고 있으며, 앞으로는 어떤 이야기가 펼쳐질지 모른다. 그 안에서 우리는 무엇을 어떻게 결정할 것인가?

시나리오 임팩트 훈련법

테니스를 칠 때 공이 어디로 날아올지 빛의 속도로 계산하고 예측함과 동시에 몸을 움직여 라켓으로 정확히 맞춘다. 먼저 테니스 기술에 비유해서 설명하자면, 강력한 포핸드의 핵심은 시간과 라켓 헤드 스피드, 그리고 공을 쓸어 올리는 기술이다.

첫째, 테니스공에 힘이 작용하는 시간이 길면 길수록 테니스 라켓에서 타격impact 된 후에 볼 속도가 커진다. 둘째, 볼에 회전(스핀)을 주는 방법이다. 스윙의 형태를 공의 중앙 아랫부분에서 위쪽으로 쓸어 올리는 모양으로 타격(임팩트)한다. 셋째, 손목을 일자가 아닌 뒤로 젖힌 L자 모양이 되게 한다. 자연스럽게 라켓 헤드가 좀 더 아래 방향으로 가게 되고 공을 쓸어 올릴 수 있다.[64] 이 타격(임팩트)의 순간이 직관이다. 경기 흐름과 예상치 못하는 승부는 이런 식으로 창조된다. 스핀과 스피드가 강력한 포핸드의 핵심인데 스핀은 논리 분석 프레임이고 스피드는 직감이다. 누가 이 직관의 기술을 불확실한 상황에서 얼마나 더 발휘하느냐, 그 이전에 얼마나 많은 선수의 테니스 기술을 분석하고 연마했느냐가 승패를 좌우한다.

인간은 상상력을 통해서 '예행연습'을 할 줄 안다. 단기전은 연속적이고 반복된 이미지 트레이닝, 장기전은 영화 시나리오 대본 구성하듯 하기를 권한다. 시나리오는 점[占] 보듯 미래를 정확히 예측했느냐가 초점이 아니다. 결과가 항상 좋은 것도 아니다. 시나리오를 통해 구체화하는 과정을 거쳐 긍정적 결과나 부정적 결과가 예상되는지를 본다. 간단히 말하면 시나리오는 위험 관리를 위한 상상 시뮬레이션 도구다. 우리가 지하철 노선도를 머리에 그리는 것부터 여행 가기 전 전체 여정을 상상해서 어떻게 일정을 짜서 움직일지 예측하기까지 머릿속으로 구상한다. 대회를 앞둔 선수들이 익히 사용하는 이미지 트레이닝 방법과는 다소 차이가 있다.

우리가 일상에서 또는 사건을 앞두고 어떻게 벌어질지도 인간은 상상 시나리오를 통해서 통제한다. 직접 하지 않아도 실제 한 것과 같이 우리 뇌는 인식한다. 좋은 시나리오가 좋은 결과를 낳을 확률이 높다. 그러면 좋은 시나리오란 무엇인가?

일상생활에서 시나리오를 통해 직관력을 기르는 방법은 주도면밀하게 매일 연습하는 것이다. 직관 지능 계발을 위해 조금 더 지속적인 관찰과 정보를 수집하는 정도의 노력이면 꽤 좋은 시작이다. 시나리오법은 전문가라기보다 특정 분야에 실적이 있는 사람을 대상으로 델파이(전문가에게 설문을 반복하여 순차적으로 높은 예측을 끌어내는 방법) 앙케트(대상 분야와 관련 분야에 대해 예측이 필요할 것으로 생각되는 질문사항을 미리 작성하여 대답을 집계해서 예측 결과를 끌어냄)를 하는 방법으로 미래를 예측하여 시나리오를 만들고, 불분명한 점은 더욱 정밀한 시나리오로 구성한다.

능력 범위를 확실히 인식해야 하는 것이 중요하다. 다음 세 가지 방법을 연습한다. 복잡한 미래예측 기술보다 평소의 사고훈련은 직관력을 상승시킬 수 있다.

첫째, 자신만의 인과관계 사고방식의 관찰 방법을 만든다.

대부분 경영자는 자신의 비즈니스 분야에서 앞으로 어떤 일들이 일어날 것인가를 판단하기 위해 자신이 직접 경험한 특정 선행 지표를 이용한다. '문제의식'을 갖고 전후를 따지며 직관력을 발휘하여 살핀다. 사업계획을 변화가 큰 쪽으로 결정한다. 워런 버핏의 경우, 현장에 나가지 않아도 훤히 내다본다. "만연한 공포는 투자자의 친구다."라고 말한 워런 버핏은 투자 분야를 공부하면서 투자한다. 분석과 직관력으로 통찰력을 발휘한 후 '투자'라는 창조를 한다. 자신이 잘 알 수 있는 것을 찾아서 자신을 믿고 투자하라고 말한다.

둘째, 시대의 징후를 잡는다.

미래를 예측하는 방법은 논리적 예측과 비논리적 예측이 있다. 직관은 비논리적 예측에 속하며 언어적 직관과 비언어적 직관으로 나뉜다. 언어적 직관은 전문가의 직관이고, 비언어적 직관은 음악형, 시인형, 동물형 등이다.[65] 자유롭게 사고하고 장래 목표를 갖는다. 미래라도 현실, 현재와 인과관계가 있다.

앞으로 일어나리라 예상되는 사건과 사회현상 중 한 가지를 철저하게 쫓아 미래를 예측하는 방법이 있다. 오랜 기간 변하지 않는 것과 변해 가는 것을 확실히 알아갈 수 있다. 평소 이러한 훈련으로 직관력과 통찰력의 기초 감각을 키운다. 회귀 현상이다.

30년을 한 세대로 보고, 어린 시절 맛본 경험에 따라 재차 동일하게 행동한다는 패턴을 파악해서 예측하는 방법도 있다. 이 모든 것을 넘어서 불확실한 미래를 직감에만 의존하지 마라. 논리 추리가 내재된 직관을 가장 확실하게 잘 활용하는 방법은 무지나 불안을 감지하는 것만이 주목적이 아니다. 거침없이 우리의 미래를 새롭게 만들어가는 데 있다.

셋째, 시나리오 구성Plot을 해본다.

구성은 소설에서 일어나는 일련의 사건이 갖는 논리적인 패턴과 효과를 위한 배치, 극적인 사건의 흐름을 말한다. 스토리를 발전시키기 위해 등장인물, 장소, 시대적 상황을 만든다. '나'에게 영향을 줄 '사람', '사건', '사물'로 구성한다. 불확실성은 무엇이며, 갈등과 두려움을 예상해 본다.

이것이 전제다. 하고자 하는 일을 위해 움직이기 시작할 때 둘러싸고 있는 총체적인 상황(배경, 욕망, 잠재적인 장애물 등)이다. 변증법 논리에 적용해 보면, 주인공('나', '사물', '상황')에 대해 이것을 억압하는 환경의 힘이 가해져 주인공('나')의 새로운 행동을 낳는 식의 '정반합'의 구조가 성립된다. 클라이맥스에서 어떻게 해결될지 예측한다, 클라이맥스에서는 드라마의 근본 모순인 정^{正}과 반^{反} 정면으로 격돌해서 대폭발을 일으켜 감정의 변화를 감지해 본다. 어떤 식으로든 해결책이 나온다. 클라이맥스의 직관은 예언이 아닌 우리가 각자 만드는 세상을 변화시킬 '통찰'을 가져다준다. 이것이 바로 '확신'이다.

에필로그

지금 우리 삶에 필요한 직관력

글을 쓰며 직감과 직관을 돌이켜본다. 기회를 놓치기도 했지만, 다행히 더 많은 기회를 얻었다. 오랜 시간이 지났음에도 불구하고 여전히 '소리' 없는 말, 직감은 나의 뇌리와 피부 점막에 그 느낌 그대로 남아 있다. 너무나 순식간에, 어디서 왔는지 모를 '훅' 던지는 느낌을 어떻게 다뤄야 할지 몰랐다. 누구의 방해나 성급한 조언을 피해 혼자 떨어져 조용히 머물러야 했음을 깨닫고, 직감을 직관으로 끌어낼 힘을 단련하는 기회로 삼기 시작하면서 '나'와의 대화가 풍요로워졌음은 분명하다.

사람들은 '촉'이라며 자신 있게 말들을 하지만 실제 직감을 구체적으로 어떻게 대해야 하는지 또한 발전시켜야 하는지는 자세히 알지 못한다. 직감과 직관력을 발휘한다는 것, 그 사이마저도 상당한 거리가 있다. 직감은 본능적이다. 직감을 느끼는 것이 다가 아니었다. 직감을 알아보는 '직관'이 주는 통찰로 냉철한 결단을 내리는 것은 우리가 그토록 바라던 인생 마스터 카드였다. 본능의 힘만 발휘하기에는 세상이 너무 복잡해졌다. '일'은 인생의 대부분을 차지하지만 일상을 직관적으로 결정하는 것은 매우 사적이다. 우리가 사적인 부분에 직관을 깨운다면 평온을 유지할 수 있다.

나는 이 책을 쓰면서 직감을 표현하는 딸의 모습이 새롭고 반갑다. 자신에게는 너무나 명확해서 망설이지 않는다. 인생을 살아감에 있어 이 시대 무척이나 필요한 연장이다. 수영을 가르치는 것에 앞서 기류와 흐름을 파악하는 본능이 더욱 발달 되도록 격려할 생각이다. 아이는 어른보다 순수해서 직감이 뛰어나다. 사춘기 때는 나름의 논리도 펼칠 줄 알고, 일어날 일에 대한 그 나이에 필요한 만큼의 직관력도 있다. 물론 변덕이 있기는 하다. 어른이 당황할 파격적이고 솔직한 짧은 몇 마디로 명중하듯 꿰뚫는다. 딱 하나의 문장으로 어른을 제압한다. 숨기려고 하지만 당황한 나머지 말문이 막히고, 말끝을 흐린 적이 한두 번이 아니다. 우리는 과연 직장에서 사회에서 그런 뛰어난 질문과 답을 했었나 싶은 생각이 든다.

유용한 처세술과 심리학은 때로 그런 것들을 애초부터 봉쇄한다.

직관 역시 방어술 역할도 하는데 처세술은 세속의 사회적 기술이고 직관은 우주 속에 있는 듯한 기분이 드는 이유가 뭘까? 신카이 마코토의 『초속 5센티미터』라는 소설이 있다. 지금 책상 앞 책꽂이에 꽂혀 있는데, 직감과 직관 사이의 거리를 말하자니 나와 눈이 딱 마주친다. 그렇다. '초속 5센티미터' 만큼의 거리다. 벚꽃 잎이 떨어지는 속도는 초속 5센티미터. 나는 그 5센티미터가 마치 빛의 속도로 1년(율리우스년=365.25일=8766시간=525960분)이 걸리는 거리, 광년의 시간인 듯 느껴진다. 우리 내면의 우주는 광활하다.

눈 깜짝할 사이에 스치는 통찰을 감지하는 능력이 직관이다. 긴박한 순간 내면의 소리를 듣는 '자기 대화'의 능력, 논리와 감정의 균형을 살피며, 결단의 타이밍을 알아차리는 역량을 갖춘다면 내 삶을 결정하고 세상 돌아가는 이치를 간파하며 잘살 수 있지 않겠는가. 스스로 좋은 에너지를 만들 수 있다면, 삶에 확신이 생긴다. 심신에 자유를 주고, 안정감을 되찾을 때 당신은 충만한 마음으로 직관과 통찰을 맞이한다.

'뉴 골드러시'는 인공지능만이 아닌 인간의 '직관'과 '통찰'을 통한 창조적 삶에 있다. 오늘 당신만의 초를 마련해서 불꽃을 피우기를 바란다. 무한한 가능성 앞에 선 '나' 자신과 여러분을 응원하며 이 글을 마친다.

주

1 Netflix's Series(2020), 'Pandemic'총 6화 시리즈 中 인터뷰

2 네이버 지식백과, 명량대첩 [鳴梁大捷] (한국향토문화전자대전)

3 이우혁, 『퇴마록』 세계편 제2권, 엘릭시스(2011), p.311, pp.329~330.

4 패드릭 반 더 퍼즐 외, 『디자인씽킹, 비즈니스를 혁신하다』, 틔움출판(2018).

5 바이두백과, 全文原載于民国八年出版的新生活杂志第二期,《差不多先生传》是胡适先生創作的一篇传记题材寓言.

6 Michael Levine, Logic and Emotion, Psychology Today, JUL, 12, 2012.

7 에노모토 히로아키, 『부정적 사고력』, 토마토출판사(2016). p.49.

8 Emma Goldman, Before Siri and Alexa, there was ELIZA, 유튜브, 2017.

9 강동화, 『나쁜 뇌를 써라』, 위즈덤하우스, p.6

10 A User's Guide to Rational Thinking, 'Cut through flawed assumptions and false beliefs- including your own-with these strategies. By Christie Aschwanden, Discover,May 28, 2015

11 김연미, '합리적 감정에 기초한 법적 정의에 대한 연구', 법학논총 34권 4호,한양대학교 법학연구소. 2017.1.2.

12 Marina, J. A. (1994). Teoría de la inteligencia creadora. Barcelona: Anagrama. Canadian Broadcasting Corporation. 25 July 2012. Retrieved 21 February 2013. https://wonderfulmind.co.kr/the-sad-elephants-a-true-story/

13 마거릿 해퍼넌, 『의도적 눈감기』, 도서출판 푸른 숲, 2013. p.38.

14 Valerie Varan, Gut vs. Intuition: They're Not the Same, Psychcentral, 8, JUL, 2018.

15 '직관적 사고의 4가지 유형', 뇌 진화 및 행동 연구소(Laboratory of Brain Evolution and Behavior. 원더풀마인드, 2018.8.9

16 사이토 다카시, 『유연한 지성의 단련법』, 샘터(2017), p.62.

17 윌리엄 더건, 『전략적 직관』 비즈니스맵(2008), p.74.

18 위의 책, p.77.

19 https://columbiapress.typepad.com/strategic_intuition/Chapter-1-Strategic-Intuition.html

20 Michael Simmons, Warren Buffett: "Really Successful People Say No To Almost Everything", Accelerated Intelligence, Jan 7, 2019.

21 김철권, '성공하는 순간에 실패하는 사람'. pp.84~85. 좋은생각, POSITIVE THINKING 2017 JANUARY Vol.300 .1월호,

22 norman P. Li, Why Very Smart People Are Happiest alone, https://bigtink.com, https://Washingtonpost.com, 2016. 3. 18.

23 생활양식 [life style, 生活樣式](상담학 사전, 2016. 01. 15., 김춘경, 이수연, 이윤주, 정종진, 최웅용)

24 Crown DP, Personality Theory. New York, NY: Oxford University Press; 2007. [Google Scholar]

25 엘프리다 뮐러 카인츠, 『더 본능적으로 살아라』, 타커스(2003, 2012), pp.38~39.

26 https://drbarbaragreenberg.com/teaching-our-teens-about-intuition/

27 By Laura Kutsch on August 15, 2019, Can We Rely on Our Intuition?, SCIENTIFIC AMERICAN.

28 Heuristic Decision Making. Gerd Gigerenzer and Wolfgang Gaissmaier in Annual Review of Psychology, Vol. 62, pp.451~482; January 2011.

29 Intuition in Decision Making: Theoretical and Empirical Aspects. Kamila Malewska in Business and Management Review, Vol. 6, No. 3, pp.23~31; June 2015.

30 the-5-different-types-of-intuition-and-how-to-hone-yours..fastcompany.com, @samleecole

31 Individual Modes and Patterns of Rational and Intuitive Decision-Making by Purchasing Managers. Lutz Kaufmann, Claudia M. Wagner and Craig R. Carter in Journal of Purchasing and Supply Management, Vol. 23, No. 2, pp.82~93; March 2017.

32 Reason, Intuition, and Time. Marco Sahm and Robert K. von Weizsäcker in Managerial and Decision Economics, Vol. 37, No. 3, pp.195~207; April 2016.

33 [지금은 마음경영시대] 명상의 과학브레인 Vol.76 [집중리포트] 명상의 과학, 지금은 마음경영시대,2019년 08월 23일.

34 유방암 방사선 치료를 받는 여성에게 있어서 뇌파진동 명상이 갖는 불안 감소, 피로 감소 효과 및 전반적인 삶의 질 향상,《Complementary Therapies in Medicine》, 2013, 서울아산병원-단월드

35 이승헌, 『뇌파진동』 브레인월드 한문화멀티미디어, 2009, pp.157~163.

36 황경남, [Science]우리몸에서 자기장이 발생한다고. 한국경제신문, 2008.11.07.일자.

37 Bryan Levman Journal of the Oxford Centre for Buddhist Studies. vol 13, (2017), p. 122.

38 위키백과, 미음 챙김. https://ko.wikipedia.org/wiki/

39 페니 피어스, 『감응력: 꿈을 실현시키고 직관을 깨우는 힘』 정신세계사(2009). 위키백

과, '뇌파'.

40 존 H. 밀러 John H. Miller. 『전체를 보는 방법, A Crude Look at the Whole』 에이도스, 2017.피터 매티슨 '인간이 태어난 나무' 서문 앞 문구 재인용.

41 Simon M McCrea, Intuition, insight, and the right hemisphere: Emergence of higher sociocognitive functions. Psychol Res Behav Manag. 2010; 3: 1-39. PMCID: PMC3218761.

42 Psychol Res Behav Manag. 2010; 3: 1-39. Published online 2010 Mar 3.

43 Chase WG, Simon HA. Perception in chess. Cogn Psychol. 1973;4:55-81. [Google Scholar]

44 Ericsson KA, Charness N. Expert performance: Its structure and acquisition. Am Psychol. 1994;49:725-747. [Google Scholar]

45 Kohler et al., Science, AUGUST 2002 VOL 297 SCIENCE www.sciencemag.org

46 Marco Iacoboni, Roger P. Woods, Marcel Brass, Harold Bekkering, John C. Mazziotta, Giacomo Rizzolatti, 인간 모방에서 대뇌피질의 매커니즘(Cortical Mechanisms of Human Imitation), Science 286:5449 (1999).

47 Cheng YW, Tzeng OJ, Decety J, Imada T, Hsieh JC (2006. 7.). "인간 거울 시스템의 성별 차이 : 자기 뇌파 연구". NeuroReport . 17(11) : 1115-9.

48 The Science times, '세 명의 두뇌 연결, 테트리스 게임풀어'. Jan 18, 2020. 연구팀은 송신자들에게 컴퓨터 스크린 양쪽에 달린 두 개의 번쩍이는 LED를 응시하도록 하자 그 중 하나는 15Hz, 다른 하나는 17Hz로 번쩍였다.

49 The Scence times, '세 명의 두뇌 연결, 테트리스 게임풀어'. Jan 18, 2020. 연구팀은 먼저 18세에서 35세에 이르는 열다섯 명을 모집해서 세 명씩 다섯 개 조로 나누어 조별로 실험을 벌였다. 한 조로 묶인 세 명은 서로 의사소통을 할 수 없도록 떨어진 세 개의 방에 들어갔다. 여기서 두 명은 정보를 보내는 송신자 역할을, 다른 한 명은 수신자 역할을 담당했다. 송신자 두 명은 머리에 뇌파검진기(EEG)를 착용한 채 테트리스(Tetris)와 유사한 게임을 플레이했다.

50 로버트 루트번스타인, 『과학자의 생각법』 을유문화사(2017), p.293

51 뉴턴, 아인슈타인, 그리고 호킹, 천재 물리학자들의 업적과 의미 조명, The Science Times, jan. 19, 2020.

52 칼 세이건, 『코스모스』 사이언스북스(2006), 재인용. pp.105~106

53 'Isaac Newton drawings discovered on the walls of his childhood home' nationaltrust.org.uk, 08 Dec 2017.

54 The Fairness Principle: How the Veil of Ignorance Helps Test Fairness, Farnam Street Media Inc. 2019.

55 위키백과, https://en.wikipedia.org/wiki/Veil_of_ignorance

56 The Fairness Principle: How the Veil of Ignorance Helps Test Fairness, Farnam Street Media Inc. 2019.

57 위키백과 나무위키, 비논리적·형식적 각 오류 정의 및 일부 예시 참조.

58 Eemeren, F. H. van, Grootendorst, R., & Henkemans, F. S.(1996), p.275

59 Eemeren, F. H. van, & Grootendorst, R.(2004), pp.187~196쪽.

60 Shane Parrish, 'DEDUCTIVE VS INDUCTIVE REASONING: MAKE SMARTER ARGUMENTS, BETTER DECISIONS, AND STRONGER CONCLUSIONS,' vol1. Farnam Street Media Inc. 2019.

61 飛岡 健, <日本の箍 の緩みの考察>, 月刊公論 10월호, 2018.10. p.23
http://kohron.jp/archives/pdf/201810/p20_taga.pdf

62 JonesPresentation on theme: "2. TRIZ."— Presentation transcript:Published by Brett

63 마일리스 드 케랑갈, 『살아 있는 자를 수선하기』 열린책들(2017), p.99.

64 https://tenniseye.com/xe/BAND/639871, 강력한 포핸드… 알고 보면 간단합니다.

65 도비오카 캔, 『선견력을 기른다』 지식공작소(2002). p.74 예측분류표

인생에서 원하는 것을 얻기 위한 첫 번째 단계는
내가 무엇을 원하는지 결정하는 것이다.
-벤 스테인Ben Stein